The Study of
Yan State
in the Spring and Autumn period
and the Warring States period

春秋戦国時代

燕国の考古学

石川岳彦 著

雄山閣

序

　ここに石川岳彦さんの著書『春秋戦国時代　燕国の考古学』が刊行されることを祝したい。本書は著者の博士論文を再構成して出版したものである。私は、石川さんの指導教官でもなく、大学の先輩でもない。博士論文審査の副査の一員に加えていただいたものに過ぎない。しかしながら本書の序を書する任にあたったのは、燕国の考古学的研究に我国でいち早く取り組んだものであったからにほかならない。

　私が燕国の考古学的研究を初めて発表したのは、「七国武器考」『古史春秋』第3号（1986年）で燕国の戦国武器ならびに銘文からの編年研究である。これは、京都大学の学部卒業論文で殷周の青銅武器を扱ったことによる。当時、京都大学人文科学研究所にいらっしゃった中国殷周青銅器研究の泰斗である林巳奈夫先生の大著『中国殷周青銅武器』（1972年、京都大学人文科学研究所）に刺激を受け、その書に学びながら書き上げたものであった。卒業論文のおかげで林先生から修士課程の学生の身でありながら、特別に京都大学人文科学研究所の共同研究班に加えていただき、文献と考古学の両面から中国古代史を研究する東洋学の基礎を学んだ。林先生は殷周青銅武器の研究を行うにあたって、殷周代の墓葬や青銅器の年代論を試みられていた。私も同じように新出土資料を使いながら、青銅武器の編年研究をするにあたって、東周代を中心とした墓葬編年あるいは青銅彝器・副葬陶器の編年を試みていたのである。その成果の一つが燕国の東周代の青銅彝器・副葬陶器編年の論文である「戦国時代燕国副葬陶器考」『愛媛大学人文学会創立十五周年記念論集』（1991年）である。また、西周燕国の琉璃河墓地の墓葬分析として、「琉璃河墓地からみた燕の政体と遼西」『考古学研究』第46巻第1号（1999年）があった。これらの墓葬研究と武器研究は後に合わせて『中国古代北疆史の考古学的研究』（2000年、中国書店）に改稿して掲載している。

　石川さんは、東京大学大学院において中国考古学研究を志し、吉林大学にも留学し、奇しくも戦国時代の燕国の考古学的研究を目指したていた。2015年に本書の前身である博士論文『春秋戦国時代の燕国と遼寧地域に関する考古学的研究』を東京大学大学院人文社会科学系研究科に提出している。東京大学は戦前から原田淑人先生、駒井和愛先生といった中国漢代を中心とした歴史考古学研究の伝統があり、戦後は関野雄先生に引き継がれている。いわばそうした伝統の中に石川さんの学問研究が養われてきたといっていいであろう。それは戦前の東京帝国大学による東亜考古学会や日本学術振興会の一連の調査が歴史考古学に向いていたことにも如実に表れている。石川さんにとっても、現在東京大学考古学研究室に所蔵されている中国遼東半島の牧羊城遺跡の燕国関連遺物あるいは遼陽漢墓に対する実物調査こそが、研究の土台となっていたのである。

　ここ近年、私は、春成秀爾先生や古瀬清秀先生をはじめとして、奈良大学の小林青樹さんや著者

の石川岳彦さん、さらに野島永さん、新里貴之さん、宮里修さん、松村洋介さん、金想民さんなどとともに、遼寧省や河北省の燕国関係遺跡や遺物、さらには韓国において燕系鉄器の実物調査を行ってきた。実物資料の実見こそ、研究を加速的に進歩させ、さらには理解を早めるものである。しかしながらそうした資料の実見には様々な障壁が横たわっている。そうしたことを乗り越えながら、調査研究を進める姿勢が何よりも重要だと思っている。本書でもそうした資料調査の成果がふんだんに発揮されている。

　本書は、中国戦国時代の北辺域にあった燕国の考古学的研究ではあるが、その文物が日本の弥生時代と関係していたというこれまでに注目されていなかった事実を明らかにしている。さらには朝鮮半島や日本列島にもたらされた鉄器を考えるにあたって、燕国の研究が重要といえよう。東北アジアの初期の鉄器が鋳造鉄器であり、その形態や鋳造法から燕で生産されたと考えられ、それらが朝鮮半島や列島の弥生時代にもたらされていたのである。こうした鉄器の動きの最も大きな要因が、燕の東方進出にある。一般的には文献に見られる上谷郡以下五郡設置が燕山を超えた燕の東方進出を示していると考えられており、おおよそ紀元前300年頃とされていた。こうした文献上の不明瞭な位置付けに対し、私や石川さんは遺跡や遺物資料といった考古学的な分析から、それに遡る時代にすでに燕の東方進出が始まったことを立証している。この動きこそが、遼寧式銅剣文化や細形銅剣文化から東北アジアの初期鉄器文化への変動をもたらす大きな原因となっている。

　したがって、東周代の燕国研究はただ単に中国北辺の諸侯国の歴史を探るだけのものではなく、広く東北アジアの社会変動や我国の弥生時代における鉄器化の問題を考えるにあたって、重要な研究対象といえよう。本書を始めとして、ますます燕国考古学研究に関心を持つ日本人研究者が増えることを願うとともに、東北アジア先史社会の研究において如何に燕国の考古学研究が重要であるかを再認識していただきたい。こうした再認識や新たな注目こそが、この方面の研究を始めたものにとって最も大きな喜びとなるであろう。本書もそうした意味で、日本における燕国研究の金字塔の一つとなるものと信ずるところである。

　　2017 年 4 月 27 日

　　　　　　　　　　　　　　　　　　　　　　　　九州大学副学長　宮 本 一 夫

春秋戦国時代　燕国の考古学

目　　次

序　　　　　　　　　　　　　　　　　　　　　九州大学副学長　　宮本一夫 … i

序　章

第1節　春秋戦国時代の燕国に関する研究 ……………………………………… 1

第2節　燕国の東方への拡大をめぐって ………………………………………… 4

第3節　本書において使用する年代表記について ……………………………… 7

　(1)　紀元前480年説 ……………………………………………………………… 7

　(2)　紀元前476年説 ……………………………………………………………… 7

　(3)　紀元前453年説 ……………………………………………………………… 8

　(4)　紀元前403年説 ……………………………………………………………… 8

第 1 部
春秋戦国時代の燕文化の編年と特質

第1章　燕国青銅器の編年

はじめに ……………………………………………………………………………… 15

第1節　燕国青銅製礼器の編年 …………………………………………………… 16

　(1)　研究史 ………………………………………………………………………… 16

　　❶　日本における燕国青銅器研究　16　　❷　中国における燕国青銅器研究　17

　(2)　青銅製礼器の分類と出土状況の検討 ……………………………………… 20

　　❶　器種分類　20　　❷　出土状況　21

　(3)　青銅製礼器の器形・文様の分析と相対編年 ……………………………… 21

　　❶　時期区分　21　　❷　文様と器形の変化　25

第2節　燕国銅戈の編年（春秋時代後半～戦国時代前半）……………………… 27

　(1)　銅戈に関するこれまでの研究 ……………………………………………… 27

iii

（2）　銅戈の分類と相対編年 ……………………………………………………………… 28

第3節　「郾侯載」銘青銅器の年代 ……………………………………………………… 29

（1）　「郾侯載」銘青銅器の年代をめぐる研究 …………………………………………… 29

❶　郭沫若による「郾侯載」＝「燕成公」（前449〜434年在位）説　30

❷　陳夢家による「郾侯載」＝「燕成侯」（前358〜330年在位）説　30

（2）　遼寧省凌源市三官甸遺跡出土青銅器と「郾侯載」銘青銅器の年代的位置 ……… 32

第4節　燕国青銅製礼器の実年代 ………………………………………………………… 34

（1）　青銅製礼器編年第Ⅰ期・第Ⅱ期の実年代 ………………………………………… 34

（2）　青銅製礼器編年第Ⅲ期・第Ⅳ期の実年代 ………………………………………… 35

第5節　燕国青銅製礼器の編年に関する小結 …………………………………………… 37

第6節　燕国における有銘銅戈の位置づけ ……………………………………………… 37

（1）　燕国の有銘銅戈について …………………………………………………………… 37

（2）　有銘銅戈の分類と器名 ……………………………………………………………… 39

❶　Ⅰ類及びⅠ′類　39　　❷　Ⅱ類　40　　❸　器名との対照　40

（3）　君主名の比定をめぐって …………………………………………………………… 40

（4）　有銘銅戈の系譜 ……………………………………………………………………… 41

❶　Ⅰa類　42　　❷　Ⅰb類　42　　❸　Ⅰ′類　42　　❹　Ⅱb1類　43

❺　Ⅱb2類　43

（5）　小　結 ………………………………………………………………………………… 43

❶　側闌の出現時期をめぐって　43　　❷　燕国の有銘銅戈の変遷　44

第2章　燕国の日用土器の編年

はじめに ……………………………………………………………………………………… 47

第1節　燕下都遺跡の概要と調査史 ……………………………………………………… 47

（1）　燕下都遺跡の概要 …………………………………………………………………… 47

（2）　燕下都遺跡の調査 …………………………………………………………………… 49

第2節　燕国の日用土器の編年 …………………………………………………………… 50

（1）　日用土器に関するこれまでの研究 ………………………………………………… 50

（2）　燕下都郎井村10号工房遺跡出土資料をもとにした編年 ………………………… 50

❶　燕下都郎井村10号工房遺跡の概要と発掘区同士の同時期性について　50

❷　各器種の編年　58

第**3**節　釜の編年 ……………………………………………………………………… 68

（1）釜について ……………………………………………………………………… 68

（2）釜の分類 ………………………………………………………………………… 69

（3）釜の編年 ………………………………………………………………………… 72

❶　釜A類から釜D類が出土する遺跡と年代　72

❷　釜A類から釜D類の型式学的変化　74　　❸　釜E類と釜F類について　76

第**4**節　小　結 …………………………………………………………………………… 76

第**3**章　燕国副葬土器の編年

はじめに ……………………………………………………………………………… 81

第**1**節　研究史 …………………………………………………………………………… 81

（1）林巳奈夫による「復古形態」土器の指摘 ……………………………………… 81

（2）土器研究の深化 ………………………………………………………………… 83

❶　中国中原における燕国副葬土器の地域的特色　83　　❷　副葬土器の地域性　84

❸　墓と副葬土器にあらわれた被葬者の社会階層をめぐって　84

❹　編年研究の深化　85

（3）研究史の総括と課題 …………………………………………………………… 86

第**2**節　副葬土器の分類と編年 ………………………………………………………… 87

（1）春秋戦国時代の燕国墓 ………………………………………………………… 87

（2）燕国の副葬土器の分類 ………………………………………………………… 87

❶　代表的器種の分類　87　　❷　「復古形態」土器　88

❸　墓ごとの副葬土器構成の分類　90

（3）燕国の副葬土器の編年 ………………………………………………………… 93

❶　尊副葬墓グループの分析　93　　❷　壺副葬墓グループの分析　94

❸　副葬土器と墓の相対編年　100

（4）実年代 …………………………………………………………………………… 107

❶　各時期の実年代　107　　❷　「復古形態」副葬土器の下限年代について　108

第**3**節　副葬土器器種構成の差異と被葬者の性格 …………………………………… 112

（1）墓の規模と構造の比較 ………………………………………………………… 112

（2）副葬土器の数の比較 …………………………………………………………… 114

第**4**節　小　結 …………………………………………………………………………… 117

第4章　明刀銭の年代の再検討

はじめに ……………………………………………………………………………… 121

第1節　明刀銭編年の研究史 …………………………………………………… 121

（1）藤田亮策による分類 ……………………………………………………… 121

（2）石永士などによる分類・編年 ………………………………………… 124

（3）明刀銭に関する分布論などをも含むそのほかの研究 ……………… 127

第2節　明刀銭の実年代の再検討 ……………………………………………… 129

（1）燕下都郎井村10号工房遺跡出土の明刀銭鋳型をめぐって ……… 129

（2）小　結 …………………………………………………………………………… 132

第5章　燕国における鉄器の出現と普及

はじめに ……………………………………………………………………………… 135

第1節　燕国を中心とする中国の初期鉄器をめぐる研究史 ………… 135

第2節　燕下都遺跡における鉄器出現と普及の年代 ………………… 138

（1）燕下都遺跡における鉄器の出土状況 ………………………………… 138

（2）東沈村6号居住遺跡における鉄器の出土状況の考察 …………… 138

（3）郎井村10号工房遺跡における鉄器の出土状況の考察 ………… 144

　❶　郎井村10号工房遺跡における鉄器普及の状況　144

　❷　郎井村10号工房遺跡の出土鉄器種別の変化と遺跡の性格　147

（4）二条突帯を有する钁（斧）の出現期をめぐって ………………… 149

第3節　小　結 …………………………………………………………………… 150

第6章　燕文化の独自性をめぐって

はじめに ……………………………………………………………………………… 153

第1節　墓と副葬土器、青銅製礼器における燕文化の特質 ……… 153

（1）中山国との比較 …………………………………………………………… 153

（2）中山国の墓について ……………………………………………………… 154

（3）小　結 …………………………………………………………………………… 160

第2節　鉄器と青銅器生産における燕国と中山国の比較 ……………………… 164

第3節　小　結 ……………………………………………………………………… 166

第 II 部
燕国の遼寧地域への拡大

第7章　遼西における燕国の進出の年代とその様相

はじめに ……………………………………………………………………………… 171

第1節　遼寧地域の地理的位置づけ ……………………………………………… 172

第2節　遼西における青銅器文化終末期の様相 ………………………………… 173

　(1)　東北アジア南部青銅器文化の終末期と燕国青銅器文化の流入 ………… 173

　　❶　大・小凌河流域　174　　❷　ラオハ河・英金河流域　178

　(2)　燕文化の浸透 ……………………………………………………………… 181

第3節　遼寧省朝陽市袁台子遺跡王墳山墓群の分析 …………………………… 183

　(1)　袁台子遺跡とその調査研究 ……………………………………………… 183

　(2)　袁台子遺跡王墳山墓群の分析 …………………………………………… 185

　　❶　燕国系墓の分類　186　　❷　在地系墓の分類　193

　　❸　燕国系墓と在地系の年代の関係　196　　❹　燕国系墓と在地系墓の分布比較　196

　　❺　燕国系墓と在地系墓の墓の規模の比較　200

　(3)　袁台子遺跡王墳山墓群にみる燕国の遼西進出 ………………………… 200

第4節　遼西への燕国の進出の年代とその地域的特徴 ………………………… 202

第8章　遼東における燕国の進出の年代とその様相

はじめに ……………………………………………………………………………… 207

第1節　牧羊城遺跡と遼東半島先端部への燕国の進出 ………………………… 207

　(1)　牧羊城遺跡について ……………………………………………………… 207

　(2)　牧羊城遺跡出土の戦国時代燕国系の土器 …………………………… 208

　(3)　燕下都遺跡出土の戦国時代土器との比較 …………………………… 210

　(4)　遼東半島先端部における戦国時代の考古遺跡・遺物 ………………… 211

vii

目　次

第**2**節　瀋陽遼陽地域における燕国の城址と墓 ……………………………… 213

第**3**節　遼東山地以東における燕国の進出と鉄器の流入 ……………………… 216

第**4**節　小　結 …………………………………………………………………… 218

終　章

第**1**節　考古学からみた春秋戦国時代における燕国 …………………………… 223

第**2**節　春秋戦国時代の燕国と遼寧地域の関係 ………………………………… 224

第**3**節　燕国の東方拡大と東北アジア ………………………………………… 226

　　［引用・参考文献］229　　［図表出典］238

　　あとがき　241

　　［索引］245　　［英文要旨］SUMMARY　249　　［中文要旨］提要　251

［図表目次］

序章
図 1　燕国位置図（戦国時代）　2
表 1　『史記』に記された歴代燕国君主とその在
　　　位年　2

第 I 部

第 1 章
図 1　本章関連地図　16
図 2　主な春秋戦国時代燕国青銅製礼器の分類　17
図 3　燕国青銅製礼器編年図　22・23
図 4　C字形龍文と絡み合い相食む龍文　24
図 5　「S」字文から「9」字＋三角文への変化　25
図 6　「菱形＋渦」文の変化　26
図 7　銅戈各部名称　28
図 8　燕国青銅戈編年図　29
図 9　「郾侯載」銘青銅器　30
図 10　遼寧省凌源市三官甸遺跡出土青銅器　33
図 11　「郉公華鐘」とその銘文及び文様の拓本
　　　35

図 12　「智君子鑑」　35
図 13　「陳璋方壺」と「陳璋円壺」　36
図 14　燕国有銘銅戈の系譜　38・39
図 15　燕国における側闌をもつ銅戈の変遷と秦
　　　国の「大良造鞅之造戟」　44
表 1　各研究の燕国青銅器の年代観　18・19
表 2　春秋戦国時代燕国の主な青銅製礼器の出土
　　　状況　21
表 3　『史記』六国年表と『六國紀年』（陳夢家）に
　　　おける燕国君主と在位年の比較　31

第 2 章
図 1　燕下都遺跡内地図　48
図 2　燕下都郎井村 10 号工房遺跡出土の簋　52
図 3　燕下都郎井村 10 号工房遺跡出土の瓮　53
図 4　燕下都郎井村 10 号工房遺跡出土土器（1）
　　　54・55
図 5　燕下都郎井村 10 号工房遺跡出土土器（2）
　　　56・57

図6 燕下都郎井村 10 号工房遺跡出土土器（3）
　　　58・59

図7 燕下都郎井村 10 号工房遺跡出土土器（4）
　　　60・61

図8 燕下都郎井村 10 号工房遺跡出土土器（5）
　　　62・63

図9 燕下都郎井村 10 号工房遺跡出土土器（6）
　　　64・65

図10 燕下都郎井村 10 号工房遺跡出土土器（7）
　　　66・67

図11 燕下都郎井村 10 号工房遺跡出土土器（8）
　　　68

図12 河北・遼寧における釜の編年　70・71
図13 胡家営遺跡出土の各種釜　74・75
表1 燕下都郎井村 10 号工房遺跡の各発掘区の
　　　層序と年代の関係　51

第3章
図1 本章関連地図　82
図2 「復古形態」の土器をはじめとする燕国の
　　　一部の副葬土器　90・91
図3 壺 A 類の変遷　98・99
図4 燕国副葬土器編年表　102・103
図5 九女台墓区第 16 号墓と辛荘頭墓区第 30 号
　　　墓出土土器の比較　106
図6 燕下都辛荘頭墓区第 30 号墓から出土した
　　　特殊な形態の副葬土器　110
図7 燕下都東沈村 33 号墓と懐柔 55 号墓出土の
　　　土器　111
図8 ⅰ組の墓壙の規模　114
図9 ⅱ組の墓壙の規模　115
図10 副葬土器からみた燕国の階層制モデル
　　　118
表1 代表的な燕国副葬土器の分類　88
表2 燕国墓副葬土器出土状況　89
表3 燕国墓の各グループ別の相対編年　104
表4 燕国副葬土器編年、青銅器編年及び燕下都
　　　郎井村 10 号工房遺跡の実年代対応表　107
表5 燕国墓の規模と埋葬施設の種別　113

第4章
図1 龍淵洞遺跡出土の明刀銭　122
図2 龍淵洞遺跡出土の鉄器と青銅器　123
図3 明刀銭の各部名称　124
図4 石永士らによる明刀銭の分類　126
図5 遼東以東の明刀銭関連遺跡地図　129
図6 燕下都郎井村 10 号工房遺跡 T146 H932 出
　　　土明刀銭鋳型　130
図7 燕下都郎井村 10 号工房遺跡出土明刀銭
　　　131
表1 遼東以東の明刀銭出土主要遺跡　128

第5章
図1 燕下都東沈村 6 号居住遺跡における鉄器出
　　　土の層位的検討　139
図2 燕下都遺跡出土の主な新出鉄器（紀元前 5
　　　世紀から紀元前 4 世紀前半頃）　145
図3 燕下都遺跡出土の新出鉄器（紀元前 4 世紀
　　　後半頃）　145
図4 燕下都遺跡出土の新出鉄器など（紀元前 3
　　　世紀頃）　146
図5 燕下都郎井村 10 号工房遺跡における各時
　　　期の鉄器出土数　148
図6 燕下都郎井村 10 号工房遺跡出土鉄器の種
　　　別の割合（1 期）　148
図7 燕下都郎井村 10 号工房遺跡及び東沈村 6
　　　号居住遺跡出土鉄器の種別の割合（紀元前 5
　　　世紀～紀元前 4 世紀前半）　148
図8 燕下都郎井村 10 号工房遺跡出土鉄器の種
　　　別の割合（2 期）　148
図9 燕下都郎井村 10 号工房遺跡出土鉄器の種
　　　別の割合（3 期）　148
図10 燕下都遺跡、遼寧地域、日本列島出土の
　　　二条突帯を有する鑱（斧）　149
表1 燕下都遺跡における鉄器の出土報告点数
　　　139
表2 燕下都遺跡出土鉄器細目　140～143
表3 燕下都遺跡における各種鉄器の出現年代
　　　150

第6章

図1　本章関連地図　154

図2　中山国王䜮墓出土青銅製礼器　156

図3　中山国王䜮墓出土副葬土器　157

図4　中山国王䜮墓4号陪葬墓出土副葬土器　158

図5　三汲古城遺跡周辺の墓から出土した副葬土器　160

図6　中山国における墓の規模　161

図7　墓からみた中山国と燕国の階層制モデルの比較　163

図8　三汲古城遺跡出土鉄製収穫具の土製鋳型　165

図9　三汲古城遺跡出土の明刀銭鋳型　166

表1　中山国墓出土青銅礼器・副葬土器一覧　159

表2　中山国における墓の規模一覧　159

第II部

第7章

図1　本章関連地図　172

図2　南洞溝遺跡出土青銅器　175

図3　東大杖子11号墓出土遺物　176

図4　于道溝90M1出土遺物　178・179

図5　老虎山遺跡出土鉄器　180

図6　袁台子遺跡王墳山墓群地図　184

図7　燕国系副葬土器の分類（1）　187

図8　燕国系副葬土器の分類（2）　187

図9　燕国系副葬土器の分類（3）　187

図10　燕国系副葬土器の分類（4）　188

図11　燕国系副葬土器の分類（5）　188

図12　燕国系副葬土器の分類（6）　188

図13　燕国系副葬土器の分類（7）　189

図14　燕国系副葬土器の分類（8）　189

図15　燕国系墓出土の在地系夾砂陶　190

図16　袁台子遺跡王墳山墓群35号墓出土明刀銭　191

図17　袁台子遺跡王墳山墓群における在地系墓の分布（東区）　197

図18　袁台子遺跡王墳山墓群における燕国系墓の分布（東区）　198

図19　袁台子遺跡王墳山墓群における燕国系墓と在地系墓の分布（西区）　199

図20　燕国系墓と在地系墓の規模　201

図21　東大杖子40号墓　203

図22　東大杖子40号墓出土遺物　204

図23　紀元前4世紀から紀元前3世紀の遼西社会の階層制モデル図　204

表1　袁台子遺跡王墳山墓群燕国系墓出土遺物一覧　192・193

表2　袁台子遺跡王墳山墓群燕国系墓規模・埋葬施設・被葬者性別一覧　192

表3　袁台子遺跡王墳山墓群在地系墓出土遺物・墓規模・埋葬施設・被葬者性別一覧　194

表4　燕国系墓と在地系墓の年代併行関係　196

第8章

図1　本章関連地図　208

図2　牧羊城遺跡出土戦国時代燕国系土器　209

図3　牧羊城遺跡出土釜E類　210

図4　尹家村12号墓出土遺物と燕下都郎井村10号工房遺跡出土土器　212

図5　瀋陽故宮地下遺跡発見の燕国の半瓦当　215

図6　瀋陽熱鬧路燕国墓出土副葬土器　215

図7　遼陽徐往子戦国墓出土燕式鬲　215

図8　瀋陽郭七遺跡出土遺物　216

図9　遼寧本渓上堡1号墓、撫順蓮花堡遺跡、日本福岡県比恵遺跡出土遺物　217

図10　遼寧地域における燕国拡大の様相　219

図11　遼寧省寛甸満族自治県八河川鎮発見の遼寧式銅戈　220

終章

図1　紀元前6世紀から紀元前4世紀にかけての燕国と遼西の相互関係　225

図2　宇木鶴崎遺跡と燕山地域の銅剣　227

序　章

第 1 節　春秋戦国時代の燕国に関する研究

　燕国は西周時代から春秋戦国時代にかけて、現在の中華人民共和国河北省、北京市、天津市を本拠地として存在した国である（図1）[1]。燕国は西周時代初めの紀元前 11 世紀に西周王朝の成立に際して大きな役割を果たした召公奭がその功績によって燕の地に封建されて成立したとされる。その後、戦国時代には勢力を拡大し、「戦国の七雄」の一国として知られるまでになる。そして紀元前 222 年に秦国の攻撃によって遼東へと逃れた国王の喜（前 254 〜 222 年在位[2]）が捕らえられて滅ぶまで、約 800 年の長きにわたって存続した（表1）。

　本書では西周時代から戦国時代にかけての燕国史のなかで「戦国の七雄」とよばれるまでに勢力を拡大することになる紀元前 6 世紀以降を中心に春秋戦国時代の燕国と、燕国が勢力を拡大させた遼寧地域を対象として考古学的考察をおこなう。

　召公奭の封建から滅亡までの燕国に関する歴史的事項を知る上で最も重要な文献史料としてあげられるのが『史記』燕召公世家第四である。前漢時代の紀元前 1 世紀に司馬遷によって編纂された『史記』は燕国の歴史を他の諸侯と同様に世家の一つとして取り上げている。しかし、その記載は一部を除いて多くが君主の系譜と在位年を記すのみであり、春秋戦国時代の燕国の歴史全体を詳細に知ることは難しい[3]。そのほか『戦国策』などの文献史料に燕国に関する記載があるものの、いずれも断片的であり、「戦国の七雄」とされるその他の国々に関する文献記載の多さに比べて少なさが際立っている。このため、文献史料をもとにした燕国についての研究は、日本においてはこれまでほとんどなされてこなかった〔宮本 2000〕。

　中国においても状況はほぼ同じで、年ごとの燕国に関する文献記事を集成、注釈した陳平の研究〔陳平 1995〕があるが、文献史料をもとにした西周時代から戦国時代にいたる燕国の歴史についての具体的かつ詳細な研究はほとんどみあたらないといってよい。

　このように文献史料の乏しい燕国の歴史を知るには、これまでに発見、調査されている燕国の遺跡や出土遺物をもとにした考古学的研究は重要なアプローチである。この時期の燕国の遺跡は中国の河北省、北京市、天津市、遼寧省、内蒙古自治区に広く分布し、これまでに遺構や出土遺物の調査が数多くおこなわれている。とくに 20 世紀後半には戦国時代を中心とする時期の燕国の都城遺跡である河北省易県燕下都遺跡の発掘調査が進み、調査成果が 1996 年に大部の報告書である『燕下都』〔河北省文物研究所 1996〕として刊行された。この報告書によって燕下都遺跡で調査された

序 章

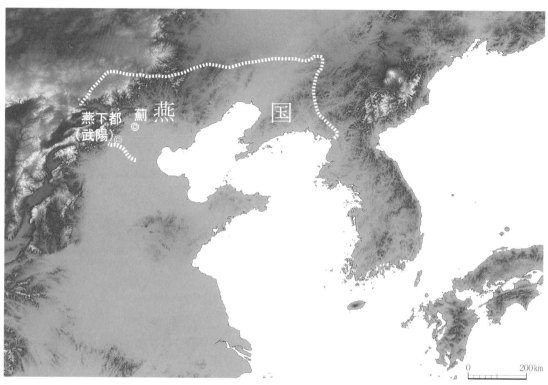

(破線は『中国文物地図集 第1冊』〔譚編1982〕に記載されている燕国長城の推定位置)

図1　燕国位置図(戦国時代)

表1　『史記』に記された歴代燕国君主とその在位年

燕国君主	在位年	燕国君主	在位年
召公奭	西周時代初め	悼公	紀元前535〜529年
⋮		共公	紀元前528〜524年
恵侯	紀元前864〜827年	平公	紀元前523〜505年
釐侯	紀元前826〜791年	簡公	紀元前504〜493年
頃侯	紀元前790〜767年	献公	紀元前492〜465年
哀侯	紀元前766〜765年	孝公	紀元前464〜450年
鄭侯	紀元前764〜729年	成公	紀元前449〜434年
繆侯(穆侯)	紀元前728〜711年	湣公	紀元前433〜403年
宣侯	紀元前710〜698年	釐公	紀元前402〜373年
桓侯	紀元前697〜691年	桓公	紀元前372〜362年
荘公	紀元前690〜658年	文公	紀元前361〜333年
襄公	紀元前657〜618年	易王	紀元前332〜321年
桓公	紀元前617〜602年	王噲	紀元前320〜316年?
宣公	紀元前601〜587年	昭王	紀元前311〜279年
昭公	紀元前586〜574年	恵王	紀元前278〜272年
武公	紀元前573〜555年	武成王	紀元前271〜258年
文公	紀元前554〜549年	孝王	紀元前257〜255年
懿公	紀元前548〜545年	王喜	紀元前254〜222年
恵公	紀元前544〜535年		

(在位年は『史記』十二諸侯年表第二、および六国年表第三にもとづく)

各種の遺構や多くの出土遺物についての詳しい情報を知ることができるようになっている。

本書では、第Ⅰ部において燕下都遺跡をはじめとする各地の燕国の遺跡と出土遺物に関する今日までの考古学的成果を基礎にしながら、春秋戦国時代の燕国の各種遺物の編年をおこなうとともに燕文化の特徴を明らかにする。

まず、第1章では燕国の青銅器の編年をおこなう。中国の古代青銅器には君主の名などの銘を残す資料が多く、実年代を知るのに最も適した遺物である。そこで青銅製礼器や銅戈といった春秋戦国時代の燕国青銅器についてなされてきたこれまでの編年研究の問題点をあぶりだしながら、新たな編年の構築をおこなう。この青銅器編年が以下の各章であつかう個別の遺物編年における実年代の基準となる。

第2章では『燕下都』の刊行によって報告例が大幅に増加した日用土器の編年をこころみる。日用土器は燕国各地の城砦遺跡を中心にこれまでに数多く出土しており、遺跡の年代を決める際の手がかりとなる遺物である。なかでも煮沸具である釜と呼ばれる器種は、通常の使い方のほかに土器棺としても利用され、燕国全域の遺跡で多数出土している。そこで広域編年に有利な釜については、とくに一節を設けて詳細に考察する。

第3章では墓から出土する副葬土器の編年をおこなう。副葬土器は戦国時代を中心とする時期に燕国で広く普及するとともに、独自の展開をみせる。本章では副葬土器と墓の被葬者の関係についても多角的に分析しながら、燕国社会の階層制に関しても踏みこむ。

なお、副葬土器について、筆者は2001年に分析を試み〔石川2001〕、紀元前6世紀から紀元前3世紀頃まで計5期の編年を示した。第3章は基本的にこの論文の成果をもとにしているが、実年代については、第1章で示した青銅器の実年代観に関する再検討の成果をもとにして主に紀元前4世紀以前について大幅に修正を加えた。

第4章は燕国の貨幣である明刀銭の編年、とくに実年代観の再検討をおこなう。明刀銭は燕国の支配地域を越え、朝鮮半島や日本列島でも発見される遺物であり、明刀銭の実年代の再検討は東アジアの古代史を考える際に重要な意義をもっている。

第5章では、春秋戦国時代の先端製品ともいうべき鉄器をあつかう。この時代、中原諸国で急速に普及した鉄器が社会に与えた影響はきわめて大きく、燕国においても同様であった。燕国産または燕国系とされる鉄器は明刀銭と同じように朝鮮半島や日本列島でも発見され、鉄器の流入がこれらの周辺地域の古代文化を大きく変容させた。ここでは燕下都遺跡の調査成果をもとにしながら、燕国における鉄器の出現と普及の状況を明らかにする。

第6章では、上述の各章であつかった燕国の副葬土器や鉄器、貨幣などについて、隣接する中山国との比較をこころみながら、春秋戦国時代の燕文化と燕国社会の特色をさぐる。

以上の第Ⅰ部で示される編年は、燕国の遺跡や遺構、遺物を議論する際の年代のものさしとなるものである。燕国の青銅器や土器、鉄器、明刀銭といった個別の遺物を対象とした研究はこれまでも数多くおこなわれてきた。これらの研究史の詳細は各章であらためてふれるが、個別遺物の編年

序　章

を総合的にまとめた考古学的研究は数多くはない[4]。本書は個別遺物の編年を総合し、春秋戦国
時代における燕文化の年代と特色を明らかにすることを目的としている。

　そしてこの成果は、ただ、燕国の歴史や文化の理解に資するだけではない。燕国の物質文化の総
合的編年は、第Ⅱ部において考察する燕国の東方への拡大という、燕国が朝鮮半島や日本列島を
も含む東北アジアの古代文化に大きな影響を与えた画期に関しても、新たな具体的叙述を可能に
する。次節においてその考察の詳細を述べる。

第2節　燕国の東方への拡大をめぐって

　春秋戦国時代は、燕国を含む中原では青銅器時代から鉄器時代へと移る時代である。燕国、とく
に燕国の中心地における鉄器時代の開始の様相については、第5章において燕下都遺跡を例にし
て詳細に考察する。一方、遼寧地域（中国遼寧省、内蒙古自治区東南部）では、西周時代から春秋戦
国時代の前半頃にかけて、燕国を含む中原とは異なる青銅器文化が展開していた。この地域の青銅
器文化を最も特徴づける青銅器が遼寧式銅剣であり、遼寧式銅剣の存在をもって遼寧地域の青銅器
文化の地域的、時間的範囲を確かめることが可能であるとさえいえる。

　燕国の東方への拡大は、遼寧式銅剣を代表とする遼寧地域の在地的な青銅器文化を終焉させ、こ
の地域に燕国（中原）の鉄器文化をもたらしたただけではなく、さらに東の朝鮮半島と日本列島へ
の鉄器流入の契機となるとともに、これらの地域における社会変動のきっかけをもつくった。たと
えば日本列島では、この時期はちょうど弥生時代前期末から中期初頭にあたり、弥生文化がそれま
での農耕文化複合から政治的社会形成へと向かう画期として位置づけられている〔設楽2013〕。こ
のように燕国の東方拡大は周辺地域の古代文化を考える際にも、きわめて重大な出来事として位置
づけられており、その年代と様相を考古学的手法によって明らかにすることは喫緊の課題といって
も過言ではないだろう[5]。近年、遼寧省を中心に春秋戦国時代の燕国に関連する遺跡や遺物の調
査が急速に進んでおり、その成果をもとにした研究が求められている。そこで本書では第Ⅱ部にお
いて、遼寧地域への燕国の拡大の年代と様相を考古学的手法によって考察する。

　これまで燕国の東方への拡大の具体的な年代に関しては、文献史料の断片的な記載を大いに参考
とした推定がなされてきた。その代表的な文献史料として、『史記』匈奴列伝第五十、及び『三国
志』魏書・烏丸鮮卑東夷伝第三十の朝鮮に関する註として引用された「魏略」の以下の記事をあげ
ることができる[6]。

『史記』匈奴列傳第五十
【原文】「其後燕有賢將秦開。爲質於胡、胡甚信之。歸而襲破走東胡。東胡卻千餘里。與荊軻刺秦
　　　王秦舞陽者、開之孫也。燕亦築長城、自造陽至襄平。置上谷、漁陽、右北平、遼西、遼東郡

以拒胡。」

【訓読】「其の後、燕に賢将秦開有り。胡に質たりしとき、胡甚だ之を信ず。帰りて襲い破りて東胡を走らす。東胡 郤 くこと千余里。荊軻と與 に秦王を刺さんとせし秦舞陽は、開の孫なり。燕も亦た長城を築き、造陽より襄平に至らしめ、上谷、漁陽、右北平、遼西、遼東郡を置き、以て胡を拒 ぐ。」

【現代語訳】「その後、燕国に秦開というすぐれた将軍がいた。胡国で人質だったとき、胡は彼をたいへんに信頼した。燕国に帰国すると襲撃して東胡を破り敗走させたので、東胡は千里余り退却することになった。荊軻とともに秦国の王政（後の秦・始皇帝）を暗殺しようとした秦舞陽は、秦開の孫である。燕国もまた造陽から襄平に至る長城を築き、上谷郡、漁陽郡、右北平郡、遼西郡、遼東郡を置いて胡族の進入を防いだ。」

『三國志』魏書・烏丸鮮卑東夷傳第三十

【原文】「魏略曰……（中略）……、燕乃遣將秦開、攻其西方。取地二千餘里、至滿番汗為界。朝鮮遂弱。」

【訓読】「魏略に曰く……（中略）……、燕乃ち将秦開を遣わし其の西方を攻む。地を取ること二千余里。満番汗に至り、界と為す。朝鮮遂に弱し。」

【現代語訳】「魏略には次のようにある。……（中略）……、燕国は当時、将軍秦開を派遣して、朝鮮の西方を攻めた。朝鮮の領土を二千里余り奪った。満番汗に至って、そこを燕国と朝鮮の境界とした。朝鮮はついに弱体化することとなった。」

　『史記』匈奴列伝第五十の記載によれば、燕国の将軍である秦開が東胡を撃退し、これによって燕国は現在の遼寧地域に長城を建設するとともに遼西郡・遼東郡をはじめとする五郡を設置したという。また、この秦開という将軍は、のちに戦国時代末、燕国の太子丹の命を受け、荊軻とともに後に始皇帝となる秦国の王である政を暗殺しようとした人物として有名な秦舞陽の祖父であると記されている。

　一方、『三国志』に引用された「魏略」には、秦開の攻撃により朝鮮の西、二千里余の土地が燕国の領土となり、「満番汗」を国境としたと記載されている。

　これらの文献には秦開がいつの時代の人物であるかの直接的な記述はなく、燕国の最盛期を築いたとされる昭王（前311〜279年在位）との関連を示す記載も全くない。

　記事の内容の年代をめぐっては、秦開が紀元前3世紀後半の人物である秦舞陽の祖父であるとの記述や『史記』匈奴列伝第五十の該当する記事の直前に趙国の武霊王（前325〜299年在位）の時代の「胡服騎射」に関する記事（紀元前307年）があることから、燕国の東方進出、経営開始の時期は紀元前300年頃であろうとおおまかに想定するのがこれまで一般的であった。

　また、中国では上記の記事の年代をめぐる考証が古くからおこなわれ、それらを根拠に燕国の

遼寧進出の年代についてふれた論考もある〔張 1984〕。清時代の黄式三（1789～1862 年）が編纂した『周季編略』では、『史記』匈奴列伝第五十にある秦開関連の記事の年代を周王室の赧王十五年（紀元前 300 年）と考証している。『周季編略』は、その年代を『漢書』匈奴伝第六十四上、及び南宋時代の呂祖謙（1137～1181 年）が編纂した『大事記』から引いたとする。『周季編略』において根拠とされた文献のひとつである『大事記』では、秦開関連の記事の年代をやはり周王室の赧王十五年（紀元前 300 年）とし、『漢書』匈奴伝第六十四上をもとにしたとある。しかし、『周季編略』、『大事記』のいずれにおいても依拠したと記されている『漢書』匈奴伝第六十四上にみられる秦開関連の記事は、上にあげた『史記』匈奴列伝第五十の記事をそのまま引用したものであり、年代の根拠となるような別の記載はみあたらない。これらのことから『周季編略』や『大事記』をもとにして秦開の東胡撃退の年代を紀元前 300 年と考えるのは難しいといわざるをえない。

　一方で、燕国と東方地域との関係については『戦国策』に次のような記載もある。

『戦国策』燕巻第九 文公
【原文】「蘇秦將爲從、北説燕文侯曰、燕東有朝鮮遼東、北有林胡楼煩、西有雲中九原、南有呼沱
　　　　易水。……」
【訓読】「蘇秦、将に従を為さんとして、北のかた燕の文侯に説いて曰く、燕は東に朝鮮・遼東有
　　　　り、北に林胡・楼煩有り、西に雲中・九原有り、南に呼沱・易水有り。……」
【現代語訳】「蘇秦は諸侯を合従させようと、北方の燕国の文侯に説いて言った。『燕国は、東に朝
　　　　鮮と遼東があり、北には林胡と楼煩があります。西には雲中と九原があり、南には呼沱と易
　　　　水があります。……』」

　この『戦国策』の記事に戦国時代の有名な遊説家である蘇秦が訪ねた相手として登場する文公（前 361～333 年在位）は、昭王在位以前、紀元前 4 世紀半ば頃の燕国の君主である。上記の記事は、燕国が紀元前 4 世紀半ば頃には、すでに遼東や朝鮮に接する西側の地域を領土としていた可能性を示す文献史料である。

　このように燕国の東方進出に関しては、文献の記載の内容はいずれも曖昧模糊としたものであり、いつ燕国が遼寧地域に勢力を拡大したのか明確に知ることは難しいといわざるをえない[7]。

　近年、燕国の東方への拡大時期の問題が考古学界で大きな議論となっている。そのきっかけをつくったのが、2003 年以後に国立歴史民俗博物館によって示されてきた AMS 炭素 14 年代測定にもとづく弥生時代の実年代である。日本列島への鉄器の流入期である弥生時代前期末から中期初頭の実年代は、これまで想定されてきた燕国の将軍、秦開の遼寧地域攻略の年代にあたる紀元前 300 年頃を遡り、紀元前 4 世紀前半の可能性があるとされ、従来の年代観との間に齟齬が生じた〔春成・今村編 2004〕。燕国の東方への拡大の年代は、遼寧青銅器文化の開始時期とともに、朝鮮半島や日本列島の先史文化の実年代を考える際の議論の要点となっている〔大貫 2005〕。

第Ⅱ部では、以下のような構成で春秋戦国時代の燕国の遼寧地域への拡大の年代とその様相について考察していく。

第7章では、遼西（遼寧地域西部）における燕国拡大の様相を当該時期の墓とその出土遺物を中心に分析する。近年、遼西では春秋戦国時代の燕国関連の遺跡と遺物の調査報告例が増加しており、それらの成果をもとにしながら考察をおこなう。

第8章では、遼東（遼寧地域東部）における燕国拡大の様相を分析する。遼東には燕国の墓のほか、遼寧省大連市の牧羊城遺跡〔東亜考古学会 1931〕といった 20 世紀前半に調査された城砦遺跡もあり、これらの遺跡からの出土資料にもふれながら考察をすすめる。

燕国の遼寧地域への拡大はこの地域のみならず、さらに東の朝鮮半島や日本列島の古代文化に鉄器の流入などを通して多大な影響を与えた。本書はこれまで文献史料に依拠してなされることの多かった燕国の遼寧地域への拡大の具体的な年代の推定やその様相について、東アジア古代史の再構築をも視野に入れながらおこなう考古学的再検討である。

第3節　本書において使用する年代表記について

最後に本書において使用する年代の表記に関してふれておきたい。これまでの中国の春秋戦国時代をあつかった研究においては春秋時代と戦国時代をそれぞれ前期（中国では「早期」）、中期、後期（中国では「晩期」）の3期、計6期にわけて実年代を示す表記が一般的である。しかし、各時期がいったい西暦で何年から何年にあたるのか、明確な根拠を示して使用している研究者は少ない。とくに研究者によって大きな違いがみられるのが春秋時代と戦国時代の画期である。

春秋時代と戦国時代の画期、戦国時代の最初の年をいつにするかをめぐっては、おおむね次のような4つの考えが存在している〔飯島 2003〕。

（1）　紀元前 480 年説

『春秋』に記載されている最後の年である紀元前 481 年（魯哀公 14 年）を春秋時代の末年とし、紀元前 480 年以降を戦国時代とする説である。

（2）　紀元前 476 年説

戦国時代の最初の年を『史記』六国年表第三の記載が始まる紀元前 476 年とする考えである。

中国の研究者が一般的に採用するのはこの説である。このため中国で刊行される発掘調査報告や、中国の研究者が論文内において使用する時期はこの年代観に従っている。

（3） 紀元前 453 年説

春秋戦国時代の諸侯国のひとつである晋国で、有力家臣同士の内紛が発生し、韓氏、魏氏、趙氏（後に各氏がそれぞれ韓国、魏国、趙国として独立することになる）が知氏を滅ぼした紀元前 453 年を戦国時代の最初の年とみる説である。

林巳奈夫は自身の編年で、この説を採用するとともに、春秋戦国時代をそれぞれおよそ 100 年ごとに前期、中期、後期の 3 期ずつ（春秋戦国時代全体では計 6 期）に分割し、その各時期をさらに 50 年で細分し、それぞれ A 期、B 期としている〔林巳 1972・1989〕。

（4） 紀元前 403 年説

晋国を下剋上によって分割した韓国、魏国、趙国の三国が東周王室によって正式に諸侯として認められた紀元前 403 年を戦国時代の最初の年とする説である。

11 世紀、北宋の司馬光が編纂した『資治通鑑』では、この説をとり、日本の歴史教科書でもこの説を採用するのが一般的である。

日本では、これら 4 つの説のなかで（4)紀元前 403 年説、または（3)紀元前 453 年説を戦国時代の初年とする場合が多い。

上にあげた 4 つの説では、戦国時代の最初の年について、実に紀元前 480 年から紀元前 403 年まで 80 年近い時期差が存在している。よって、各研究者がいずれの説をもとに春秋時代や戦国時代という時代名称を用いているのかは、きわめて重要な問題である。例えば、戦国時代の初年を紀元前 476 年とするのが一般的な中国においては、研究者が論文や報告で「戦国時代早期（戦国時代前期）」という時期名称を使用した場合、それは紀元前 5 世紀を指しているといえる。

しかし、歴史教科書的に戦国時代の初年を紀元前 403 年と理解している日本の研究者が、この中国の研究者が報告や論文で記した「戦国時代早期（戦国時代前期）」という時期を、上で示した画期に関する各種の説の相違を知らずに理解しようとした場合には、「戦国時代早期（戦国時代前期）」の年代は、おおむね紀元前 4 世紀で、紀元前 5 世紀にまではほとんど遡らないと認識するだろう。当然、同じような実年代の認識のずれは、春秋時代と戦国時代の画期の相違から発生しているものなので、画期前後の春秋戦国時代内の各時期に関しても生じる可能性が高い。

このように、各国、各研究者によって実年代についての理解が異なるような「春秋時代中期」や「戦国時代後期」、「戦国時代晩期」といった時期区分表記を使用する場合には、議論に先立ってそれらの時期区分について、自らの実年代観を示すべきであると筆者は考える。とくに近年盛んにおこなわれている日本列島の弥生時代の実年代をめぐる議論においては、対象となる時期の中国の状況について言及する際に、各研究者によって実年代の認識が異なるこれらの時期区分表記を用いた議論は混乱を生むだけである。よって、本書でおこなわれる各種遺物の編年については、実年代表記は基本的に西暦を使用し、「春秋時代後期（晩期）」や「戦国時代中期」といった形での実年代表

第 3 節　本書において使用する年代表記について

記は避けるよう心がけた。

　なお、本書各章の初出は以下の通りである。

≪初出論文一覧≫

序　章—新稿。

第 1 章第 1 節〜第 5 節—石川岳彦　2008　「春秋戦国時代の燕国の青銅器—紀元前 5・6 世紀を中
　　　心に—」『新弥生時代のはじまり　第 3 巻　東アジア青銅器の系譜』114〜128 頁、雄山閣
　　　を加筆・修正。

　　　はじめに・第 6 節—新稿。

第 2 章—新稿。

第 3 章—石川岳彦　2001　「戦国期における燕の墓葬について」『東京大学考古学研究室研究紀要』
　　　第 16 号、1〜57 頁（「Ⅰ はじめに」〜「Ⅲ 燕の副葬陶器の分析」）を加筆・修正。

第 4 章—新稿（ただし、第 2 節において小林青樹・宮本一夫・石川岳彦・李新全　2012　「近年の遼寧地
　　　域における青銅器・鉄器研究の現状」『中国考古学』第 12 号、213〜229 頁（4 明刀銭の再検討）
　　　を一部引用した箇所がある）。

第 5 章—石川岳彦・小林青樹　2012　「春秋戦国期の燕国における初期鉄器と東方への拡散」『国立
　　　歴史民俗博物館研究報告』第 167 集、1〜40 頁（「1 燕下都遺跡出土鉄器の年代と変遷」）を
　　　加筆・修正。

第 6 章第 1 節—石川岳彦　2001　「戦国期における燕の墓葬について」『東京大学考古学研究室研究
　　　紀要』第 16 号、1〜57 頁（「Ⅳ 燕の墓葬と他の国の墓葬との比較」）を加筆・修正。

　　　はじめに・第 2 節・第 3 節—新稿。

第 7 章第 2 節—石川岳彦　2011　「青銅器と鉄器普及の歴史的背景」『弥生時代の考古学 3 多様化
　　　する弥生文化』195〜215 頁、同成社及び、石川岳彦・小林青樹　2012　「春秋戦国期の
　　　燕国における初期鉄器と東方への拡散」『国立歴史民俗博物館研究報告』第 167 集、1〜40
　　　頁（「2 遼西・遼東における初期鉄器の様相」）を加筆・修正。

　　　はじめに・第 1 節・第 3 節・第 4 節—新稿。

第 8 章第 1 節—石川岳彦　2007　「『牧羊城二・三類土器』における戦国時代土器」『遼寧を中心と
　　　する東北アジア古代史の再構成　平成 16 年度〜平成 18 年度科学研究費補助金（基盤研究
　　　（B）研究成果報告書：研究代表者・東京大学 大貫静夫）』、174〜180 頁を加筆・修正。

　　　第 2 節・第 3 節—石川岳彦　2011　「青銅器と鉄器普及の歴史的背景」『弥生時代の考古学 3
　　　多様化する弥生文化』195〜215 頁、同成社を加筆・修正。

　　　はじめに・第 4 節—新稿。

終　章—新稿（ただし、第 3 節において石川岳彦　2009　「日本への金属器の渡来」『新弥生時代のはじま

9

り第4巻　弥生農耕のはじまりとその年代』147～160頁、雄山閣を一部引用した箇所がある）。

〈付記〉
　中国の発掘報告では遺構の名称を記す際に、日本では一般的ではない遺構の種類をあらわす中国語にもとづいたアルファベットの略称が使用される（M15、H473など）。本書の記載においても一部でその略称を使用した箇所があるため、読者の便を図るために、以下に略称の意味を記す。
　　　M：墓（中国語「墓葬（muzang）」）
　　　H：土壙（中国語「灰坑（huikeng）」）
　　　F：住居址（中国語「房址（fangzhi）」）
　　　Y：窯址（中国語「窰址（yaozhi）」）
　　　J：井戸址（中国語「井（jing）」）
　　　W：土器棺墓（中国語「瓮棺墓（wengguanmu）」）

［註］
（1）　燕国の「えん（Yan）」は現在では「燕」という漢字を使うのが一般的であるが、当時の金文では同音の「郾」や「匽」を用いた例が多い。春秋戦国時代には青銅器の銘文のなかでは主に「郾」が使用される（第1章）。また、明刀銭に陽鋳されている「司」字状の文字は「匽」字の形態が崩れたものであると考えられている（第4章）。
（2）　本書では、本文中における各国君主の在位年の記載は原則として『史記』十二諸侯年表第二、および六国年表第三にもとづいた。
（3）　『史記』燕召公世家第四において、比較的詳細な記述がなされているのは主に以下の内容である。
　　　①　初代の召公奭が燕国に封じられた経緯。
　　　②　春秋時代の莊公（前690～658年在位）在位中に北方の山戎に攻撃され、春秋五覇の一人である齊国の桓公（前685～643年在位）の救援によって山戎を撃退したこと。
　　　③　戦国時代、王噲（前320～316年？在位）の即位から、宰相であった子之への禅譲騒動をきっかけに勃発した燕国の内乱を経て昭王が即位するまでの経緯。
　　　④　昭王（前311～279年在位）在位中に燕国が大いに繁栄したこと。
　　　⑤　戦国時代末の王喜の在位中に秦国が拡大し、燕国が滅亡に至るまでの経緯。
（4）　青銅器と副葬土器をはじめとする土器についての総合的な編年としては陳光〔陳1997・1998〕と宮本一夫〔宮本2000〕の研究がある。陳と宮本はともに、自身の編年をもとにして燕国の東方への拡大についても論じている。20世紀末までの燕国に関する考古学調査と研究を紹介した概説書としては、郭大順・張星德〔郭・張2005〕や陳平〔陳平2006〕の著書があげられる。また、近年発表された燕国と燕文化に関する総合的研究としては、西周時代から戦国時代にかけての燕国の地域性と燕文化の時期的変化に焦点を当てた周海峰による研究〔周2011〕がある。なお、次節でもふれる中国東北地方における燕国の拡大期を含む紀元前二千年紀から戦国時代までの基本的な編年と文化変遷を論じた研究として、趙賓福の著書〔趙2009〕をあげることができる。
（5）　燕国の東方への拡大とその影響に関しては、とくに最近韓国の考古学界で活発な議論が繰り広げられている。主な論文としては、呉江原〔呉2011〕、鄭仁盛〔鄭2014・2016〕、趙鎭先〔趙2015〕、金一圭〔金2015〕によるものなどがある。

（6）　引用した漢籍は、『史記』については、原文は〔中華書局版1959a〕をもとにし、訓読と現代語訳は〔青木2004〕を参考にした。『三国志』については、原文は〔中華書局版1959b〕をもとにし、訓読は〔古典研究會1972〕を参考にした。『戦国策』については、原文、訓読、現代語訳ともに〔福田・森1988〕を参考にした。

（7）　吉本道雅は、『史記』匈奴列伝第五十の成立過程を詳細に分析した論文〔吉本2006〕のなかで、秦開による東胡撃退の記事の直前にある趙国の武霊王に関する記事について、そこに記されている林胡と楼煩に対する軍事制圧の年代を論じている。吉本は、より実録性の高い『史記』趙世家第十三の記載をもとに、武霊王の時期には林胡や楼煩がすでに趙国により制圧されていたことを示した。このように吉本は趙国や秦国と北方民族との戦国時代における関係を記した記事を整理検証し、『史記』匈奴列伝第五十の記事は「矛盾」や「かなりの曲筆」があるとし、「前漢中期という時代的制約を強く被ったものである」と述べている。

第 I 部
春秋戦国時代の燕文化の編年と特質

青銅製鋪首
燕下都遺跡老姆台出土
（河北省文物研究所 1996 より引用）

第1章

燕国青銅器の編年

はじめに

　序章で述べたように春秋戦国時代の燕国史を考古学的に考察するには、まず燕国の物質文化の編年をおこなわねばならない。その大きな基軸となるのが青銅器の編年である。燕国における春秋戦国時代の青銅器は春秋時代の前半の発掘例がなく、春秋時代後半以降の青銅器のみ存在が知られているといってよい。

　燕国の春秋時代後半から戦国時代前半の青銅製礼器や銅戈については古くから著録などに少数例が収録されていたが、河北省唐山市賈各荘遺跡〔安1953〕の墓群の発掘調査によって、その実態がようやく明らかになった。この遺跡の墓群から出土した青銅器は、報告では当初、戦国時代前期のものとされた。しかしその後、河南省洛陽市中州路遺跡〔中国科学院考古研究所1959〕の墓群の調査・研究により、そこから出土した青銅器との比較がおこなわれた結果、賈各荘18号墓出土の青銅器をはじめとして、これらには春秋時代末期に相当する洛陽中州路第3期に併行する年代が与えられ、この時期を代表する青銅器として位置づけられるようになった。

　その後、最近までに河北省をはじめ、北京市、遼寧省などの広範囲にわたる地域での春秋時代後半から戦国時代にかけての青銅器の出土数が大幅に増加し、それらの青銅器は燕国の地域的な特色を有する青銅器として認識されるようになっている。

　本章では、筆者がかつて考察した燕国青銅器の編年〔石川2008〕をもとにしながら、はじめに研究史をまとめたうえで、最新の発掘報告や筆者による実見調査をもとに春秋時代後半から戦国時代にかけての青銅器の編年をおこなう。分析するのは、青銅製礼器（おもに儀礼用に製作された青銅製の容器）と武器のなかでも出土例の多い銅戈である。また、燕国青銅器編年においては青銅器に刻された燕国の君主名が実年代を考える際の重要な基準となる。なかでも研究者によってその在位年比定に違いがみられる「郾侯載」という君主名をもつ青銅器に関しては、とくに一節を設けて、実年代を考察し、燕国の出土遺物の実年代を考える手がかりの一つとしたい。

第1章　燕国青銅器の編年

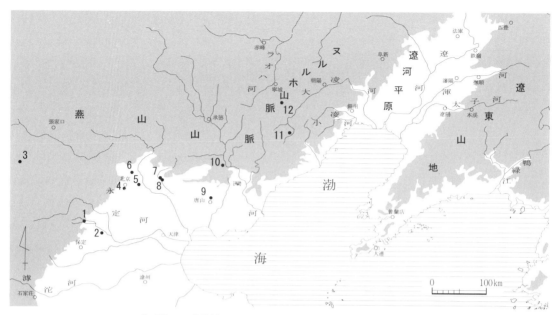

1：燕下都　2：北陽村　3：陽原県　4：北京豊台区　5：中趙甫　6：龍湾屯
7：双村　8：大唐廻　9：賈各荘　10：大黒汀　11：于道溝　12：三官甸

図1　本章関連地図

第1節　燕国青銅製礼器の編年

(1) 研究史

　燕国の春秋戦国時代の青銅製礼器に関しては日本では林巳奈夫〔林巳1989〕、宮本一夫〔宮本2000〕、中国では趙化成〔趙1993〕、朱鳳瀚〔朱1995〕、陳光〔陳1997・1998〕などにより研究がなされている（表1）。以下では、日本と中国のそれぞれの研究者による編年の特徴をまとめる。

❶ 日本における燕国青銅器研究

　日本における古代中国青銅器研究を牽引してきた林巳奈夫は、中国春秋戦国時代の青銅器を概括し、それぞれの地域の青銅器を器種別に分類、編年する作業をおこなった〔林巳1989〕。
　林は、春秋時代と戦国時代のそれぞれをⅠ期からⅢ期、計6期に区分した。林は賈各荘遺跡をはじめとする遺跡から出土した燕国の青銅器の多くの年代を春秋Ⅲ期として位置づけ、さらにそれらをA、Bの両段階に細分することができると述べている。
　なかでも賈各荘18号墓出土の青銅器（図3-1・4・7）を春秋ⅢA期（紀元前6世紀後半）とする根拠は、この時期にあたる洛陽中州路第3期の青銅器に器形や文様が類似することだと強調している。また、林は燕国における数少ない戦国時代の青銅製礼器として河北省容城県北陽村出土例〔孫・徐1982〕（戦国ⅠB期：紀元前4世紀前半、図3-22）と、北京市豊台区出土例〔張1978〕（戦国ⅡA期：

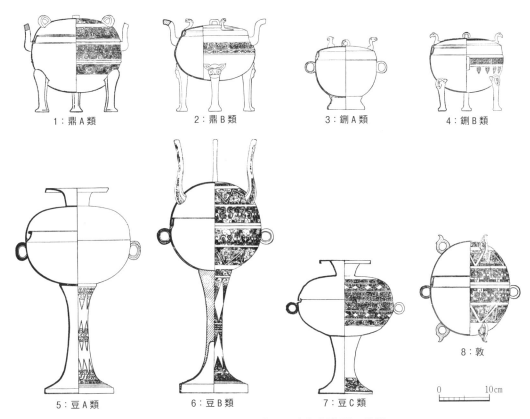

図2　主な春秋戦国時代燕国青銅製礼器の分類

紀元前4世紀後半、図3-23・24・25）をあげている[1]。この林による燕国青銅器の年代観は日本において、燕国に関する考古遺物の年代を考察する際の大きな基準となってきた。

宮本一夫は上記の林の編年をもとにしながら、林の研究以後の新出青銅器を含めて、編年をおこなっている〔宮本2000〕。宮本の編年は、林が春秋ⅢA期として位置づけた青銅器群のいくつかの年代を紀元前5世紀前半にまで下ると考えているのが特徴であるといえよう。

❷　中国における燕国青銅器研究

中国の研究者では、趙化成〔趙1993〕が燕国の青銅器を器種分類し、「春秋晩期」の洛陽中州路第3期に併行する一群と「春秋・戦国時代の画期」（洛陽中州路第4期）に併行する一群、そしてそれらより時期が下って「戦国早期後半から戦国中期前半」の一群の計3群に分けている[2]。

そして青銅製礼器の器形の変化として鼎は脚部が長いものから短いものへと変化し、さらに、「A型」（筆者分類の鼎A類、図2-1）とする耳がまっすぐに立つ形態の鼎は胴部が次第に浅くなり、「C型」（筆者分類の鍑B類、図2-4）と呼ばれる円形の耳を有する三足器は胴部の側視観が円形から下膨れ気味に変化すると推定している。趙の研究は青銅製礼器の器形の形態変化に着目したオーソドックスな型式学的研究であるといえるだろう。

第1章　燕国青銅器の編年

表1　各研究の燕国

	林 (1989)		宮本 (2000)	(註1参照)	趙化成 (1993)
B.C.600				春秋中期	
B.C.550					
	春秋ⅢA	龍湾屯・永楽寺・燕下都M31・ 賈各荘M18・M28・北辛堡・ 中趙甫（豆・敦）	龍湾屯・賈各荘M18・M28	春秋晩期	賈各荘M18・M28・M5
B.C.500					
	春秋ⅢB	中趙甫（鼎・鋪・勺）	大黒汀M1・燕下都M31・ 中趙甫・双村M1・大唐廻M1		中趙甫・龍湾屯・双村M1
B.C.450				戦国早期	
	戦国ⅠA		燕下都西貫城村M14		
B.C.400					懐柔城北墓・燕下都M31・ 大唐廻M1
	戦国ⅠB	北陽村			
B.C.350		「郾侯載」銘 青銅器群	北京豊台区	戦国中期	
	戦国ⅡA	豊台			
B.C.300					

　朱鳳瀚は、燕国のこの時期の青銅製礼器に関して、中国の青銅器を殷時代から戦国時代まで、地域と時期ごとにまとめた著書〔朱1995〕のなかでふれている。朱は当該青銅器の年代を大きく3期にわけ、それぞれの実年代を考察しているが、ほかの研究者との大きな違いは、全般的に年代を新しく考えていることである。とくに北京市順義県龍湾屯（図3-2・3・5）〔程1985b〕や賈各荘遺跡出土の青銅製礼器（図3-1・4・6・7）の年代を燕国以外の中原諸国における戦国時代初め頃の青銅製礼器に類似するとして、「戦国早期」（紀元前5世紀半ば）まで下り、春秋時代までは遡らないとしている。また河北省易県燕下都31号墓（図3-18・19・20）〔河北省文化局文物工作隊1965c〕や、北京市通県中趙甫（図3-8・9・10・12・13）〔程1985a〕の青銅製礼器の年代も「戦国中期初め（紀元前4世紀前半）」と考えている。朱の示した実年代は、林や宮本の説に比べて、全般に新しく考えているのが特徴であるといえよう。

　一方で、年代を遡らせる考えをとる研究者もいる。陳光は燕国の春秋戦国時代の遺物の編年をおこない〔陳1997・1998〕、そのなかで青銅製礼器の編年をおこなっている。陳光はこのうち、特に豆の形態に注目し、蓋に三本の突起をもつもの（筆者分類の豆B類、図2-6）が新しく、圏足付杯をひっくり返したような形の蓋部を有する豆（筆者分類の豆A類、図2-5）がより古い形態であると考えている。また、陳は各遺跡における共伴関係を整理し、鼎においても耳が強く外側へ屈曲する形態のもの（筆者分類の鼎B類、図2-2）がより古く、耳が比較的上方へまっすぐに伸びる鼎

青銅器の年代観

朱鳳瀚 (1995)	陳光 (1997・1998)	本書の年代観		
	燕下都 M31			
	双村 M1			
	賈各荘 M28	第Ⅰ期	賈各荘 M18・龍湾屯 賈各荘 M28	
	賈各荘 M18			
賈各荘 M18・M28・龍湾屯		第Ⅱ期	大黒汀 M1 中趙甫	
懐柔城北墓・双村 M1・燕下都 M31・中趙甫		第Ⅲ期	大唐廻 M1・双村 M1 燕下都西貫城村 M14・燕下都 M31・北陽村	「郾侯載」銘青銅器群
大唐廻 M1・北京豊台	懐柔城北墓 北京豊台	第Ⅳ期	北京豊台区・「陳璋円壺」・「陳璋方壺」	

（筆者分類の鼎Ａ類、図2-1）が新しい形態であるとした。この研究が他の研究と異なる点は、燕国の青銅製礼器において異なる形態の青銅製礼器を同一器種内における亜器種同士としての併行関係ではなく、基本的に前後関係としてより強くとらえようとする見方である。この手法をとる陳光の編年は全体の年代幅が大きくなり、最も古いと考える河北省易県燕下都31号墓の青銅器（図3-18・19・20）は「春秋中期」（紀元前7世紀頃）にまで遡るとの結論が得られている。

　以上の日本と中国の各研究者の編年観を表1にまとめた。

同じ青銅製礼器をあつかっているにもかかわらず、研究者によって、非常に大きな年代観の違いが存在している。その最大の理由として考えられるのは、燕国に関する春秋戦国時代、特に紀元前4世紀後半以前についての文献史料の記載がきわめて少なく、それに対応させることが可能な金文・銘文などの出土文字資料も少ないことである。また考古遺物についていえば、第3章でみるように、戦国時代の後半を中心に、墓に副葬される礼器の土器化が他地域に比べて大幅に進み、当時の社会で最高ランクに属すると考えられるような被葬者の大型の墓においてすら、副葬される礼器はすべて土器で、青銅製礼器がこれまでほとんど出土していないといった地域的な特殊性がきわめて強いことも燕国の青銅器を研究する際の大きな課題である。

　以上の研究史を踏まえながら、以下ではまず青銅製礼器の器種分類をおこなう。そして、それぞれの器種における形態と文様の特徴を、この時期の青銅製礼器の相対編年が確立している中原中心部の洛陽中州路遺跡などと比較しながら、燕国青銅製礼器の相対編年を示す。その上で、銘文などによって実年代を知ることのできる中原各地の青銅器との対比によって、燕国青銅製礼器編年に実年代を与える作業をおこなう。

（2）　青銅製礼器の分類と出土状況の検討

❶　器種分類

　ここでは燕国の青銅器の分類をおこなう。分類に際してはまず、器種レヴェルでの分類作業をし、さらに器種ごとにその形態をもとにした細別分類を進める。分類の対象は編年の基礎となる青銅製礼器を扱う。なお器種の名称は林巳奈夫の『春秋戰國時代青銅器の研究』〔林巳1989〕の器種名称を参考にした。また、以下の器種分類は図2にまとめている。

　鼎（てい・かなえ）　鼎は大きく2種類に分類される。

　鼎A類（図2-1）　鼎A類は胴部の側視観が円形または楕円形で、耳部は比較的まっすぐに上方に伸びる形態をなす。林が一五A型鼎〔林巳1989〕、宮本が鼎A1・A2類〔宮本2000〕、趙化成がA型鼎〔趙1993〕、朱鳳瀚がA型鼎〔朱1995〕とする鼎がこれにあたる。この鼎は晋国が分裂して趙国、韓国、魏国となった三晋地域や洛陽地域においても数多く出土している種類で、他地域との比較に有効な種類である。

　鼎B類（図2-2）　鼎B類は胴部の側視観がA類に比べて幾分扁平で、耳部が先端にかけてほぼ直角気味に強く外反するところが大きな形態的特徴である。林が一五E型鼎、宮本が鼎B類、趙化成がB型鼎、朱鳳瀚がB型鼎とする鼎がこれにあたる。

　豆（とう）　豆は大きく3種類に分類される。

　豆A類（図2-5）　豆A類は脚部が長く、杯・蓋部の側視観は楕円形をなす。また蓋部は圏足付杯をひっくり返したような形態である。林が四型豆、宮本が豆I類、趙化成がA型豆、朱鳳瀚がA型豆とする豆がこれにあたる。

　豆B類（図2-6）　豆B類は脚部が長く、杯・蓋部の側視観は円形から縦長の楕円形に近く、後述する敦の蓋・胴部本体に形状や文様構成などできわめて類似する。また、蓋部には三本の上方へ伸びる長い突起がつく。宮本が豆II類、趙化成がB型豆、朱鳳瀚がB型豆とする豆がこれにあたる。

　豆C類（図2-7）　豆C類は杯・蓋部の形状はA類に類似するが、脚部はA類やB類に比べて短い。

　釦（けい）　釦は大きく2種類に分類される。この器種は燕国を中心とする地域に独特な青銅器で、その名称も研究者や報告者によって、「釦」、「鼎」、「三足器」、「簋」などと一定しない。ここでは林による名称に従った。

　釦A類（図2-3）　釦A類はやや深さのある容器で、胴部には縦に円形の把手が、蓋には鳥など動物を形象したつまみが付く。圏足をもつ。林が三A型釦、宮本、趙化成、朱鳳瀚がそれぞれ簋とする器種がこれにあたる。

　釦B類（図2-4）　釦B類は釦A類と同様にやや深さのある容器で、胴部には縦に円形の把手が、蓋には鳥など動物を形象したつまみがつく。また、胴部に三足がつく。林が三型釦、宮本が鼎C類、趙化成がC型鼎、朱鳳瀚がC型鼎とする器種がこれにあたる。

第1節　燕国青銅製礼器の編年

表2　春秋戦国時代燕国の主な青銅製礼器の出土状況

	鼎		鋪		豆			敦	その他	備考	文献
	A類	B類	A類	B類	A類	B類	C類				
賈各荘M16								1	盒1		安1953
賈各荘M18	1		1		1			1	円壺1、盤1、匜1		安1953
賈各荘M28		1		1	1					被破壊	安1953
龍湾屯		1	1		1						程1985b
大黒汀M1	1					1		1	甗1、匜1		顧・郭1996
中趙甫	2			1		1		1	匜（破片）		程1985a
大唐廻M1		1	1				1			被破壊	廊坊地区文管所他1987
双村M1		1	1		1						廊坊地区文管所他1987
燕下都M31		1	1		1					被破壊	河北省文化局文物工作隊1965c
北陽村	1								円壺1、蓋2		孫・徐1982
北京豊台区	1								方壺1、灯1、三足器1	被破壊	張1978

　壺（こ・つぼ）（図13）　壺は、胴部断面が円形となる円壺（図13-2）と丸みを帯びた方形になる方壺（図13-1）の二つに分けられる。

　敦（たい）（図2-8）　敦は蓋・胴部本体の形態や文様が上述の豆B類の蓋と杯部にきわめて類似し、胴部と蓋部にそれぞれアラビア数字の「6」に似た形状の突起が三つつく。

　さらに、一部の遺跡からは以上の器種のほかに、**盤**（ばん）や**匜**（い）といった青銅製礼器も出土している。

❷　出土状況

　分類をおこなった今日までに知られている春秋戦国時代の燕国の青銅製礼器はそのほとんどが墓から副葬品として出土したものである。このうち、上述の器種がまとまって出土している墓と青銅器の出土状況を表2に整理した。各器種間での共伴関係が比較的弱いことが見出される。このことが、研究史において紹介した先行研究で各研究者間の編年観が大きく異なっている一つの要因ともなっている。

（3）　青銅製礼器の器形・文様の分析と相対編年

❶　時期区分

　上述の分類と出土状況をもとに、燕国青銅製礼器の相対編年の検討をおこなう。まず、青銅鼎を中心に器形と文様の点から周辺地域からの出土例との比較をおこないたい。

　洛陽中州路遺跡出土例と比較可能な青銅器　主に墓から出土する春秋戦国時代の青銅器や土器変遷を分析する際に、年代の基準として使われるのが、東周王朝の都であった河南省洛陽市の洛陽中

第1章　燕国青銅器の編年

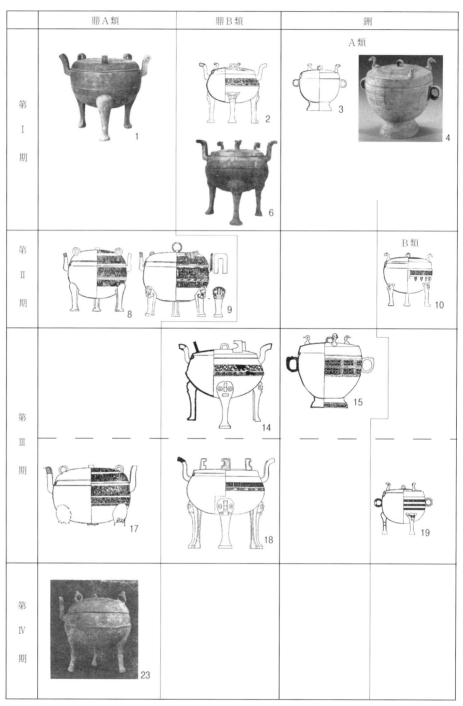

1・4・7：賈各荘 M18　2・3・5：龍湾屯　6：賈各荘 M28　8・9・10・12・13：中趙甫
18・19・20：燕下都 M31　22：北陽村

図3　燕国青銅製

第 1 節　燕国青銅製礼器の編年

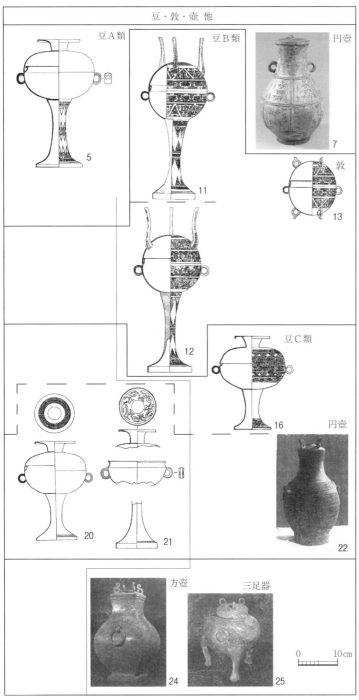

11：大黒汀 M1　14・15・16：大唐廻 M1　17・21：燕下都西貫城村 M14
23・24・25：北京豊台区

礼器編年図

州路遺跡の墓群〔中国科学院考古研究所 1959〕から出土した資料である。この遺跡の墓や、出土した数多くの青銅器や土器は第 1 期から第 7 期までに分けられ、時期はちょうど春秋時代から戦国時代の全期間に及んでいる。研究史のなかでも述べたように、これまで燕国の青銅器との比較がなされてきたのは、洛陽中州路第 3 期と第 4 期の青銅器である。以下ではまず、洛陽中州路遺跡における青銅器の変遷と燕国青銅器の比較を改めておこなう。

賈各荘 18 号墓〔安 1953〕出土の青銅製礼器はかねてから洛陽中州路遺跡の第 3 期とされる 2729 号墓出土例との類似が指摘され、ほぼ同じ時期のものであるとの考えが一般的であった。このうち、青銅鼎は特に両者の間に共通点が多い。具体的には、賈各荘 18 号墓の鼎 A 類（図 3-1）は脚が長いという器形の特徴、そして文様でも賈各荘 18 号墓の鼎の胴部と蓋部にみられる C 字形の龍文（図 4-1）が洛陽中州路 2729 号墓出土の鼎の蓋部と共通である。一方でこの C 字形の龍文は龍湾屯〔程 1985b〕出土の鼎 B 類（図 3-2）の胴部にも施されている。また、洛陽中州路 2729 号墓出土の鼎

23

1：図3-1胴部　2：図3-8胴部
図4　C字形龍文（1）と絡み合い相食む龍文（2）

には同時に雷文も施されており、これと同様の雷文が賈各荘28号墓〔安1953〕出土の車軸頭にもみられる。このように器形や文様をなかだちにして、洛陽中州路2729号墓、賈各荘18号墓、賈各荘28号墓、龍湾屯出土の青銅製礼器の関係をたどることができる。

次に洛陽中州路遺跡で第3期に後続する第4期の青銅製礼器を出土した代表的な墓としては2717号墓があげられる。この墓から出土した青銅鼎の胴部や蓋部の文様は上述のC字形の龍文ではなく、2匹の龍が絡み合って尾を相食む文様である。燕国における類似の青銅鼎の出土例としては中趙甫〔程1985a〕出土の鼎A類（図3-8・9、図4-2）があげられる。この遺跡から出土した鼎A類は2点あり、蓋部と胴部の文様はいずれも上述の洛陽中州路2717号墓出土青銅鼎の龍文にきわめて類似する。また、中趙甫出土の鼎A類は胴部と蓋部の器形変化に着目すると、賈各荘18号墓出土の鼎A類に比べ、脚部は短く、胴部はやや浅く、胴部の側視観は楕円形に近くなっている。また、蓋部が丸みを帯びる。これらの変化は洛陽中州路遺跡出土の青銅鼎の器形や文様の変化過程ともほぼ一致していることが確認できる。

そのほかの青銅器　このような鼎A類の時期的な変化を想定したときに、さらに新しい段階に位置づけられる鼎A類が河北省易県燕下都西貫城村14号墓〔河北省文物研究所1996〕出土の青銅鼎（図3-17）である。この墓から出土している鼎は報告では詳細な文様はわからないものの、器形は側視観が中趙甫出土の青銅鼎に比べ、さらに楕円形になっている。また、この墓からは鼎や壺（第3章図4-6・10）、尊といった副葬土器も出土している。そして燕下都西貫城村14号墓から出土した副葬土器の尊と類似する形態の尊が発見された墓に河北省易県燕下都31号墓〔河北省文化局文物工作隊1965c〕がある。この墓では鼎B類（図3-18）が出土しており、この鼎B類と燕下都西貫城村14号墓出土の鼎A類などの青銅製礼器は時期的にほぼ同じ段階であると考えられよう。

この燕下都西貫城村14号墓出土の鼎に側視観が類似する鼎A類には、河北省容城県北陽村〔孫・徐1982〕出土の鼎があり、胴部には雷文が施されている。ここでは、円壺（図3-22）も発見されている。これらの青銅製礼器は、燕下都西貫城村14号墓出土例とほぼ同じ段階のものと考えられるだろう。

さらに、側視観が円形に近くて、胴部や蓋部に文様がほとんど無い鼎A類が、北京市豊台区〔張1978〕で出土した（図3-23）。この青銅器は墓から出土したものとされ、方壺（図3-24）や三足

器（図 3-25）が出土している。これらは燕下都西貫城村 14 号墓以前の段階に類似例が無く、これ以後のものと考えられるだろう。なお、この遺跡から出土した青銅製礼器の年代を林〔林巳 1989〕や宮本〔宮本 2000〕は紀元前 4 世紀と考えている。北京市豊台区出土の方壺に形態が類似する燕国の方壺に蓋部は無いものの「陳璋方壺」〔姚 1982〕がある。また、この方壺の刻字銘文とほぼ同一内容の銘文をもつ青銅器として「陳璋円壺」〔姚 1982〕をあげることができる。これら二つを含め、北京市豊台区出土の青銅器などは同一段階の青銅器であると推定できるだろう。ちなみに、宮本は北京市豊台区出土の三足器を鍋 B 類が変化したものであると言及している〔宮本 2000〕。

以上のように主に鼎 A 類を基準にすると、燕国の青銅製礼器は古いほうから賈各荘 18 号墓段階、中趙甫段階、燕下都西貫城村 14 号墓段階、北京豊台区段階の四つに時期を分けることが可能であり、それぞれを第 I 期～第 IV 期としたい。以下では、さらに他の器種を含めた青銅製礼器の文様や器形に関して、上で述べた相対編年を補強するために若干の補足説明をしたい。まず、各器種に共通に施されるいくつかの文様について考察する。

❷ 文様と器形の変化

「S」字渦巻文から「9」字 + 三角文へ（図 5）　第 I 期の賈各荘 18 号墓出土の盤の圏足下部には横方向に横向きの「S」字渦巻文が施されている（図 5-1）。これは縦方向への象嵌によるものではあるが、賈各荘 18 号墓や龍湾屯出土の豆 A 類（図 3-5）にも同様にみられる文様である。この「S」字渦巻文は第 II 期の中趙甫出土鼎 A 類の蓋の頂部にも施されている（図 3-8、図 5-2）。

一方、河北省廊坊市大唐廻 1 号墓〔廊坊地区文物管理所・三河県文化館 1987〕出土の鼎 B 類の胴部ではこの「S」字渦巻文の文様単位の隣りあう渦同士が合体し「9」字を横にしたような文様とそれに対応した三角文が横方向に連なる文様へと変化している（図 3-14、図 5-3）。このことから大唐廻 1 号墓出土の青銅製礼器は第 II 期に遅れる第 III 期に位置づけられよう。

菱形 + 渦文の変化（図 6）　第 I 期の龍湾屯出土の鼎 B 類胴部の C 字形龍文の下には菱形と渦を組み合わせた文様が横方向に施されている。文様単位に注目すると、龍湾屯例では文様単位が一つ

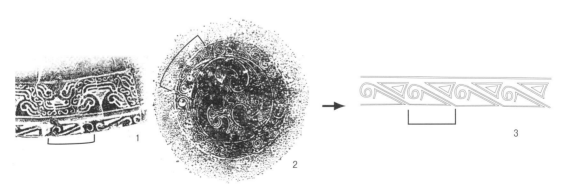

1：賈各荘 18 号墓出土銅盤圏足部　2：中趙甫出土銅鼎 A 類蓋頂部　3：大唐廻 1 号墓出土銅鼎 B 類胴部
図 5　「S」字文から「9」字 + 三角文への変化（└┘で示したのが文様の単位）

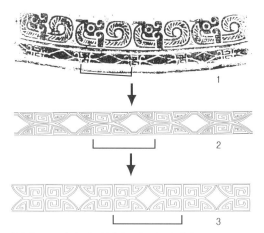

1：龍湾屯出土銅鼎B類胴部　2：大唐廻1号墓出土銅豆C類蓋部　3：河北陽原県採集銅鍿B類胴部
図6　「菱形＋渦」文の変化（⊔で示したのが文様の単位）

の菱形と上下で渦の向きが異なる二つの方形の渦文から成り立っている（図3-2、図6-1）。一方、上で第Ⅲ期とした大唐廻1号墓出土の豆C類の杯部と蓋部にも同様の文様が施されている。しかし、文様単位の構成要素は同じではあるものの、上下で逆だった渦の向きが同一の向きへと変化している（図3-16、図6-2）。さらに河北省陽原県出土の鍿B類〔中国青銅器全集編輯委員会編1997〕や同じく第Ⅲ期の燕下都31号墓出土鼎B類（図3-18）の胴部に施されたこの文様は、大唐廻1号墓の豆C類と文様単位内の基本文様の形状は同じであるが、単位が「一つの上下渦文＋菱形文」から「菱形文＋その両側に上下渦文」を配するように、文様単位の構成に変化がみいだされる（図6-3）。このことから、大唐廻1号墓出土青銅製礼器の年代は第Ⅲ期のなかでも燕下都31号墓よりやや古いと考えられよう。

　各器種の青銅製礼器の器形や文様に関する補足　上の分析結果をもとにすると、鼎B類は賈各荘28号墓（図3-6）と龍湾屯出土例を第Ⅰ期に、大唐廻1号墓と燕下都31号墓出土例を第Ⅲ期にそれぞれ位置づけることができる。

　この鼎B類の器形と文様を型式学的にまとめると、脚部付け根の立体獣面文が具象性を失い、同様に蓋部の鳥形の把手も、「コ」形の把手に変化する。また、胴部中央の文様帯には龍文が施されるが、C字形龍文から複数の龍が絡み合う文様への変化をたどることができる。このことから、胴部中央の文様帯が後者の文様である賈各荘28号墓出土例は、前者の文様の賈各荘18号墓、龍湾屯例に比べ、第Ⅰ期でもやや時期が下る可能性が高い。

　一方、鼎A類が中趙甫出土例に類似することから第Ⅱ期に位置づけられる河北省遷西県大黒汀1号墓出土の青銅器〔唐山市文物管理所1992、顧・郭1996〕は、そのなかの豆B類（図3-11）に関しては、中趙甫出土例（図3-12）が脚部や杯部、蓋部に施される文様において、大黒汀1号墓例に比べて明らかな退化傾向がみとめられる。このため大黒汀1号墓出土の豆B類は中趙甫出土例より時期が遡ると考えられよう。

以上の検討と各墓における出土青銅製礼器の共伴関係をもとにした青銅製礼器の相対編年が図３である。各器種のそれぞれの時期における文様や器形の変化については、上ですでに詳細に述べた。この他にも、豆Ａ類では第Ⅰ期には表面に象嵌による文様装飾が盛んに施されるが、第Ⅲ期の後半には蓋部のつまみの内側に文様が施されるのみというように無文化の傾向が顕著にみられる。また、燕下都31号墓出土の豆Ａ類（図3-20）などは第Ⅰ期のものに比べて若干脚部が短い。

第2節　燕国銅戈の編年（春秋時代後半〜戦国時代前半）

(1)　銅戈に関するこれまでの研究

　春秋戦国時代の燕国青銅器には、青銅製礼器のほかに武器がある。なかでも出土数の多い器種が銅戈である。燕国の銅戈に関しては、これまでは戦国時代の後半、紀元前４世紀後半以降の銅戈の研究が中心となっている。それは銅戈に銘がみられ、銘には燕国の君主名が記されているものがほとんどであり、君主比定にもとづく編年研究に関心が集まってきたからである[3]。

　燕国の銅戈に関する最初期の研究としては、李学勤の研究があげられる〔李1959〕。李は『史記』などの文献を参照しながら、著録に残された銅戈に記された燕国の君主名の比定を、初めて総合的におこなった。

　その後、河北省易県燕下都遺跡を中心とする遺跡発掘調査の進展にともない、燕国の君主名が銘に記された銅戈の類例が増加した。これらの新出資料をも含めて燕国の銅戈の研究を進めたのが、日本では宮本一夫であり〔宮本1985b・2000〕、中国においては燕下都遺跡の発掘調査で主導的役割を果たした石永士である〔河北省文物研究所1996〕。

　宮本と石の研究では、昭王（前311〜279年在位）、惠王（前278〜272年在位）、武成王（前271〜258年在位）、そして燕国最後の君主である王喜（前254〜222年在位）の王名比定が両者ともに一致している。このように銅戈にみられる易王（前332〜321年）以降の君主名比定問題については第6節でも述べるように、ほぼ決着したといえる状況であり、紀元前４世紀後半以後の銅戈の編年と実年代はほぼ確定しているといえるだろう。

　しかし、易王以前の青銅器にみられる燕国君主の名である「郾侯載_{えんこうさい}」は、どの君主の名前（諱）であるのかについて、現在、二つの説が存在している。また、紀元前４世紀前半以前の銅戈と、君主名の銘によって実年代がほぼ確定している紀元前４世紀後半以降の銅戈についての型式学的連関性についての議論はこれまでおこなわれていない。これは、考古遺物の実年代を決定する基礎となる燕国青銅器の年代を考古学的に究明する上で看過できない問題である。

　本節ではまず、宮本や石らが分析してきた紀元前４世紀後半以後の有銘銅戈よりも古い春秋時代後半から戦国時代前半にかけての燕国の銅戈の分類と編年をおこなう。そして第3節において、銅戈を含む「郾侯載」銘青銅器の年代的位置づけを考えたい。

(2) 銅戈の分類と相対編年

　春秋時代後半から戦国時代前半にかけての燕国の銅戈は、複数の墓から第1節においてあつかった青銅製礼器などとともに出土しているにもかかわらず、銅戈の体系的な研究はこれまであまりなされてこなかった。ここでは戦国時代後半の銅戈との型式の連続性を検討するため、春秋時代後半から戦国時代前半における燕国の銅戈の形態分類をおこなうとともに、第1節でまとめた青銅製礼器との共伴関係をもとにして銅戈の相対編年をこころみる。なお、銅戈の各部位の名称は図7に示した。

　春秋時代後半から戦国時代前半にかけての燕国の銅戈は大きさにより2種類に大別できる。一つは内に刃がなく、比較的小さいタイプで援から内までの全長は20㎝前後である。

　もう一種類は、内にも刃があり、前者に比べて大きく、全長が25㎝を超えるような一群であり、援がやや下向きにゆるやかに湾曲しながら伸びる。ここでは前者の小型の銅戈を銅戈Ⅰ類、内に刃をもつ大型の銅戈を銅戈Ⅱ類と分類する。

　銅戈Ⅰ類は内と胡の角度によってさらに2種に細別することができる。内と胡の角度が鋭角になるものとほぼ直角となるものである。鋭角となるものを銅戈Ⅰa類、ほぼ直角となるものを銅戈Ⅰb類とする。

　図8は上記の銅戈の分類ごとに、青銅製礼器と共伴して出土した銅戈については青銅製礼器の編年にしたがい、それ以外の遺跡から出土した銅戈に関しては型式学的検討をもとにして作成した編年図である[4]。なお、時期区分は青銅製礼器編年と同一である。

　時期的な変化を観察すると銅戈Ⅰ類はⅠa類、Ⅰb類ともに時期が下るほど直線的であった援の稜線がゆるやかに湾曲するように変化する。またⅠb類は援の先端付近がやや丸みをもってふくら

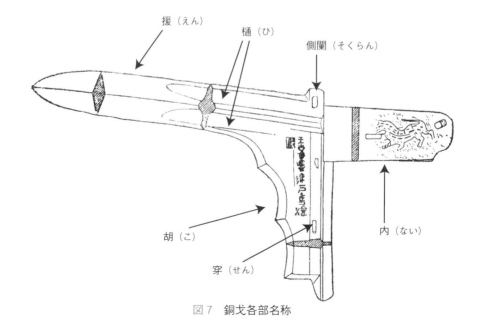

図7　銅戈各部名称

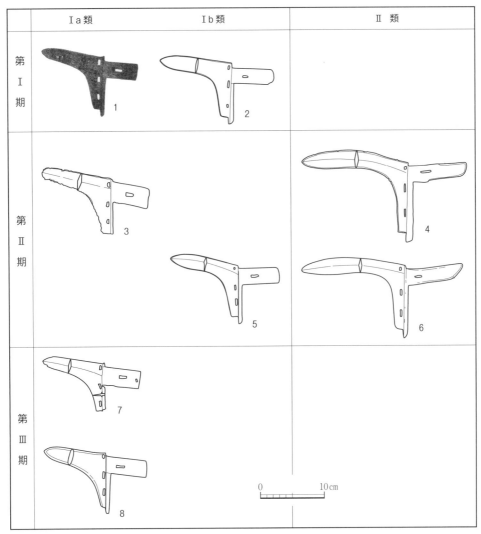

1：賈各荘M8　2：龍湾屯　3・4：大黒汀M1　5・6：中趙甫　7：双村M1　8：燕下都M31

図8　燕国青銅戈編年図

むように変化していくことがわかる。なお、銅戈Ⅱ類は春秋時代後半以前にはみられない形態で、第Ⅱ期には存在がみとめられる。林巳奈夫はこの種の銅戈が上部に矛を取りつけ、戟として使用された可能性を指摘している〔林巳1972〕。

第3節　「郾侯載」銘青銅器の年代

(1)　「郾侯載」銘青銅器の年代をめぐる研究

　本節では、燕国青銅器の実年代を考える際に重要な位置づけが与えられている「郾侯載」銘をも

つ銅戈をはじめとする青銅器に関して考察する。

　第2節でも述べたように燕国の戦国時代には戦国時代後半の銅戈を中心に君主名を含む銘をもつ青銅器が多数存在している。これらは羅振玉によって編纂された『三代吉金文存』をはじめとする著録に掲載され、古くからその存在が知られてきた。そして、銘文の君主名を文献に記載されている燕国の君主諡号に比定させることをもとにした青銅器の実年代の考察がおこなわれている。

　これらの研究では燕国における青銅器の多くが紀元前4世紀後半以降のものであるとされている。このような有銘青銅器の中で、最も古い実年代があたえられてきた一群の青銅器が「郾侯載」銘を有する青銅器である（図9）。

　この銘をもつ青銅器としては著録に簡単な図があるものも含めれば、現在までに銅戈（図9-1）、銅矛（図9-2）、銅豆（図9-3）、そして銅簋に刻された銘の拓本の存在が知られている。

❶　郭沫若による「郾侯載」＝「燕成公」（前449～434年在位）説

　これらの青銅器に刻された君主の名を「郾侯載」と釈文し、燕の成公と比定した説は郭沫若の『金文叢考』に始まる〔郭1952〕。郭の説は『古本竹書紀年』にある燕の成公に関する「成侯名載（成侯、名は載）」という記事に依拠している。この銘の釈文に関する「郾侯載」＝「燕成公」説はその後も多くの研究者によって踏襲された。なお、郭は成公の在位年を『史記』六国年表をもとに「戦国初年」（『史記』六国年表にある燕成公の在位は紀元前449年から紀元前434年、表3参照）と考え、「郾侯載」銘青銅器にも同様の年代を与えた。

❷　陳夢家による「郾侯載」＝「燕成侯」（前358～330年在位）説

　一方、陳夢家は『古本竹書紀年』などの文献史料や有銘青銅器などの出土資料をもとにして『史

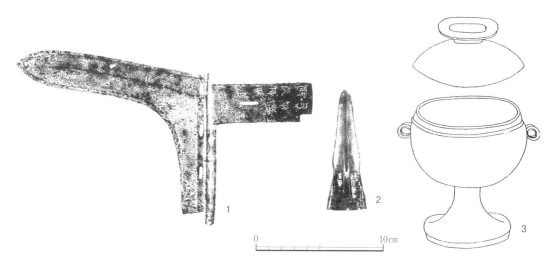

1：銅戈　2：銅矛　3：銅豆　3は縮尺不明
図9　「郾侯載」銘青銅器

表3 『史記』六国年表と『六國紀年』（陳夢家）における燕国君主と在位年の比較

西暦（紀元前）	『史記』六国年表（郭沫若が依拠）	『六國紀年』（陳夢家）前298年まで
470	獻公	孝公
460		
450	孝公	
440	成公（「郾侯載」）(449〜434)	成公(454〜439)
430		文公
420	湣公	
410		
400		簡公
390		
380	釐公	
370		
360	桓公	桓公
350	文公	成侯（「郾侯載」）(358〜330)
340		
330		
320	易王	易王
310	王噲	王噲
300	昭王	昭王
290		
280		
270	惠王	
260	武成王	
250		←孝王
240	王喜	
230		
222		

記』の六国年表の修正をおこなった研究である『六國紀年』のなかでこの「郾侯載」について次のように推定した〔陳 1955〕。

陳は「郾侯載」に関して、上述の郭沫若の釈文を引用しながらも、『史記』六国年表第二の魏国の惠王十五年（紀元前 356 年）の註に「徐廣曰：紀年一曰『共侯來朝。邯鄲成侯会燕成侯平安邑』」という記事があることに着目し、『史記』燕召公世家第四などにこの魏恵王十五年当時の燕国の君主として記されている「文公」を紀元前 5 世紀の君主である「燕成公」とはまた別人の「燕成侯」であると考えた。

そして「燕成侯」（文公）こそが青銅器に銘を残す「郾侯載」であると比定し、その在位年を紀元前 358 年から紀元前 330 年と推定したのである。さらに陳は「郾侯載」銘を有する戈や矛のように、青銅製の武器に君主の名を記す例が第 2 節でふれたように年代の比較的近い「燕王職」（陳夢家は昭王に比定）以後の君主銘をもつ青銅器に多いことを上記の年代決定の根拠の一つとしてあげている（表 3 参照）。

このように陳は「郾侯載」銘青銅器の年代を郭の説より百年余り新しい紀元前 4 世紀半ば頃と推定した。

日本では、林巳奈夫が「郾侯載」銘青銅器を実年代を与えることが可能な青銅器としてあつかっている〔林巳 1972・1989〕。林はこれらの研究のなかで「郾侯載」については釈文を郭沫若の「燕成公」説に依拠する一方で、年代は陳夢家の研究の年代を引用しており、これらの青銅器を戦国時代中期の青銅器であると考えている。

また、第 2 節で紹介した宮本一夫による銅戈についての研究でも「郾侯載」銘の銅戈の実年代を陳夢家の考えを引用した林の説をもとにしている〔宮本 1985b・2000〕。

一方、春秋戦国時代における各国君主の称元法を復元し、『史記』の記述の年代矛盾を精力的に解決しようとした平勢隆郎は、『新編 史記東周年表—中國古代紀年の研究序章—』のなかで燕成公を紀元前 5 世紀の君主に位置づけ、在位年を紀元前 453 年から紀元前 438 年としている〔平勢 1995〕。

(2) 遼寧省凌源市三官甸遺跡出土青銅器と「郾侯載」銘青銅器の年代的位置

上で述べた「郾侯載」銘青銅器をめぐる郭沫若と陳夢家の両者の説については、記載の少なさによって、文献からはいずれがより妥当性が高いのかを検証することはきわめて難しい。そこで、ここでは「郾侯載」銘青銅器の年代が考古学的にどう考察されるのかあらためて考えたい。まず「郾侯載」銘青銅器の銅戈（図 9-1）の形態は紀元前 4 世紀後半以降とされている有銘の銅戈との間に、各部位において型式学的にヒアタスがあることが指摘できる。このことについては、第 6 節であらためて詳細に検討するが、紀元前 4 世紀後半以降とされる有銘銅戈には「郾侯載」戈と同じような形態の戈はこれまで発見されていない。ただし、側闌をもっているという特徴では紀元前 4 世紀以後の銅戈に類似する。全体的な形状でみた場合には、この銅戈は Ｉb 型の範疇でとらえる

第 3 節 「郾侯載」銘青銅器の年代

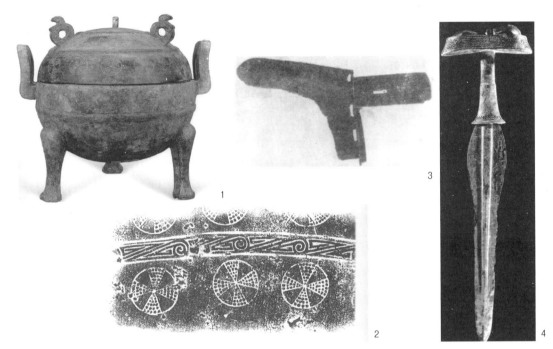

1：銅鼎　2：銅鼎胴部の渦文と円形幾何学文　3：銅戈　4：遼寧式銅剣
図 10　遼寧省凌源市三官甸遺跡出土青銅器

ことが可能であり、型式学的には第Ⅱ期に後続する第Ⅲ期以降のものと考えられよう。

また、銅豆（図 9-3）は、これまで紀元前 4 世紀以降の燕国の青銅器自体が発見例は少ないものの、上述した青銅製礼器の相対編年のなかで位置づけるならば、簡単な図からの検討のみではあるが、やはり第Ⅲ期の豆 A 類に形状が近いことを指摘できよう。しかもほとんど文様がないということは、豆 A 類の型式学的変化からも第Ⅲ期の年代を与える重要な根拠となる。このように、一群の「郾侯載」銘青銅器は青銅器編年の第Ⅲ期に相当するものであるといえそうである。

では、「郾侯載」銘青銅器の年代が第Ⅳ期に下る可能性はないのだろうか。この点に関しては、「郾侯載」銘の銅戈と似た特徴をもつ遼寧省凌源市三官甸遺跡から出土した青銅器の年代が参考になる〔遼寧省博物館 1985〕。

三官甸遺跡からは、遼西の最末期段階の遼寧式銅剣をはじめとする在地的な青銅器とともに青銅鼎、銅戈などが出土した（図 10）。このうち、銅戈（図 10-3）は内の下端部が方形に打ち欠いたような形になっており、かねてから上述の「郾侯載」銘の銅戈との共通点が指摘されていた〔林澐 1980・1997〕。報告では、この遺跡の青銅器を戦国時代中期としているが、宮本一夫は戦国時代前期、紀元前 5 世紀後半〔宮本 2000〕、岡内三眞は戦国時代前期から中期、紀元前 5 世紀初めから紀元前 4 世紀初め〔岡内 2004〕としている。

青銅鼎（図 10-1）は全体の形状から鼎 A 類であると判断され、全体の形状は第Ⅱ期から第Ⅳ期にかけての鼎 A 類のように丸く曲線的である。三官甸遺跡出土の青銅器は胴部や蓋部には円の内

33

部を扇形状に区画し、各区画内を交互に格子文で充填する円形幾何学文が確認できる（図10‑2）。この文様は第3章で考察する副葬土器編年第Ⅲ期の鼎にも同様にみられる。

　一方で、胴部や蓋部をめぐる箍状の突帯には、青銅器編年第Ⅲ期の鼎B類などにみられる「9」字状渦文＋三角文が施されている（図10‑2）。これは左右反転しているが、大唐廻1号墓例と同様の文様の単位と構成で成り立っている（図5‑3）。このように、文様から三官甸遺跡の青銅鼎の年代は、銅鼎が無文化する第Ⅳ期ではなく、第Ⅲ期であると推定され、「郾侯載」銘の銅戈に形態が類似する銅戈についてもまた、同様の年代を与えることができるだろう。

　このように三官甸遺跡出土の青銅器を通して、「郾侯載」銘青銅器は第Ⅲ期の青銅器であることが確かめられた。

第4節　燕国青銅製礼器の実年代

（1）　青銅製礼器編年第Ⅰ期・第Ⅱ期の実年代

　第1節において、燕国の春秋戦国時代の青銅製礼器、特に春秋時代後半から戦国時代前半にかけての青銅製礼器の分析をおこない、大きく4期にわける相対編年案を示した。本節では、これらの実年代を検討したい。まず、第Ⅰ期は賈各荘18号墓や龍湾屯で出土した青銅製礼器に施されたC字形の龍文により、洛陽中州路第3期に併行するといえよう。この文様はこの時期の青銅製礼器に特徴的にみられる。このような舌を出したコ字あるいはC字形の龍文は林巳奈夫〔林巳1989〕も指摘するように「邾公華鐘」（図11）〔容1941、上海博物館編1964、韓編1996〕にもみられ、邾公華の在位年代は紀元前555年から紀元前541年である。よって第Ⅰ期の実年代は紀元前6世紀半ばから後半頃と考えることが可能である。

　続く第Ⅱ期の青銅製礼器では中趙甫出土の鼎にみられるような絡み合い相食む龍文が青銅製礼器の特徴的な文様である。これは洛陽中州路第4期に併行する。この文様は比較的広い地域の青銅製礼器に、しかも多くの器種に施されており、実年代を考える際にも比較可能な資料が多い。この龍の絡み合う特徴的な文様は三晋諸国の青銅製礼器にも数多くみられる。広く知られるものとしては「智君子鑑」〔中国青銅器全集編輯委員会編1995〕（図12）があげられる。「智君子鑑」には「智君子之弄鑑」の銘があり、晋国の貴族である智氏、すなわち知氏の滅亡年である紀元前453年以前に製作された青銅器であると考えられる。

　また、近年の出土資料では山西省太原市晋国趙卿墓〔山西省考古研究所・太原市文物管理委員会1996〕や山西省侯馬市侯馬鋳銅遺跡〔山西省考古研究所1993〕で絡み合い相食む龍の文様をもつ青銅器やその鋳型、模が出土している。晋国趙卿墓は報告によれば紀元前475年に卒した趙簡子、趙鞅の墓であるとされる。趙鞅の没年は、『史記』趙世家第十三には、晋国の出公十七年（紀元前458年）と記載されている[(5)]。一方、『史記』の注釈である「正義」では「春秋左氏伝」の記載の

第4節　燕国青銅製礼器の実年代

図11　(1)「䣄公華鐘」と　(2) その銘文及び文様の拓本

引用として、彼の没年を魯国の哀公二十年（紀元前475年）とする(6)。晋国趙卿墓の報告は『史記』「正義」の年代を引用したのであろう。趙鞅の没年は文献の記載では、およそ20年違いの説が提示されているが、前後の説いずれにせよ、紀元前5世紀代前半であることは確実である。

以上の検討から、第Ⅱ期の実年代は紀元前5世紀前半頃と考えることができる。

図12　「智君子鑑」

(2)　青銅製礼器編年第Ⅲ期・第Ⅳ期の実年代

第Ⅱ期の下限年代が紀元前5世紀半ば頃と考えられることから、第Ⅲ期と第Ⅳ期は紀元前5世紀後半以後と考えることができる。

まず、第Ⅳ期の実年代を考えたい。第Ⅳ期の青銅製礼器である北京市豊台区出土の方壺と類似の燕国の青銅器としては出土地不明の伝世品であるが、「陳璋方壺」（図13-1）〔中国青銅器全集編輯委員会編1997〕があげられる。「陳璋方壺」には鋳造後の刻字銘文が施されており、同一の文章を刻した青銅器に江蘇省盱眙県南窯荘で出土した「陳璋円壺」（図13-2）がある〔姚1982〕。この円壺は台付で胴部の外面には透かしの入ったきわめて細密な文様を施し、二重構造となっており、春秋戦国時代の燕国における青銅器製作技術の最高潮を示す優品である。「陳璋円壺」の台部に刻された

第1章　燕国青銅器の編年

図13　(1)「陳璋方壺」と (2)「陳璋円壺」

銘は李学勤及び祝敏申の釈文〔李・祝1989〕によれば「唯王五年奠昜陳得再立事歳孟冬戊辰齊蔵戈孤陳璋内伐匽亳邦之獲」の29字であり、同じ刻銘が「陳璋方壺」の台部にもみられる。

　この銘文によると、これらの青銅器は「齊国の某王五年」冬に齊国の将軍である陳璋という人物が匽（燕）国を討ち、その都城に至って奪ってきたものであると考えられている。これらの青銅器の銘文に記された齊国が燕国の首都近くにまで攻め込んだ事件については、齊国軍が燕国の都城にまで軍を進めたことなどから、かなり大がかりな戦争であったらしい。燕王噲（前320～316年？在位）が宰相子之に禅譲しようとし、燕国内で内乱が発生、齊国の出兵を招き、燕国が滅亡の寸前にまで至ったという「齊宣王五年」の出来事と考えるのが妥当であろう〔周1988、李・祝1989〕。そして李学勤らはこの実年代を紀元前314年としている〔李・祝1989〕。これらのことから、「陳璋方壺」が製作された年代はそれ以前であると推定され、その年代は紀元前4世紀と考えるのが妥当であろう。よって「陳璋方壺」に類似する北京市豊台区出土の青銅製礼器が属する第Ⅳ期の実年代は紀元前4世紀としたい。

　一方、第Ⅲ期の実年代を考える際の重要な基準となるのが「郾侯載」銘青銅器の実年代である。この「郾侯載」については、郭沫若が述べた「燕成公（前449～434年在位）」とする説と陳夢家が示した「燕成侯（前358～330年在位）」説があることはすでに述べた。仮に陳夢家説をとった場合、第Ⅲ期の年代は紀元前4世紀半ばから後半となり、上で考えた第Ⅳ期の実年代と重なってしまうことになる。上述の「陳璋方壺」や「陳璋円壺」は陳の研究以後に発見された第Ⅳ期の実年代を知ることのできる出土資料で、これらの青銅器は明らかに第Ⅲ期の青銅器とは異なっており、第Ⅲ期より後出であることは疑えない。この点で、陳による上記の年代推定にはやはり無理があるといわざるをえない。

　他方において郭沫若説をとれば、第Ⅲ期の年代はおおむね紀元前5世紀後半と考えられ、ここ

で示した青銅製礼器の編年と整合性がある。このように青銅製礼器の相対編年による考察からは、「郾侯載」銘青銅器の年代は郭沫若説に従うほうに、より妥当性があるといえるだろう。

第5節　燕国青銅製礼器の編年に関する小結

　本章でとりあげた燕国の青銅製礼器は多くが春秋時代後半から戦国時代半ば頃のものである、この時期の燕国青銅器は戦国時代後半の武器などとは異なり、君主名を銘文に有する青銅器はきわめて少ないことが特徴である。このことが、研究史でも述べたようにこの時期の燕国の青銅製礼器に対する各研究者の編年に大きな時期差を生む結果となっていた。本章では燕国のこの時期の青銅製礼器の編年を確立するために、これまでの研究を整理しつつ、青銅製礼器を器種ごとに細かく分類し、器形と文様を手がかりにしながら相対編年をおこなった。さらにこれまでの各研究者の編年では、しっかりととらえられてこなかった周辺地域の同時期の青銅器との併行関係をつかんだ上で、周辺諸国で年代の判明する関連資料などをもとに実年代を与えた。これらの作業によってえられた相対編年によると、この時期の燕国青銅製礼器の年代は大きく4期にわけることができ、それぞれの年代は、第I期が紀元前6世紀後半、第II期が紀元前5世紀前半、第III期が紀元前5世紀後半、第IV期が紀元前4世紀である。

　春秋戦国時代の燕国に関しては、序章でもふれたように文献史料が希少であることから、文献史料にもとづくその実態の研究はこれまでほとんどなされてこなかった。この時代の燕国の歴史を知るためには、考古学的研究がきわめて重要である。

　この青銅製礼器の編年は、西周時代後期から春秋時代半ばにかけての燕国に関する遺跡や遺物がほとんどみられなくなる「燕国の考古学的空白の時代」以降についての考古学的研究における年代の規準となるものであり、次章以降検討していく燕国の各種遺物に年代を与える時間軸でもある[7]。

第6節　燕国における有銘銅戈の位置づけ

（1）　燕国の有銘銅戈について

　第2節と第3節では紀元前6世紀から紀元前5世紀にかけての銅戈について考察し、有銘銅戈のなかで「郾侯載」という君主名が記された銅戈の年代が紀元前5世紀にまでさかのぼることにふれた。「郾侯載」銘銅戈をはじめとする有銘銅戈には「郾侯（または「王」）某作（または「為」）□□（職名と銅戈の器名）[8]」と文字が記されるのがほとんどで、その銅戈を製作させた燕国の君主名と銅戈の当時の名称を知ることができる。そして、上述した宮本や石などの研究によって知られ

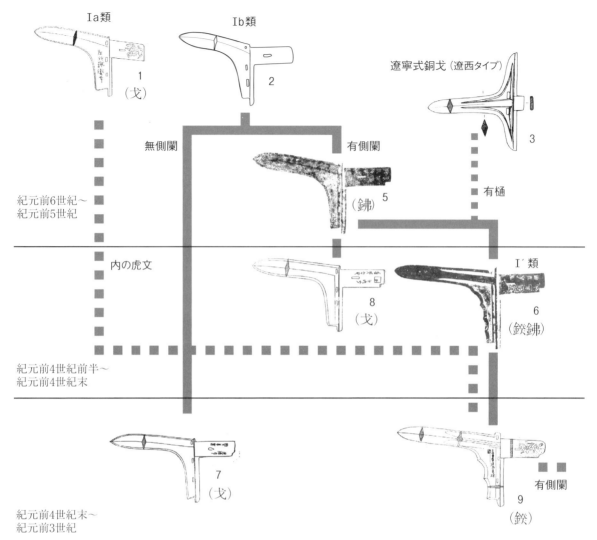

1・7・8：燕下都遺跡表採　2・4：中趙甫　3：于道溝 90M1　5：「郾候載」戈

図14　燕国有銘銅戈

るように、現在までに発見されている燕国の有銘銅戈は紀元前4世紀から紀元前3世紀にかけてのものが大多数であるとされる。

　しかし、これまで紀元前4世紀から紀元前3世紀の銘をもつ銅戈と第2節で分析した紀元前6世紀から紀元前5世紀にかけての銅戈との系譜的な関係について、研究はまだなされていない。有銘銅戈の上限年代が紀元前5世紀にまで遡るとなれば、紀元前6世紀以降の銅戈の流れのなかに有銘銅戈を位置づける必要がある。そこで本節では、第2節の考察で示した銅戈の分類をもとにしながら、有銘銅戈を分類し、その分類と器名の関係について考察する。そののちに、銘に記された君主名の比定をもとにしながら、燕国における有銘銅戈の系譜と位置づけを考える。

第6節　燕国における有銘銅戈の位置づけ

（2）有銘銅戈の分類と器名

有銘銅戈については、これまでに宮本一夫が詳細な分類をこころみている〔宮本 2000〕。宮本は有銘銅戈を大きく5種類（Ⅰ式からⅤ式）に分け、さらにⅡ式とⅣ式をそれぞれa、bの2式に細分する。そしてそれぞれの種類の銅戈と、銅戈に記された器名との対照をおこなった。宮本のおこなった分類は、有銘銅戈についてのみなされたもので、銘の無い銅戈や第2節であつかった紀元前6世紀から紀元前5世紀にかけての銅戈を含むものではない。ここでは、燕国における有銘銅戈の位置づけを考えるために、紀元前6世紀から紀元前5世紀にかけての銅戈の分類を基準にしながら、その後の時期の有銘銅戈を分類する。

❶　Ⅰ類及びⅠ′類

まず、第2節の銅戈の分類において、内に刃をもたないことを属性としたⅠ類のなかで、内と胡が鋭角となるⅠa類に該当する有銘銅戈が

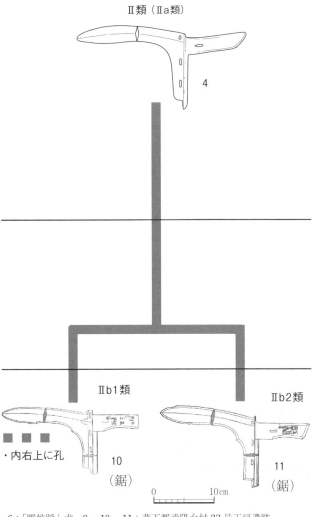

6：「郾侯脮」戈　9・10・11：燕下都武陽台村 23 号工房遺跡
の系譜（（　）は器名）

1点存在している（図 14-1）。Ⅰb類とした内と胡が直角となる銅戈の系譜に連なる銅戈としては、「郾侯載」銘銅戈（図 14-5）が位置づけられることはすでに述べており、そのほか燕国最後の王である燕王喜の名を記した銅戈も発見されている（図 14-7）。銘をもつⅠb類はⅡ類に比べれば小型であるが、援から内までの長さが 20㎝を超え、銘をもたない銅戈に比べて大型であることが特徴である。ちなみに宮本は銘をもつⅠb類をⅠ式（「郾侯載」銘銅戈）とⅤ式として分類している。

上で紹介したのは、紀元前6世紀から紀元前5世紀の無銘銅戈と形態的に類似する例であるが、有銘銅戈には内に刃をもたないというⅠ類の特徴を有しながらも、援に樋を有するとともに、援から胡にかけての刃部に突起をもつ銅戈が存在する（図 14-6）。この種類の銅戈は戦国時代における燕国の地域的特徴をもつ銅戈である。この銅戈のそのほかの特徴としては、胡の右端に太い段状の

第1章　燕国青銅器の編年

「側闌」〔朱1995〕がつけられ、その段上に3つの「穿」とよばれる長方形の孔があることをあげることができる。また、内に虎の文様が描かれる銅戈もあり、そのような例では内の右上部にも穿孔がみられる（図14-9）。とくにこのような属性を有する有銘銅戈をⅠ類から分離し、Ⅰ′類とする。ちなみにこのⅠ′類は大型で、その大きさは下で述べるⅡ類とほとんど変わらない。

❷　Ⅱ類

　内に刃を有するⅡ類銅戈に属する有銘銅戈はバリエーションが増加する。第2節でみた無銘のⅡ類銅戈には援から胡にかけての刃部に突起が無いのに対して、有銘銅戈は刃部に突起を有する。そこでⅡ類銅戈を細分し、刃部に突起をもたない例をⅡa類（図14-4（図8-6））、突起をもつ例をⅡb類とする（図14-10・11）。Ⅱa類の有銘銅戈は現在まで発見されていない。

　第2節で編年した紀元前6世紀から紀元前5世紀にかけてのⅡ類銅戈がⅡa類銅戈に該当する。

　Ⅱb類は内の刃部の位置によってさらに2種類に細分される。内の下辺のみに刃がある銅戈をⅡb1類（図14-10）、内の刃部が内の周囲三辺にある銅戈をⅡb2類（図14-11）とする。Ⅱb1類には側闌があり、援の稜の付け根には「山」字状の文様が施され、内の右上部に孔がある。Ⅱb1類の側闌と内右上部に穿孔がある点はⅠ′類と共通である。

❸　器名との対照

　以上の分類と銅戈に記された器名を対照させる。器名の釈文については、宮本一夫〔宮本2000〕や石永士〔河北省文物研究所1996〕の検討をもとにする。各分類と器名を対照させると以下のようにまとめることができる。

　　　　Ⅰa類・・・「戈（か）」
　　　　Ⅰb類・・・「鈌（ふつ）」または
　　　　　　　　　　「戈（か）」
　　　　Ⅰ′類・・・「鈘鈌（きふつ）」
　　　　　　　　　　または「鈘（き）」
　　　　Ⅱb類・・・「鋸（きょ）」

　上でおこなった分類が、銅戈に記された器名と一定の対応関係にあることがわかる。

（3）　君主名の比定をめぐって

　燕国の有銘青銅器に記された君主名の比定は、石永士〔河北省文物研究所1996〕や宮本一夫〔宮本2000〕の研究によって「郾王」と記されたそれぞれの君主名はほぼ確定したといってよいであろう。これらの研究をもとにして、以下で詳細をみてみよう。

　これまで発見されている有銘青銅器に「郾王」と記されているのは、「郾王職」、「郾王戎人」、「郾王詈」、「郾王喜」の4人である。燕国において君主がそれまでの「燕公」から「燕王」を自称

するようになったのは、易王（前332〜321年在位）の時からである（表3参照）。よって、これら
の君主はそれ以降の人物である。このうち、「郾王喜」は『史記』などの文献にその名を記されて
いる燕国最後の王である燕王喜（前254〜222年在位）である。また石、宮本ともに「郾王職」を
昭王（前311〜279年在位）と考えており、この比定にも問題はないだろう。

　残りの「郾王戎人」と「郾王詈」という2人の君主名については、石、宮本ともに銅戈の銘文
を参考にしている。銅戈などの有銘の武器には王が製作したことを示す銘が記されていることは先
に述べたが、その「製作」を表す動詞には、「乍（作）」と「為」の二種類の文字があり、「郾王職」
ではほとんどすべてが「乍（作）」が使われる一方、「郾王喜」ではすべてが「為(9)」という文字を
使用している。このことから、石と宮本は銘文に記す「製作」を表す文字について、「乍（作）」か
ら「為」への使用の変化を想定している。この点に着目すると「郾王戎人」はすべてが「乍（作）」
であり、「郾王詈」ではほとんどが「為」が使用されている〔宮本2000〕。

　以上を根拠に、石と宮本は4人の君主の順序を「郾王職」（昭王）→「郾王戎人」→「郾王詈」→「郾
王喜」としている。そして文献に記された昭王以後の燕王のうち、最後の王である喜のほか、在
位年がわずか3年間の孝王（前257〜255年在位）をのぞくと、文献に記された燕王は2人のみで
ある。このことから宮本と石は「郾王戎人」を恵王（前278〜272年在位）に、「郾王詈」を武成王
（前271〜258年在位）にそれぞれ比定している。以上の4人の「郾王」に関する比定説はきわめて
説得力があり、ここでは彼らの説に従いたい。

　一方で、銅戈をはじめとする有銘青銅器に記された燕国の君主名には「郾侯」と称される人物が
存在していることがこれまでに知られている。その代表が「郾侯載」と「郾侯脮」である(10)。こ
のうち「郾侯載」については、すでに第3節および第4節において、これまでの研究の問題点を
指摘しながら、紀元前5世紀の成公である可能性が高いことを述べた。

　郾侯脮については、宮本一夫が「郾侯脮」銘銅戈（図14-6）が、この君主名を除いてはすべて
昭王以後の君主名を記すI′類であることと、「郾侯載」銘銅戈との形状の比較から、「郾侯載」の
銅戈より新しい時期の君主であるとして、易王（公）（前332〜321年在位）(11)に比定している。宮
本の「郾侯脮＝易王（公）」説の具体的な根拠は、宮本が「郾侯載」を陳夢家の年代に従って「成
公（陳夢家の『成侯』）」と位置づけたことによると考えられる。表3を見てもわかるように、「郾
侯載」を陳のいう「成公（侯）」とした場合、それより新しい時期で「侯」と称した君主は「易王
（公）」以外にいなくなるからである。

　よって、成公が紀元前5世紀の君主であると考えられた現在、「郾侯脮」は必ずしも易王である
必要はなく、成公より後、易王以前のいずれかの君主であると考えることができる(12)。

（4）　有銘銅戈の系譜

　これまで述べてきた分類と君主名に関する検討や先行研究をもとにしながら、燕国の有銘銅戈に
ついて、その系譜を種類ごとにみていくことにする（図14）。

❶　Ⅰa類

　Ⅰa類の銅戈は、燕下都遺跡採集の1点のみである（図14‐1）。胡に「左行議卒戈」と記される。銘は鋳込まれたものではなく、刻まれたものだという。内には虎の文様が描かれ、君主名は記されていない。年代は、第Ⅰ期の無銘のⅠa類（図8‐1）に形態が類似することから、紀元前6世紀後半に遡ると考えられ、その場合、燕国における春秋戦国時代の有銘銅戈の最古例となるだろう。

❷　Ⅰb類

　Ⅰb類は、君主名によって年代を知ることができるのが、第3節で詳説した「郾侯載乍（作）右軍鈽」と銘のある銅戈（図14‐5）であり、年代は紀元前5世紀後半と考えられる。この銅戈はそれ以前の無銘のⅠb類（図14‐2）から変化したものと推定される。この銅戈の特徴は側闌をもつことで、それまでの無銘のⅠb類にはみられないものである。

　同様の例として、燕下都遺跡で表採された「□□君命□作戎戈」という銘文のある銅戈（図14‐8）がある。この銅戈には君主名は記されてはいないが、「郾侯載」銘銅戈やそれ以前の銅戈よりも援が水平方向へ直線的に伸びており、「郾侯載」銘銅戈よりも時期が遅れると推定される。また、昭王以後の有銘銅戈においては銘文が鋳込まれる銅戈が多いのに対して、「□□君命□作戎戈」は、「左行議卒戈」（図14‐1）や「郾侯載」銘銅戈といった紀元前5世紀以前の有銘銅戈と同様に銘文を銅戈に刻する点で一致していることも特徴の一つである。

　一方、側闌の無いⅠb類の銅戈は紀元前3世紀後半の君主である燕王喜の名を銘にもつ「郾王喜為光倕戈」（図14‐7）があることから、戦国時代末まで存在していたと考えられる。このⅠb類の器名は、「郾侯載乍（作）右軍鈽」（図14‐5）が「鈽」としているほかは、すべて「戈」である。

❸　Ⅰ′類

　燕国で特徴的みられる援に樋をもつ銅戈である。「郾侯脮乍（作）巾萃鋏鈽」という銘文のある銅戈（図14‐6）を除いては、すべて昭王以後の君主名を記す。

　よって上記の「郾侯脮」銘の銅戈がⅠ′類の最古例といえる。この君主名が成公より後、易王までのいずれかの燕公であろうことは上で述べた。

　Ⅰ′類の銅戈の最大の特徴は、第2節でみた紀元前6世紀から紀元前5世紀の銅戈にはみられない樋の存在である。この樋をもつ銅戈について近年興味深い例が発見されている。それは遼西を中心に発見されている遼寧式銅戈である。この銅戈は朝鮮半島や日本列島の銅戈の祖型であると考えられる〔小林・石川・宮本・春成2007〕。その年代は第7章で詳述するように紀元前6世紀から紀元前5世紀にかけてであり、無樋の銅戈が燕国で使われていた時期に併行している。遼寧式銅戈が遼西で使われていたのは、燕国の青銅器がちょうど遼西に流入し始める時期にあたっており、この地域に燕国の影響が及び始める時期でもある。そして、後続する紀元前4世紀には、遼西にまで燕国の勢力が拡大することになる。

これらの歴史的背景をも考慮に入れれば、小林青樹も指摘するように〔小林2008〕、樋は遼寧式銅戈の影響、そして、内や側闌といったそのほかの部位の特徴はⅠb類の有側闌の銅戈から受け継いで、Ⅰ′類が生成したものと考えられよう。Ⅰb類の有側闌の銅戈からの影響については、Ⅰ′類の器名は基本的に「鋍」であるのに対して、最古例の「郾侯脮」銘戈（図14‐6）一例のみは「鋍鈲」と、側闌のあるⅠb類の銅戈である「郾侯載」銘銅戈の器名「鈲」を受け継いでいることを傍証としてあげることができる。そして、Ⅰ′類の生成時期は、紀元前4世紀後半以前の時期であると考えるのが妥当だろう。

　なお、昭王以後のⅠ′類の内にみられる虎文（図14‐9）は、中間時期の類例がまだないが、紀元前6世紀後半の有銘銅戈（図14‐1）の流れを汲むと考えられ、その点からもⅠ′類がⅠ類銅戈の範疇にあることがわかる。

❹　Ⅱb1類

　Ⅱb1類（図14‐10）はⅡ類銅戈（Ⅱa類）から変化して発生したと考えられる。無銘のⅡ類銅戈（Ⅱa類）と異なる点は胡から援にかけての刃部に突起があることである。

　これまでに発見されたこの類の銅戈にみられる君主名はすべて昭王以後の各王で、年代は紀元前4世紀末から紀元前3世紀にあたる。内の下辺のみに刃をもつ点がⅡb2類と異なり、側闌をもち、内の右上部には孔がある。側闌の存在や内の右上部に孔をもつのは同じ時期のⅠ′類、特に虎文を内に描くⅠ′類（図14‐9）と共通しており、両者の影響関係を想定することもできるだろう。ただ、全体の形態や、器名がすべて「鋸」である点は、Ⅱb2類と共通しており、この銅戈は基本的にⅡ類の範疇に入る。

❺　Ⅱb2類

　Ⅱb2類（図14‐11）はⅡb1類同様、Ⅱ類銅戈（Ⅱa類）から変化したもので、胡から援にかけての刃部に突起をもつ点で無銘のⅡ類銅戈（Ⅱa類）と異なる。

　これまでに発見されているこの類の銅戈の君主名はやはり、すべて昭王以後の各王で、年代は紀元前4世紀末から紀元前3世紀である。この銅戈は内の周囲三辺すべてに刃をもっている点からも、紀元前6世紀後半から紀元前5世紀にかけてのⅡ類銅戈（Ⅱa類）の特徴をもっともよく受け継いでいる。なお、この銅戈の器名はすべてⅡb1類と同じく「鋸」である。

（5）　小　結

❶　側闌の出現時期をめぐって

　ここまでみてきたように、燕国の有銘銅戈では「郾侯載」銘の銅戈以降、Ⅰb類の一部、Ⅰ′類、Ⅱb1類に側闌がみられる。側闌の出現をめぐっては、宮本一夫が紀元前4世紀中頃、秦国で変法をおこなった商鞅が作器者であることを示す「大良造鞅之造戟」という銘文をもつ銅戈（図15‐4）

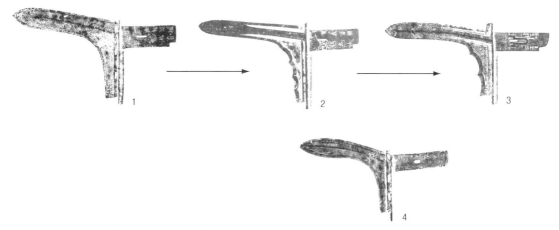

1:「郾侯載」銘銅戈　2:「郾侯脮」銘銅戈　3:「郾王職」銘銅戈　4:「大良造鞅之造戟」
図15　燕国における側闌をもつ銅戈の変遷と秦国の「大良造鞅之造戟」（縮尺不同）

が側闌を有していることから、燕国の最も古い側闌を有する銅戈である「郾侯載」銘銅戈（図15 - 1、図14 - 5）を紀元前4世紀半ば以降のものと考えている〔宮本1985b〕。

「郾侯載」銘銅戈の特徴は、側闌を有するものの、側闌が上部にほとんど突起として飛び出していない点である。これに対して、燕国の昭王と推定される「郾王職」以降の王名を銘にもつ側闌のある銅戈（図15 - 3）はすべて側闌の上部が方形の突起になっている。一方、上で時期的に「郾侯載」と「郾王職」の間に位置する君主であると考えた「郾侯脮」銘をもつⅠ′類の銅戈（図15 - 2、図14 - 6）では側闌の上部が突起にはなっているいるものの、「郾王職」銘以降のような方形ではなく、三角形である。このことから、燕国の銅戈における側闌の変化は図15上のように、上部がほとんど突出しないものから突出するものへという流れを考えることができる。そして突起部の形状は三角形から方形への変化を指摘できる。これらの変化を想定した場合、側闌の突起部がやや丸みを帯びながらも方形である紀元前4世紀半ばの「大良造鞅之造戟」の年代は秦国の銅戈ではあるが、「郾侯載」銘銅戈はもちろん、「郾侯脮」銘Ⅰ′類戈よりも新しい可能性があるといえる。このことはすでに検討した「郾侯載」銘青銅器が紀元前4世紀後半よりも古いことの傍証となるとともに、燕国における有樋銅戈（Ⅰ′類）の出現時期も紀元前4世紀前半にまで遡る可能性を示している。

❷　燕国の有銘銅戈の変遷

ここまで燕国の有銘銅戈の系譜を紀元前6世紀後半から紀元前5世紀の銅戈にまで遡って考察してきた。かつて、宮本一夫は有銘銅戈の器名の前に記された職名から、燕国における兵制の整備が、「郾王職」つまり昭王の時代頃にあると論じたが〔宮本2000〕、ここまで述べてきた検討結果からは時期的に若干異なる点がみえてくる。つまり、昭王の時代に出揃うとされた各種の有銘銅戈は、昭王在位期前後のごく短期間に現れたものではなく、紀元前6世紀後半から紀元前5世紀の

銅戈からの流れをくむものであること、そして燕国の有銘銅戈のなかで最も特徴的なⅠ′類の生成時期は昭王在位期より古い紀元前4世紀前半にまで遡る可能性がある。

つまり、紀元前4世紀末以降の有銘銅戈に記された器名とここでこころみた型式分類との対応でいえば、紀元前6世紀後半から紀元前5世紀にかけて燕国の銅戈の基本的構成であった「戈・鉘系統（Ⅰ類）」と「鋸系統（Ⅱ類）」に、紀元前4世紀に入ると、遼寧式銅戈の影響を受けて新たに「鍨系統（Ⅰ′類）」が加わるとまとめることができる。このことは昭王在位期以前の紀元前4世紀に燕国史の何らかの画期があることを示しているとともに、Ⅰ′類の生成に燕国が進出する遼西の在地文化が影響を及ぼしている点も興味深い。これらの事実は、考古学的観点からの新たな春秋戦国時代燕国史の再構築を進める作業において一つの大きな材料になると考えられるだろう。

［註］

（1）　林巳奈夫は、河北省容城県北陽村出土の青銅製礼器を燕国領域の青銅製礼器として位置づけてはいないが〔林巳1989〕、この地域は燕国の都城遺跡である燕下都遺跡にも近く、燕国の領域に入っていたものと考えても差し支えないだろう。このため本書では北陽村出土青銅製礼器を燕国青銅器としてあつかう。

（2）　春秋時代と戦国時代の時期区分については研究者によって違いがあることは、序章第3節ですでに述べた。

林巳奈夫は晋国において韓・魏・趙の三氏が知氏を滅ぼした紀元前453年を戦国時代の最初の年とみる。そして、基本的に100年ごとに春秋戦国時代をそれぞれ3期ずつに分け、さらに50年間をそれぞれA期とB期に細分する〔林巳1972・1989〕。

一方、中国の研究者が多く採用する戦国時代の初年は『史記』六国年表が始まる紀元前476年である。また、中国においては報告文や論文には「戦国早期」「戦国中期」「戦国晩期」などと年代を表記し、西暦の実年代で記されるものは非常に少ない（なお、朱鳳瀚は春秋時代について、陳光は春秋、戦国両時代にわたって西暦による具体的な時期区分を示している〔朱1995、陳1997・1998〕）。このため表1では中国の研究者の編年に関しては、参考として春秋戦国時代における年代区分を春秋時代、戦国時代それぞれを3等分し、1期間を春秋時代はおよそ100年、戦国時代は80年余りと単純計算して、趙化成の編年の左側に示した。

（3）　君主名を銘文にもつ燕国青銅器には、君主名が「郾侯（王）某」のように諱で記されている。一方、『史記』などの文献にある君主名は「燕某公（王）」といった諡号である。燕国君主に関して諱と諡号の対応関係を確認できる資料は少なく、かつ混乱しており（このために後に検討する「郾侯載」の比定の問題も起きる）、青銅器銘と文献で一致するのは、燕国最後の君主である「燕王喜」のみである。このため、青銅器銘にある燕国君主の諱を文献史料に残された諡号と対応させる研究が必要になるのである。

（4）　図8-1の銅戈が出土した賈各荘8号墓（副葬土器編年第Ⅰ期）は、青銅製礼器は出土していないが、副葬されている土器の尊の形態の共通性（報告〔安1953〕で「Ⅰ式」とする尊が出土）から青銅器編年第Ⅰ期の賈各荘18号墓に併行する（第3章参照）。

（5）『史記』趙世家第十三に「晉出公十七年、簡子卒。太子毋卹代立、是爲襄子。」とある。

（6）『史記』「正義」に「左傳云哀公二十年、簡子死、襄子嗣立、…（中略）…、按簡子死、及使吳年月皆誤與左傳文不同。」とある。

（7）　最近、春秋戦国時代の燕国の青銅製の敦と豆の年代を考察した裘炫俊は、これらの器種の文様に、ほかの中原諸国で春秋時代に流行したものがあることを指摘している〔裘2016〕。裘による年代観

は、遼寧省建昌県東大杖子28号墓や37号墓の青銅器の年代を「戦国中期」とするが、筆者はこれらの墓の青銅器の年代は紀元前5世紀におさまるものと考える。ただ、そのほかの青銅器についての裏による年代は筆者とほぼ同様である。

（8）　宮本一夫は「右軍鈇」や「行議鉖」などのように器名の前に記される「右軍」や「行議」といった文字を職名と推定している〔宮本1985b・2000〕。

（9）　石永士は「造」と釈文している〔河北省文物研究所1996〕。本書では、宮本〔宮本2000〕にしたがって「為」とする。

（10）　この2人のほかに「郾王職」を「郾侯職」と記す有銘銅戈が少数存在している〔宮本2000〕。

（11）　戦国時代に入ると、中原の各国の君主はそれまで東周王室にのみに許されていた「王」という称号をみずから相次いで名乗りはじめる。燕国もまたその例に漏れず、易公が紀元前323年に「燕王」をみずから称し（易王）、それ以降の燕国の君主はみな、「王」を称するのである。

（12）　ちなみに、『六國紀年』のなかで陳夢家は「郾侯胅」を易王（公）、「郾王詈」を王噲、「郾王職」を昭王にそれぞれ比定している〔陳1955〕。この比定では陳が「郾侯載」であるとした「成侯」から昭王まで、連続した各代の燕国の君主について自らの名を銘にもつ銅戈が存在することになる（表3参照）。一定期間内の銅戈に君主名の銘文がみられるということが陳の「郾侯載」＝「成侯」説の根拠の一つとなっていることはすでに述べた。現在もっとも説得力のある宮本や石による君主比定は「郾王詈」を昭王より後の武成王としている。「郾王詈」を王噲と比定する陳の説とはこの点で食い違っており、君主名をもつことを銅戈の一つの時代的風潮ととらえるのは難しいといわざるをえないだろう。

第**2**章

燕国の日用土器の編年

はじめに

　本章では燕国の日用土器の編年をおこなう。燕国の土器には第3章でとりあげる副葬土器のほかに日常生活で使われた多くの種類の土器が存在している。燕国の日用土器は副葬土器に比べてこれまで編年研究が進んでこなかったが、その最も大きな要因は日用土器に関する層位学的検討の可能な良好な遺跡の調査が多くなかったことである。日用土器は燕国領域内の多くの遺跡から出土している。しかし、その年代があいまいなことは、燕国に関する考古学的研究にとって、きわめて大きな障害となっている。

　このような状況下、多様な日用土器が出土した燕下都遺跡の報告書である『燕下都』が1996年に刊行され〔河北省文物研究所1996〕、燕下都遺跡内の一部の遺跡で出土遺物の層位学的検討が可能となった。これらの資料はそれまで研究の進んでこなかった燕国の日用土器編年の構築を大いに前進させる可能性をもつものである。

　本章では、まず日用土器の編年研究に先立ち、次章以降でもたびたび登場する分析の基礎資料が出土した燕下都遺跡の概要とこれまでの調査についてまとめる。その後、先行研究にも触れながら燕下都遺跡内でも分析の対象として良好な遺跡である燕下都郎井村10号工房遺跡の報告をもとに燕国の日用土器の編年をこころみる。そして、とくに日用土器のなかでも、土器棺としても使用され、燕国領域内各地で出土している煮沸具の一器種である釜について詳細な編年をおこなう。

第1節　燕下都遺跡の概要と調査史

(1)　燕下都遺跡の概要 (図1)

　燕下都遺跡は中華人民共和国河北省易県に位置する。遺跡の北、西北、西南にはそれぞれ山地があり、東南は華北平原に面している。燕下都遺跡は北を流れる北易水と南を流れる中易水の間に位置し、戦国時代には燕国の周囲にあった趙国や中山国、齊国といった中原諸国との交通の要衝の地であったと考えられる。

　燕下都遺跡の規模は東西約8km、南北は約4kmから約6kmである。遺跡は大きく西城と東城とに分けられる。都城跡は城壁によって囲まれ、南部は中易水の流れによって浸食されている。

第 2 章　燕国の日用土器の編年

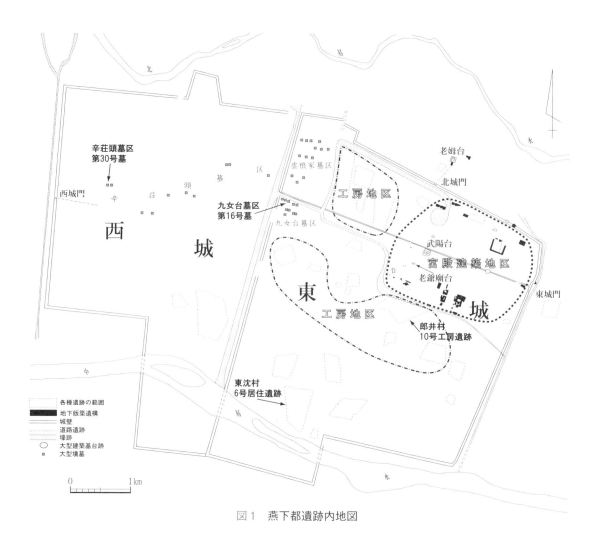

図 1　燕下都遺跡内地図

　東西両城のうち、大規模な宮殿建築が存在する東城が都城の中枢であったと考えられる。東城は城内に貫入する壕により、さらに北半部と南半部とに分けられ、北半部には宮殿建築が存在していた。また、東城の北と東にはそれぞれ北城門と東城門があり、西城の西には西城門もあった。城の内部には壕が掘削されており、城内防衛の目的のほかに、城内における物資の運送にも役立っていたと考えられている[1]。

　燕下都遺跡の城内からは東城を中心に各種の遺跡が発見されている。東城の北半部では上で述べたように宮殿建築および、それに付属する建築物の基壇や遺構が発見されている。これらの宮殿建築群の西側には工房遺跡群が発見されている。さらにその西側には大型の墳丘をもつ墓地群である虚粮家墓区がある。東城の南半部には虚粮家墓区と壕をはさんで九女台墓区がある。九女台墓区にある墓も墳丘をもつ大型墓で、複数の墓がこれまでに調査されている。これらの墓から出土した副葬土器は第 3 章で分析する。

　東城南半部中央には、多くの工房遺跡が存在している。本章で日用土器の編年をおこなう際の

基準とする郎井村 10 号工房遺跡もここに位置している。さらに東城南半部の南側には居住遺跡が発見されており、本章や第 5 章で分析する資料が出土した東沈村 6 号居住遺跡はこのなかに位置する。

西城には南半分に居住遺跡が数ヶ所発見されている。そのほかに西城の北半部には墳丘墓が広い範囲に点在し、辛荘頭墓区と呼ばれる。朝鮮式銅戈が出土したことで有名な辛荘頭墓区第 30 号墓はこの墓区内に存在している。

(2)　燕下都遺跡の調査

燕下都遺跡は古くから注目され、北魏時代に編纂された『水経注』に、ある程度詳細な記載がみられる。その後、唐時代の李吉甫による『元和郡県図志』、宋時代の楽史による『太平寰宇記』、明時代の董説による『七国考』、清時代の藺民浮などによる『易水志』や、『大清一統志』といった文献にも、燕下都遺跡についての記載がみられる。また遺物についても 19 世紀後半から 20 世紀初めにかけて、遺跡内から青銅器が出土し、春秋戦国時代の燕国の都城跡としてさらに注目を集めることとなった。

燕下都遺跡の本格的な発掘調査が始まるのは 1920 年代の後半からである。1929 年 11 月 19 日から 28 日にかけて中華民国国立北平研究院の調査として、馬衡、常恵、傅振倫によって初めて燕下都遺跡の考古学的調査がおこなわれた。この調査では城壁の版築の状況、地上に露出している遺構の調査のほか、城内で土器片や瓦当などの瓦の表採がおこなわれた〔常 1929〕。翌年の 1930 年 4 月から 5 月には、馬衡をはじめとする燕下都考古団が、燕下都遺跡東城の北城門の北にある老姆台と呼ばれる大型建築の基壇遺構の小規模な調査を実施した[2]。

その後、日中戦争や国共内戦によって燕下都遺跡の発掘調査は中断するが、1949 年の中華人民共和国成立後、1957 年に中国文化部文物局の陳磁徳らによって発掘調査が再開された。1957 年冬から 1958 年春には河北省文物管理委員会が西城の西側城壁を発掘している。さらに 1961 年から 1962 年にかけて河北省文化局文物工作隊によって燕下都遺跡全域の地表調査と九女台墓区第 16 号墓など墓の発掘がおこなわれた。これらの調査によって判明した燕下都遺跡内の各種遺跡の分布状況をもとにしながら、河北省文化局文物工作隊によって、その後も断続的に燕下都遺跡の発掘調査は続けられ、1982 年 10 月に大規模な発掘調査は一応の終了を迎えた。1957 年以降におこなわれた燕下都遺跡の考古学的調査に関する報告は『考古』や『考古学報』などに簡報として掲載されてきたが〔河北省文化局文物工作隊 1965a・1965b・1965c・1965d・1965e, 中国歴史博物館考古組 1962 など〕[3]、1996 年には河北省文物研究所がこれまでにおこなってきた調査の成果報告が文物出版社から『燕下都』として出版され〔河北省文物研究所 1996〕、燕下都遺跡の遺構や遺物に関する情報は飛躍的に増加した。

第2節　燕国の日用土器の編年

(1)　日用土器に関するこれまでの研究

　燕国の日用土器の総合的な編年研究は、はじめにふれたように、これまでは詳細な分析に耐えうる良好な調査資料が不足していたこともあり、ほとんどおこなわれてこなかった。数少ない研究としては陳光による研究〔陳1997・1998〕と鄭仁盛による研究〔鄭2012・2014〕があげられる。

　陳光による燕国関連出土遺物の研究では、青銅器と副葬土器のほかに日用土器もとりあげて編年がおこなわれている。陳による編年研究は『燕下都』刊行以前の出土資料を使用しているものの、各器種の型式学的検討のほかに、燕下都遺跡をはじめとする燕国国内の個別遺跡の層位学的データに依拠した編年であり、発表した当時としてはかなり説得力をもつ編年であった。ただ、『燕下都』刊行によって出土資料は飛躍的に増えたわけだから、この編年はこれらの新たな出土資料による検証が必要であるといえるだろう。

　鄭仁盛による研究〔鄭2012〕は、『燕下都』によって報告された最新の出土資料をもとにした春秋時代から戦国時代にかけての土器編年である。とりあげている器種は短頸の壺である罐と煮沸具の釜である。鄭による編年は最新の出土資料をもとにした編年だったが、実年代は『燕下都』に記載された年代を引用したものであった。その後、鄭は2012年に発表した論文を修正し、釜の位置づけについて新たな認識を示した。戦国時代の釜について遼東には燕国のものとは異なるタイプの釜が存在しており、それを古朝鮮の釜であるとしたのである〔鄭2014〕。しかし、鄭が古朝鮮のものであるとした釜については実年代の根拠が明瞭でなく、改めて確認する必要がある。

(2)　燕下都郎井村10号工房遺跡出土資料をもとにした編年

　これらの先行研究の成果と課題をもとにしながら以下で、燕国の日用土器の編年をおこなう。編年の基礎となるのが燕下都郎井村10号工房遺跡の報告である。

❶　燕下都郎井村10号工房遺跡の概要と発掘区同士の同時期性について

　『燕下都』では、燕下都遺跡内に存在する宮殿遺跡や工房遺跡などの調査報告がなされているが、これらの遺跡から出土した土器のなかには日用土器のほかに、一部には墓からも出土する土器があり、副葬土器の編年を考える際にも非常に有効な資料となる。なかでも比較的長い期間にわたる遺物が層位的に出土した良好な遺跡が郎井村10号工房遺跡〔河北省文物研究所1996〕である。ここではこの報告をもとに分析をおこないたい。

　郎井村10号工房遺跡は燕下都遺跡の東城南半部の北側にあり、燕下都東城を北半部と南半部を分ける壕に接する（図1）。遺跡は1972年から1973年、1974年、1976年、1977年から1978年の計4次にわたって調査され、発掘調査総面積は206,400㎡である。

　この遺跡では、遺跡の中部に位置するT1‐T50とT73‐T76、遺跡の東部縁辺に位置する

第2節　燕国の日用土器の編年

表1　燕下都郎井村10号工房遺跡の各発掘区の層序と年代の関係

時期区分	T1-T50	T51-T72	T73-T76	T77-T104	T105-T112	T113-T148	T149-T154	備考
郎井村10号工房遺跡1期（報告では「戦国早期」とする）	第4層下検出一部遺構	―	―	第2層下検出遺構	―	―	―	
郎井村10号工房遺跡2期（報告では「戦国中期」とする）	第4層及び第4層下検出一部遺構	―	―	第1層下検出遺構	―	第5層下検出遺構	―	
郎井村10号工房遺跡3期（報告では「戦国晩期」とする）	第2層、第3層及び第1層下、第2層下、第3層下検出遺構	第2層、第3層、第4層、第5層、第6層及び第2層以下検出遺構	文化層、遺構		文化層、遺構	第2層、第3層、第4層、第5層及び第2層下、第3層下、第4層下検出遺構	文化層、遺構	・T73-T76出土遺物とT1-T50第2層、第3層及び第3層下検出遺構出土遺物は内容が同じ。・T105-T112はT51-T72の文化層と遺構の出土遺物が同じ。・T149-T154出土遺物とT1-T50第3層及び第3層下検出遺構出土遺物は内容が同じ。

T77‐T104とT113‐T148、そして遺跡一般保護区の西部に位置するT51‐T72とT105‐T112及びT149‐T154の7つの発掘区で調査が実施された。発掘区により異なるものの、遺跡は最上層が耕土層で、その下には遺構をともなう複数の文化層の堆積がみられるという。『燕下都』では出土遺物の共通性や層位学的検討をもとに、「戦国早期」、「戦国中期」、「戦国晩期」の遺構や文化層の存在が報告されている[4]〔河北省文物研究所1996〕（表1）。この報告では上述のように実年代を「戦国早期」「戦国中期」「戦国晩期」と比定しているが、その実年代の根拠は乏しい。このため、以下ではそれぞれの時期名称を「郎井村10号工房遺跡1期」、「郎井村10号工房遺跡2期」、「郎井村10号工房遺跡3期」に変えて考察することとする。

　また、報告でなされている編年に関しては、報告者の恣意的な部分が大きいとして、宮本一夫や金一圭により疑義が呈されている[5]〔宮本2004b・金2015〕。そこで本章では、まず報告でなされている3時期の相対編年について発掘区ごとの併行関係を以下で確認したうえで、日用土器の編年をみていくこととする。

　燕下都郎井村10号工房遺跡3期についての発掘区間の同時期性　まず郎井村10号工房遺跡3期の文化層と遺構について検証する。表1にまとめたように、同一の発掘区では各時期の層序と相対編年に矛盾はない。問題となるのは発掘区間の同時期性である。土層の特徴や遺物の共通性から、報告では以下のように発掘区間の同時期性が明確に述べられている。

（ i ）T1‐T50、T73‐T76、T149‐T154の郎井村10号工房遺跡3期に該当する文化層と遺構は
　　　同時期

51

図2　燕下都郎井村10号工房遺跡出土の盌

(ⅱ) T51-T72、T105-T112の郎井村10号工房遺跡3期に該当する文化層と遺構は同時期
(ⅲ) T113-T148の郎井村10号工房遺跡3期に該当する文化層と遺構からはこの時期の遺物が出土している。

　ただ、上記の(ⅰ)、(ⅱ)、(ⅲ)間の関係については同時期とする根拠が報告には記載されていない。これらの発掘区同士の時期関係を検証するために、型式学的に変化の方向性がとらえやすい

第2節　燕国の日用土器の編年

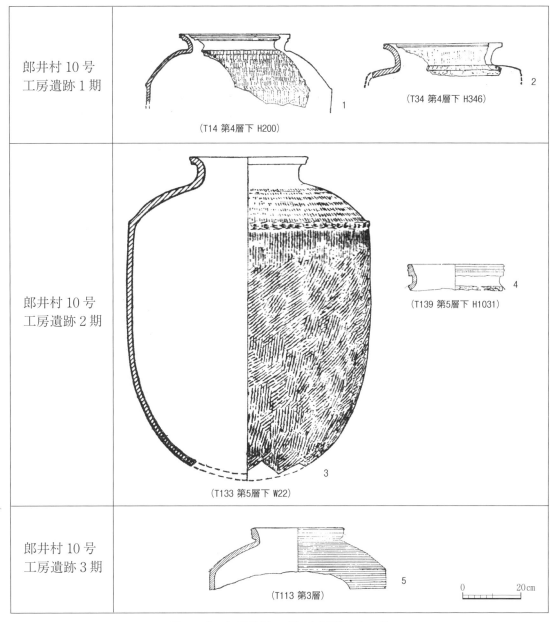

図3　燕下都郎井村10号工房遺跡出土の盌

器種の土器のなかから、複数の発掘区における報告例があるものを選び、同時期性について考察したい。

　簋は圏足のつく鉢状の器種である。口縁がまっすぐに横方向へ伸びる特徴をもつ簋が図2に示したように1期から3期のそれぞれの時期で出土していると報告されている。簋のなかには、型式学的変化としては時期を追うごとに器体がふくらみ、下膨れ状になると同時に、圏足も高くなるととらえることが可能なものがある。型式学的に最も新しいと考えられる、器体が下膨れ状で

53

第 2 章　燕国の日用土器の編年

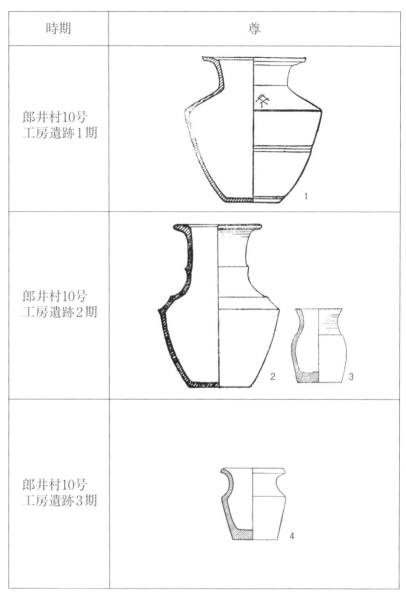

1：T11 第 4 層下 H138　2：T78 第 1 層下 H550
8：T77 第 1 層下 H467　9：T30 第 3 層下 H63

図 4　燕下都郎井村 10 号工房

屈曲が強く、かつ圏足がもっとも高い簋が（ⅰ）にあたる T19 第 2 層下 H99（図 2-5）と（ⅲ）にあたる T141 第 4 層（図 2-6）から出土している。このことから（ⅰ）と（ⅲ）の同時期性が確認できるだろう。一方、（ⅰ）と（ⅱ）の同時期性については、深腹盆という器種に注目したい（図 7）。深腹盆は郎井村 10 号工房遺跡 3 期に口縁部が曲線的に屈曲し、かつ器体が丸くふくらみをもつものが特徴的にみられる。報告ではこのような形態の深腹盆が（ⅰ）に該当する T29 第 1 層下 H87（図 7-5）と（ⅱ）に該当する T57 第 5 層下 H354（図 7-6）から出土したとする。このことから（ⅰ）

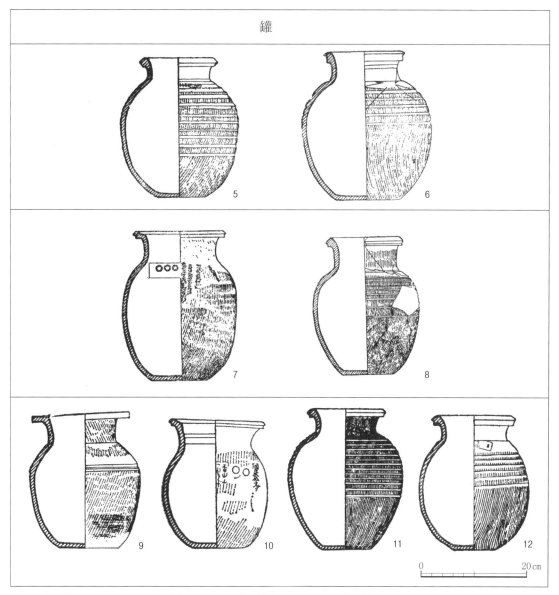

3：T97 第 1 層下 H706　4：T115 第 4 層　5・6：T97 第 2 層下 H694　7：T88 第 1 層下 H544
10：T46 第 2 層下 F3　11：T22 第 2 層下 H202　12：T127 第 3 層下 H897

遺跡出土土器（1）

と（ⅱ）の同時期性も確認される。以上を総合すると（ⅰ）、（ⅱ）、（ⅲ）間について、ほぼ同時期とみて問題ないであろう。

　燕下都郎井村 10 号工房遺跡 1 期と 2 期の発掘区間の同時期性　次に郎井村 10 号工房遺跡 1 期と 2 期についてだが、この時期の遺物が出土している発掘区は限られている。1 期は T1 - T50 と T77 - T104 の 2 つの発掘区、2 期は T1 - T50、T77 - T104 そして T113 - T148 の 3 つの発掘区である。このうち T1 - T50 と T77 - T104 については、図 2 に示した甑が双方の発掘区において類似した

第 2 章　燕国の日用土器の編年

時期	大口罐
郎井村 10 号 工房遺跡 1 期	
郎井村 10 号 工房遺跡 2 期	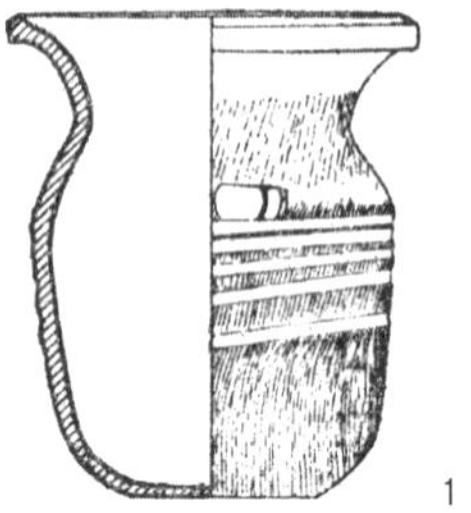
郎井村 10 号 工房遺跡 3 期	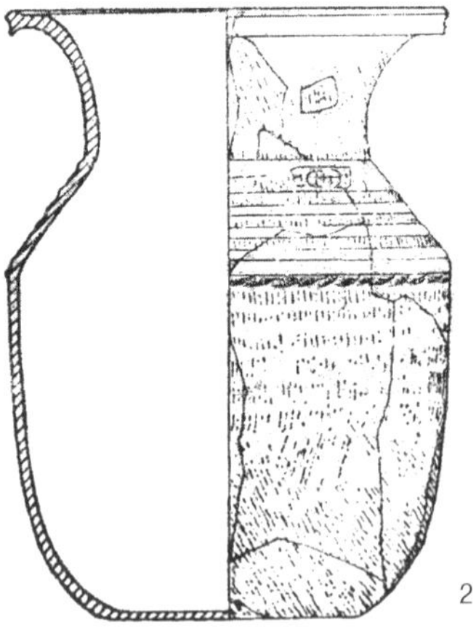 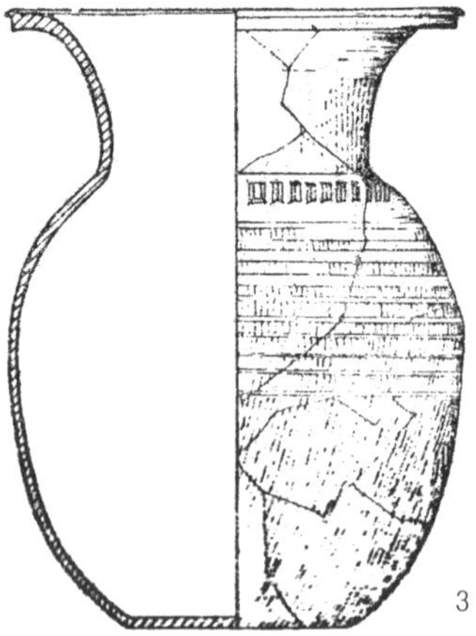

1：T25 第 4 層下 H177　2・3：T65 第 4 層下 J32
5：T17 第 2 層　6：T95 第 1 層下 H607

図 5　燕下都郎井村 10 号工房

形態のものがそれぞれの時期に出土しており（図 2-1～4）、同時期性には問題がない。

　一方、2 期の文化層や遺構があるとされる T113-T148 については検証が必要である。報告では T113-T148 では第 5 層下検出遺構を 2 期としている。遺構の上に 3 期とされる第 5 層が堆積しているのであるから、時期が 3 期より前であることは確実だが、T1-T50 と T77-T104 の各時期との関係が報告では記載されていない。そこで、T113-T148 がこの二つの発掘区のいずれの時期に該当するかについて、瓮という器種に注目して考察したい（図 3）。瓮は砲弾形の胴体部と直線的に

56

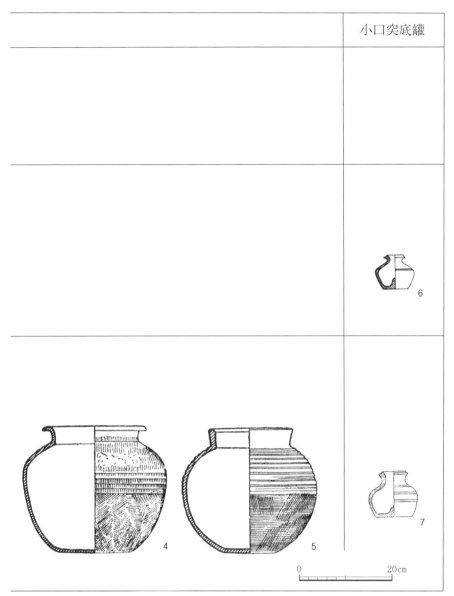

4：T126 第3層 H1118
7：T40 第3層

遺跡出土土器（2）

屈曲する肩部が特徴的な器種である。1期の瓮は口頸部が外にラッパ状に開き（図3-1・2）、3期では口頸部全体が短くなるとともに、口縁部が肥厚するという特徴がみられる（図3-5）。そして1期と3期の瓮の中間的な形態の瓮がT113-T148第5層下検出遺構であるT133第5層下W22（図3-3）とT139第5層下H1031（図3-4）からそれぞれ出土している。このような型式学的変化の検討をもとにすると、T113-T148第5層下検出遺構は2期の遺構とみて問題ないであろう。

　以上の検討から、燕下都郎井村10号工房遺跡を三つの時期に区分する、報告の発掘区間の時期

第 2 章　燕国の日用土器の編年

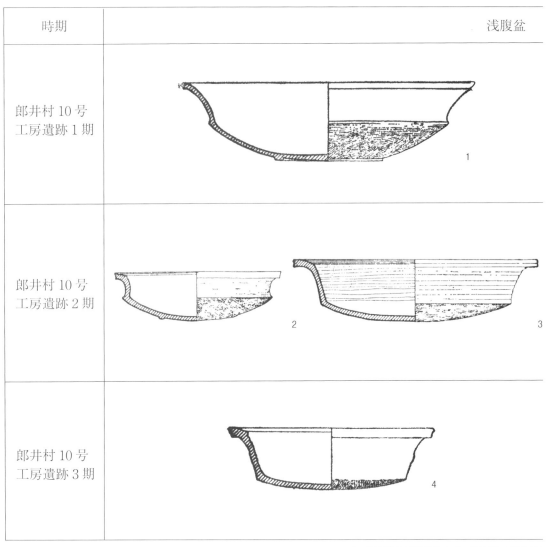

1：T14 第 4 層下 H200　2：T91 第 1 層下 J44
4：T49 第 1 層下 H113　5：T11 第 4 層下 H138
図 6　燕下都郎井村 10 号工房

設定についてはおおむね妥当であることが確認できた。

❷　各器種の編年

　ここまでの検討から、層位学的根拠をもとにした報告における 3 時期区分は編年の基準となりうることが改めて確認できた。燕国の日用土器の編年研究はすでに述べたように陳光によってなされたことがあるが〔陳 1997・1998〕、陳の編年は細分に過ぎた部分がある。また、この郎井村 10 号工房遺跡出土の日用土器は分析対象に入っていない。そこで、ここでは基本的な変遷を示すものとして、資料も充実している郎井村 10 号工房遺跡の遺物の変遷観を示し、議論していきたい。

第2節　燕国の日用土器の編年

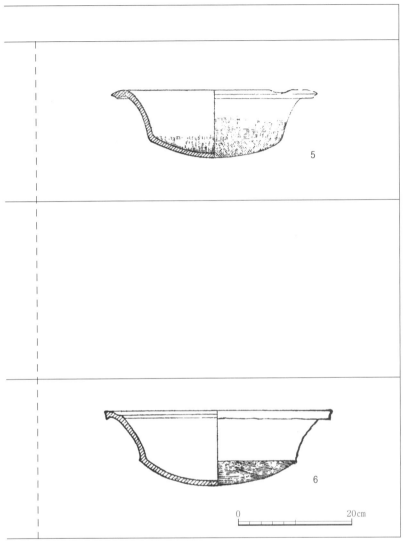

3：T77 第1層下 H466
6：T36 第2層下 H149

遺跡出土土器（3）

　郎井村10号工房遺跡から出土した日用土器について、報告では具体的な編年観は示されていないが、報告をもとに日用土器の器種ごとの変遷を簡単にまとめると図4から図10のようになる。また、図11には郎井村10号工房遺跡で出土しているそのほかの器種も参考のためにあげた。
　本書では基本的に、3時期に区分する報告のこの相対編年に従い、主な器種について形態の変遷を以下でみていく。
　尊（そん）　尊は、口が大きく開く壺形の泥質陶で、郎井村10号工房遺跡では1期から3期の文化層や遺構から出土している。1期の尊（図4-1）は最大径が肩部にある。2期の尊は大型のもの（図4-2）と小型のもの（図4-3）があり、小型のものは、1期に比べて器壁が厚くなり、大きさも

59

小さくなる。3期の尊（図4-4）は最大径が口縁部分にあり、1期の尊に比べて厚手で小型である。

罐（かん）・大口罐（たいこうかん）　罐は短頸の壺形の泥質陶で、1期から3期まで存在する。長胴の罐はいずれの時期にもみられるが（図4-5〜12）、2期からは比較的口径が大きく、肩部に円や文字をスタンプした罐（図4-7・10・12）が増加する。また、2期には、胴が張り、口径の大きい大口罐もあらわれている（図5-1）。大口罐には、2期から3期にかけてみられる頸が長く、上へ大きくラッパ状に開くもの（図5-1〜3）と、3期にみられる頸の短いものがある（図5-4・5）。

小口突底罐（しょうこうとっていかん）　小口突底罐は泥質陶で、口がすぼみ底部の内面が上に出っ張った小型の罐である。郎井村10号工房遺跡では2期から3期にかけて、出土している（図5-6・7）。文様は肩部に数条の沈線文が施されるぐらいで、ほとんどない。

浅腹盆（せんふくぼん）　浅腹盆は夾砂陶で、器高が低く、口縁に向かって大きく外へ開くのが特徴の盆である。下半部の外面にはタタキによる縄文が施されることが多い。1期から3期にかけて存在する。底部が比較的平坦で、低い圏足をもつものもあるもの（図6-1〜4）とほぼ丸底のもの（図6-5・6）がある。底部が比較的平坦な浅腹盆は、1期（図6-1）にくらべて2期（図6-2・3）と3期（図6-4）のものは口縁に向かって垂直に急な立ち上がりをみせるという特徴がある。

深腹盆（しんふくぼん）　上述の浅腹盆に比べて器高が高い盆である。浅腹盆が夾砂陶であるのに対して、深腹盆は泥質陶である。腹部外面にタタキによる縄文がみられる。器体が上部に向かって直線的に立ち上がるもの（図7-1〜4）と、腹部の膨らみ（張り）が強いもの（図7-5・6）が存在する。腹部の膨らみが強い深腹盆は郎井村10号工房遺跡では3期（図7-5・6）にみられる。

燕式鬲（えんしきれき）　燕式鬲は燕国独自の形態の夾砂陶の鬲で、円筒状の胴部と比較的長い足部をもつ。中国古代における「鬲」の足部は一般的に袋状であるが、燕式鬲は実足でありむしろ「鼎」と呼ぶべき器種に近いが、本書では『燕下都』をはじめとする報告や先行研究で用いられる「燕式鬲」という名称を使用することとする。燕式鬲は、生活遺跡のほかに燕国の墓からも出土する土器である。

郎井村10号工房遺跡では複数の燕式鬲が出土しており、1期、2期、3期それぞれの時期のものが報告されており、形態の時期的な変化をよくうかがうことができる。

郎井村10号工房遺跡1期の燕式鬲（図8-1）は、口縁下が屈曲し、側面から見た時、かなり丸みをもつ形態である。また、土器製作の際に胴部につけられたタタキによる縄文の方向は上半では

時期
郎井村10号 工房遺跡1期
郎井村10号 工房遺跡2期
郎井村10号 工房遺跡3期

1：T14第4層下H224
4：T29第3層

図7　燕下都

第 2 節　燕国の日用土器の編年

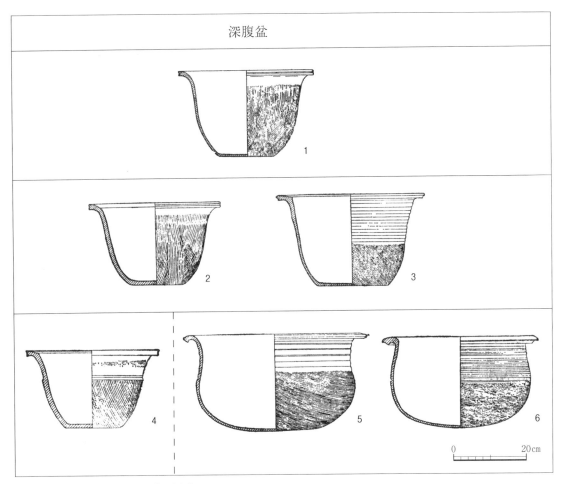

2：T97 第 1 層下 H709　3：T77 第 1 層下 H467
5：T29 第 1 層下 H87　6：T57 第 5 層下 H354

郎井村 10 号工房遺跡出土土器（4）

縦方向で、下半は横方向である。
　2 期の燕式鬲（図 8-2）は、1 期の燕式鬲に比べて、胴部の側面の形態がかなり直線的になっている。ただ、胴部の底付近はまだある程度丸みをもっている。なお、胴部のタタキによる縄文の方向は口縁部から下の大部分が縦方向になっており、胴部の底付近のみ、一部に斜め方向の縄文がみられる。
　3 期の燕式鬲（図 8-3）は、胴部側面がそれ以前のものに比べてさらに直線的になり、胴部の底はほとんど平坦になっている。また、製作時のタタキによる縄文も、足部と胴部の接着部分に一部不規則な方向の縄文がみられるほかは、口縁から胴部の底にかけてほぼ縦方向の縄文だけである。このほかに同様の形態の 2 点の燕式鬲がこの時期のものとして報告されている。
　これらの燕式鬲における胴部の形態と縄文の方向の変化は、燕式鬲の製作手法の時間的な変化によるものと推定され、他の遺跡から出土する燕式鬲と比較するうえで重要な属性であるといえるだ

第 2 章　燕国の日用土器の編年

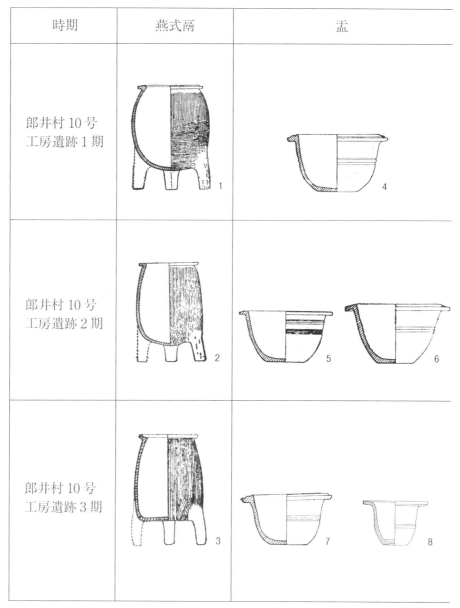

1：T83 第 2 層下 H577　2：T79 第 1 層下 H553　3：T25 第 2 層下 H162　4：T13 第 4 層下 H394
9：T26 第 4 層下 H145　10：T81 第 2 層下 H575　11：T93 第 1 層下 H629
16：T14 第 4 層下 H200　17：T12 第 2 層　18：T88 第 1 層下 H528

図 8　燕下都郎井村 10 号工房

ろう。これまでに燕式鬲は墓からも副葬品として出土する例が複数あり、墓からの出土例については第 3 章で改めてふれる。

　盂（う）　盂は鉢状の器種で、圏足のつかない泥質陶である（図 8-4〜8）。1 期から 3 期までの各時期の文化層と遺構から出土している。2 期以降、時期を追うごとに底部径が小さくなるもの（図 8-6・8）とあまり形態が変わらないもの（図 8-5・7）がある。

第 2 節　燕国の日用土器の編年

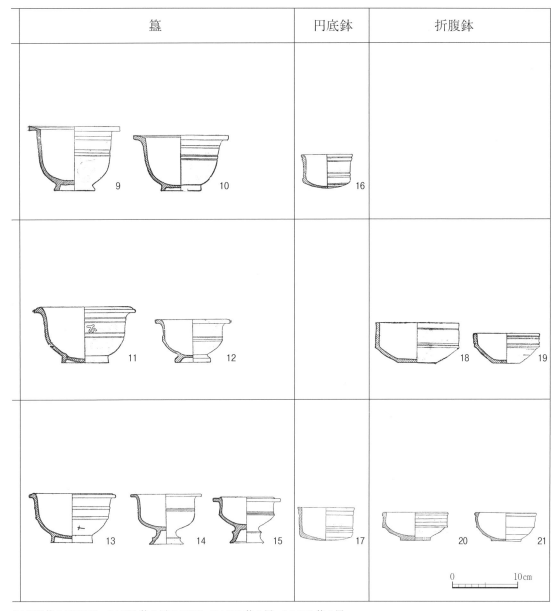

5：T87 第 1 層 H659　6：T94 第 1 層下 H618　7：T54 第 3 層　8：T65 第 4 層
12：T79 第 1 層下 H482　13：T23 第 3 層下 H285　14：T141 第 4 層　15：T19 第 2 層下 H99
19：T94 第 1 層下 H623　20：T56 第 3 層下 H452　21：T41 第 2 層

遺跡出土土器（5）

　簋（き）　簋は鉢状の器種で盂と形状が類似するが、盂とは異なり圏足がつく泥質陶である（図8-9～15）。1期から3期までの各時期の文化層と遺構から出土している。すでに述べたが、時期を追うごとに器体が屈曲をしながら膨らみ、かつ圏足が高くなることが明瞭であるが、3期には、2期にみられるもの（図8-11）と同様の形態のもの（図8-13）もある。

　円底鉢（えんていはち）　円底鉢は泥質陶で、腹部から口縁部にかけて、筒状に立ち上がる鉢であ

63

第 2 章　燕国の日用土器の編年

1：T97 第 2 層下 H694　2：T86 第 1 層下 H573　3：T87 第 1 層下 H573
6：T20 第 3 層下 H51　7：T45 第 3 層下 H109

図 9　燕下都郎井村 10 号工房

る（図 8 - 16・17）。胴部に何条かの沈線文を施す。1 期と 3 期に出土例がある。

　折腹鉢（せつふくはち）　折腹鉢は泥質陶で、腹部から口縁にかけてが、屈曲、または屈折して立ち上がる形状の鉢である（図 8 - 18 〜 21）。郎井村 10 号工房遺跡では 2 期（図 8 - 18・19）と 3 期（図 8 - 20・21）の出土例がある。

　豆（とう）　豆は泥質陶で蓋の無い高杯である（図 9、図 10）。器高によって A 類、B 類、C 類の

4：T23第2層下 H240 5：T18第2層下 H282
8：T12第2層下 H23 9：T14第2層

遺跡出土土器（6）

3類にわけることができる。豆A類（図9）は、器高が低く、14 cm前後。豆B類（図10 - 1 〜 6）は、器高が17 cm前後。豆C類（図10 - 7 〜 9）は器高が21 cm前後である。1期には、A類とB類があり、杯部内側に暗文を施す例が存在する（図10 - 1）。2期には、A類とB類のほかC類もみられる。2期の特徴としては、脚部に竹状の節をもつ豆が存在することである（図10 - 3）。このほか、A類のなかには脚部の端が上に撥ね上がるものもある（図9 - 3）。3期になると、豆A類では、

第 2 章　燕国の日用土器の編年

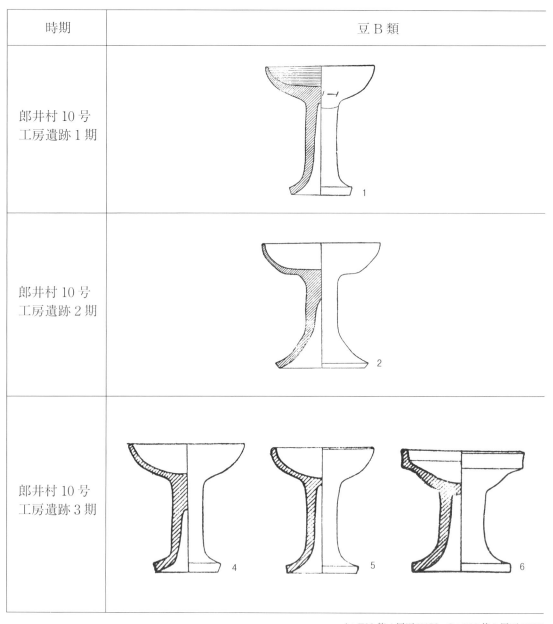

1：T11 第 4 層下 H138　2：T90 第 1 層下 H699
5・8：T4 第 1 層下 H29　6：T10 第 2 層下 H23
図 10　燕下都郎井村 10 号工房

この脚部の端が上に撥ね上がる例が増え（図 9-7〜9）、豆 A 類と B 類には、杯部が角張って屈曲、または屈折する例もあらわれる（図 9-6・8・9、図 10-6）。

　以上の器種のほかに瓮（図 3）や、1 期には、第 3 章で考察する副葬品として墓から出土するようなや鼎（図 11-1）や蓋付きの豆（図 11-2）[6]、3 期には、山字状の文様をもつ瓦（図 11-3）も存在している。

第 2 節　燕国の日用土器の編年

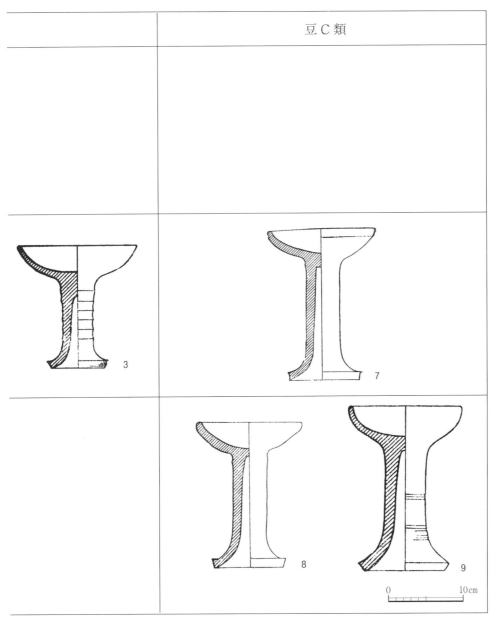

3：T32 第 4 層下 H227　4：T44 第 1 層下 H123
7：T13 第 4 層下 J4　9：T18 第 2 層下 H282

遺跡出土土器（7）

　これらの蓋豆や鼎のほか、燕式鬲は墓からも出土しているため、副葬土器の編年と日用土器の編年を相互につなぐ接点となる。副葬土器と日用土器の編年の対応関係については第 3 章で詳述するが、郎井村 10 号工房遺跡の各時期の実年代は第 1 章で示した青銅器編年をもとにした副葬土器の実年代との対応関係を総合すると、郎井村 10 号工房遺跡の 1 期は副葬土器編年第 II 期から第 III 期に併行し、紀元前 5 世紀から紀元前 4 世紀前半。2 期は副葬土器編年第 IV 期に同様の燕式鬲

67

第2章　燕国の日用土器の編年

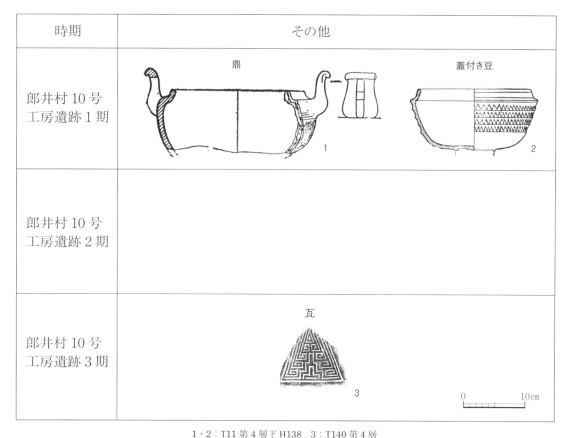

1・2：T11 第4層下 H138　3：T140 第4層
図11　燕下都郎井村10号工房遺跡出土土器（8）

がみられることから紀元前4世紀半ばから後半、3期は副葬土器編年第Ⅴ期に同様の燕式鬲があるため、紀元前3世紀を中心とする時期と考えられる（第3章表4）。

　上述の器種のほかに燕下都郎井村10号工房遺跡をはじめ、燕国関連の遺跡では煮沸具である釜とよばれる器種が多数発見されている。釜については次節で改めて詳細な編年をこころみる。

第3節　釜の編年

（1）　釜について

　釜は春秋戦国時代以降に使用される煮沸具で、燕国関連遺跡で数多く出土している。『燕下都』では、それ以前の煮沸具であった鬲が釜に変化したと推定している〔河北省文物研究所1996〕。最古段階の釜には、底部近くの外面に鬲にあった足の痕跡がみられることから、鬲から釜への変化が確かめられているという。釜は「鍑」〔河北省文物研究所1996〕という名でも呼ばれ、カマドの上に据えて使用された煮沸具である。時代は下るが、漢時代の明器に多くみられるカマド形の土器には釜

68

のミニチュア土器が付属して出土し、釜の使用法をよく示している〔黄2000〕。釜の普及は、カマ
ドの普及とも対応しているのである。

　燕国の釜は、粗い砂を胎土に比較的多く含む「夾砂陶」である。丸底で、胴部はタタキによって
成形される。外面はタタキの際についた縄文が一面にみられるのが特徴で、縦横に縄文が施されて
いることから戦前には「魚骨盆」〔東亜考古学会1931〕とも呼ばれていた。

　釜は本来の役割である煮沸具のほかに、土器棺としても使用される例がみられる。燕下都遺跡を
はじめ、河北省、北京市、内蒙古自治区東南部、遼寧省などの燕国領域各地の遺跡で土器棺として
の使用例が発見されている。

　このように釜は多くの遺跡から出土し、春秋戦国時代の燕国文化を考察する際に日用土器のなか
でも注目すべき器種であるといえるだろう。しかし、採集品が多く、年代がわかる遺物との共伴例
も少ないことから、これまでになされた編年研究は多くない。

　先行研究としては、日用土器の一器種として釜についても編年している陳光の研究〔陳1997・
1998〕、土器棺としての使用例に着目して戦国時代の燕国から漢時代の釜の編年をおこなった宮本
一夫の研究〔宮本2004b〕、朝鮮半島の瓦質土器との関係から燕国の土器と瓦の編年をおこなった鄭
仁盛の論考〔鄭2012〕、そして鄭による釜について地域性に着目した再検討〔鄭2014〕をあげるこ
とができる。また最近、宮本一夫は朝鮮半島の楽浪土器の一器種である花盆形土器の成立に関連
して、遼東の戦国時代から前漢時代の釜について考察している〔宮本2012〕。なかでも宮本〔宮本
2004b〕は、河北省北部から内蒙古自治区東南部、遼寧省の戦国時代から漢時代にかけての土器棺
として使用された釜を集成し、編年している。宮本のこの研究によってはじめて戦国時代から漢時
代にかけてのこの地域における釜の編年の大枠が示されたといえるだろう。

　本節では、まず釜を型式分類し、宮本による研究以降、新たに刊行された発掘調査報告を参照す
るとともに、層位学的検討や共伴遺物から年代比定が可能な遺跡や遺構からの出土例をもとにしな
がら春秋戦国時代から前漢時代初めにかけての釜の新たな編年をこころみる。

（2）　釜の分類

　釜の分類をおこなう。釜は煮沸具であったために、炎が直接当たる胴部が破損しやすく、土器棺
としての使用例を除いては完形で出土する例がきわめて少ない。多くは口縁部のみの出土例であ
る。このため、分類にあたっては口縁部の形態に注目する（図12）。

　A類　口縁は曲線的に立ち上がる。口縁内側に横方向の細い溝帯が存在する。

　B類　口縁は曲線的に立ち上がる。口縁内側に横方向の細い溝帯が存在しない。

　B類は口縁の立ち上がり具合により、弱い湾曲の立ち上がりをみせるB1類と強く湾曲して立ち
上がるB2類とにわけられる。

　C類　口縁は丸みを持ちつつも屈折して立ち上がり、口縁内側の半ばあたりが幅の広い溝状にな
っている。溝の上端部が稜をなすため、『燕下都』ではC類に該当する釜について、「口縁内側に

第 2 章　燕国の日用土器の編年

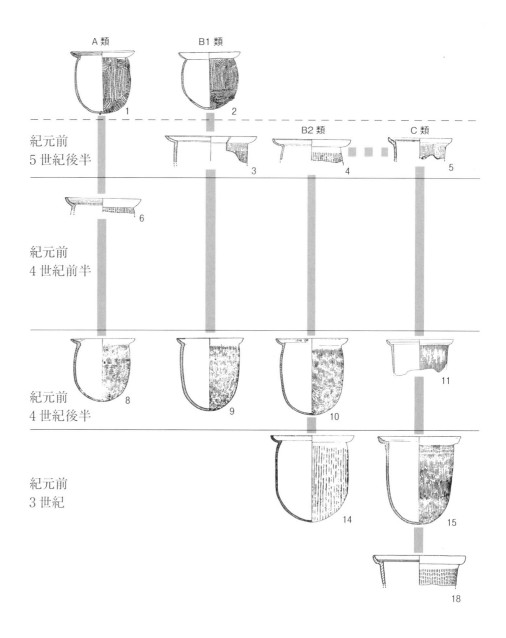

1・2：燕下都郎井村 13 号遺跡 F1　3〜6：燕下都東沈村 6 号遺跡　7：懐柔 M4
10：燕下都郎井村 10 号工房遺跡 T145 第 5 層下 W24（2 期）　11・12・13：胡家営第 5 層
16：胡家営第 4 層　17：燕下都郎井村 10 号工房遺跡 T45 第 3 層下 H109（3 期）

図 12　河北・遼寧における

第3節　釜の編年

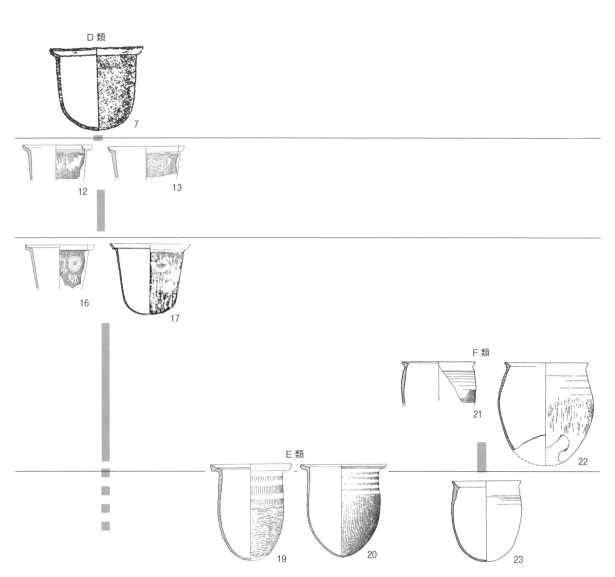

8：燕下都郎井村10号工房遺跡 T133 第5層下 W22（2期）　9：燕下都郎井村10号工房遺跡 T132 第5層下 W19（2期）
14：燕下都郎井村10号工房遺跡 T29 第3層（3期）　15：燕下都郎井村10号工房遺跡 T113 第4層下 W13（3期）
18・21・22：南正遺跡 Y6　19・20：尹家村上層　23：南正遺跡 Y2

釜の編年

一条の稜がめぐっている」と説明される。C類の口縁部内側の幅広の溝はB2類の強い屈曲と形状が類似するものもあり、両者の間に何らかの影響関係を想定することができる可能性もある。

　D類　口縁が屈折して立ち上がり、C類のような幅広の溝はない。口縁屈折部の内側がくびれるものとくびれがないものがある。このくびれの存在は、多くの報告では図面上、確認できないため、とりあえず今のところは類を細分せずにD類として一括してあつかうこととする。なお、『燕下都』では、このくびれが存在するものについて「口縁内側の屈折部に一条の溝がある」と説明されている。

　E類　口縁の上方向への屈曲は弱く、口縁端部が肥厚する例が多い。胴部上半の縄文は数条にわたって横方向のナデ調整により消される。

　F類　口縁が短く立ち上がる。胴部上半の縄文が広い範囲にわたって消される。

　燕国の釜は以上のA類からF類に分類することができる。

(3)　釜の編年

　遺跡からの出土状況をもとに釜の編年をおこなう。

　燕下都遺跡から出土している最も古い釜は燕下都東沈村6号居住遺跡の住居址F18出土例である〔河北省文物研究所1996〕。口縁部から胴上部の破片が1点出土している。報告では年代を「西周時代晩期」としている。口縁部の形態からB類の釜の可能性があるが、この時期には煮沸具としてまだ鬲が存在しており、残存部の形態のみでは三足の鬲か無足の釜であるのか判断できない。

❶　釜A類から釜D類が出土する遺跡と年代

　明らかな無足の釜が登場するのは、春秋時代であると推定される。釜を編年するために、A類からD類の釜が出土し、かつ実年代を比定することができる遺跡の出土資料をみていく。

　燕下都郎井村13号工房遺跡は燕下都東城内にある。郎井村10号工房遺跡の南東に位置している〔河北省文物研究所1996〕。報告によると春秋時代から戦国時代にかけての遺構や遺物が検出されているという。このうち住居址F1からA類（図12-1）とB1類（図12-2）の釜が出土している〔河北省文物研究所1996〕。この住居跡からはこれらの釜とともに鬲も出土している。出土した鬲は口縁部の形態がA類とB類の釜の特徴をもつ。このF1の年代を報告では「春秋時代早期」としているが、実年代の根拠となるような出土遺物はない。

　ただ、遺構の切りあい関係や層序をもとにするとF1の上層から第3章で述べる副葬土器編年第I期から第II期の豆A類が出土していることから、紀元前5世紀以前であると考えられる。

　燕下都東沈村6号居住遺跡では、さきに述べた「西周時代晩期」の釜が発見された住居址の後の時代のものとされる文化層や遺構からも釜が発見されている。この遺跡には燕下都東沈村5号墓（M5）がある。この墓の年代は副葬土器編年（第3章参照）第III期初めで、紀元前4世紀初め頃

と考えられる。この遺跡の層序は報告書に記載のあるいずれの発掘区でも第1層が表土の耕土層、第2層は攪乱層、第3層が灰褐色土層であり、共通している。M5は第2層下の第3層（灰褐土層）を掘り込んで作られている。同じく第3層を掘って作られた土壙H234からはA類（図12-6）が出土している。一方、第3層からはB1類（図12-3）、B2類（図12-4）およびC類（図12-5）が出土している。以上のことから、H234出土のA類（図12-6）は、M5と同じ紀元前4世紀初め頃、そのほかの釜については、これより古く、第3層からは副葬土器編年第Ⅱ期の鼎B類の耳部も出土していることから、年代は紀元前5世紀と考えられるだろう。

　北京市懐柔城北遺跡では4号墓（M4）からD類の釜（図12-7）が出土している〔北京市文物工作隊1962〕。M4からは副葬土器編年第Ⅲ期後半の土器が共伴していることから、実年代は紀元前4世紀前半と考えられる。

　第2節であつかった燕下都郎井村10号工房遺跡では1期の遺物に釜はないが、郎井村10号工房遺跡2期と郎井村10号工房遺跡3期の遺物に釜が存在している。紀元前4世紀後半である郎井村10号工房遺跡2期の釜にはA類（図12-8）、B1類（図12-9）、B2類（図12-10）がある。

　紀元前3世紀を中心とする時期の郎井村10号工房遺跡3期の釜はB2類（図12-14）、C類（図12-15）、口縁部屈折部分がくびれるD類（図12-17）である。

　また、この時期の釜に関連して、近年良好な報告がなされた。北京市延慶県胡家営遺跡〔北京市文物研究所2015〕は戦国時代の集落遺跡で、文化層の層序や遺構の切りあい関係によって報告では3期に区分されている。このうち第二期にあたる第5層と第三期にあたる第4層では、釜の形態に明確な時期的な違いをみてとることができる（図13）。第5層から出土している釜はA類（図13-1）、B1類（図13-2）、C類（図13-3）、D類（図13-4・5）である。一方、第4層からはC類（図13-6）とD類（図13-7・8）が出土している。C類とD類の口縁部の形態変化をみると、C類、D類ともに、屈折部から口縁端部の立ち上がりがより強まるという時期的変化が明瞭である。第4層と第5層の年代については、報告では土器を中心にそのほかの出土遺物から第5層を郎井村10号工房遺跡2期併行、第4層をそれ以降として位置づけている。釜について、郎井村10号工房遺跡2期と胡家営遺跡第5層段階に存在するA類とB1類が、その後の郎井村10号工房遺跡3期と胡家営遺跡第4層段階ではともにみられなくなる点が一致しており、胡家営遺跡第5層段階を郎井村10号工房遺跡2期と同じ、紀元前4世紀後半（図12-11～13）、胡家営遺跡第5層段階をその後の紀元前3世紀（図12-16）と位置づけることができるだろう。

　このほかD類については、燕下都西貫城村9号居住遺跡でD類が前漢時代の円瓦当と同じ文化層からF類とともに出土している。このことから、D類は前漢時代にも残存する可能性がある。

　さらに、北京市南正遺跡〔北京市文物研究所2008〕の土器窯跡Y6からはC類がF類とともに出土している。これらF類に関しては後で言及する。

　以上のように釜A類から釜D類について、遺跡の層序や共伴遺物の検討から年代がわかる出土例をまとめることが可能である。

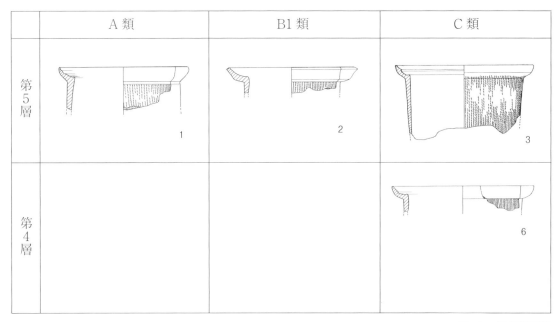

図13　胡家営遺跡

❷　釜A類から釜D類の型式学的変化

ここでは、A類からD類まで種類ごとに釜の形態の変化をみていく（図12）。

A類は、紀元前5世紀以前に出現している。形態が確認できる最古の釜の一つがこの種類である。その後、紀元前4世紀後半まで存在するが、時期を追うごとにA類の特徴である口縁部内側にある溝帯の溝が細くなる傾向がみられる。

B1類も、A類同様に釜の最古段階から存在し、紀元前4世紀後半までみられる。時期のわかる出土例が多くはないため、形態の変化をはっきりととらえるのは難しいが、胴部のタタキによる横方向の縄文が新しいものでは、下部に縮約する傾向がみられる。

B2類は、紀元前5世紀から紀元前3世紀までみられる。当初は胴部が丸みを帯びているが、紀元前4世紀半ば以降は胴部側面が直線的になる。またタタキによる胴部の縄文も上部が縦方向、下部が横方向から全面にわたって縦方向へと変化する。

C類は、紀元前5世紀に最古例が確認できる。紀元前3世紀まで存在し、燕下都郎井村10号工房遺跡3期例や南正遺跡Y6例が紀元前3世紀を中心とする時期のものである。C類の形態の変化の特徴としては時期が下るにしたがって、口縁部の屈折が強まることがあげられるだろう。

D類は、A類からC類までの釜に比べ最も遅く、紀元前4世紀前半に出現し、紀元前3世紀にかけて存在する。紀元前4世紀のD類は胴部のタタキによる縄文の方向が上部では縦で、下部は横であるが、紀元前3世紀には上下ともに縦方向となる。また胴部の形態も新しいものほどより直線的になる。D類には口縁部の屈折部分の内側にくびれをもつものと、ないものがあるが、燕下都遺跡ではD類でもくびれをもつものが「戦国晩期」に多いのが時期的な特徴だという〔河北省文

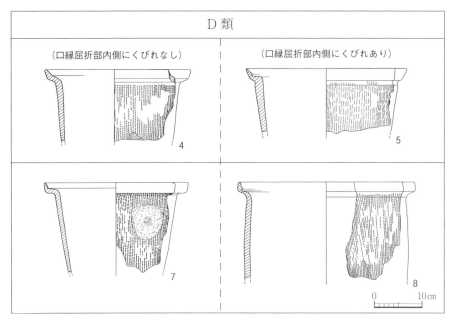

出土の各種釜

物研究所 1996〕。ただ、胡家営遺跡の例ではくびれをもつものは紀元前 4 世紀後半には存在していたことが確認できる（図 12 - 13、図 13 - 5）。

　宮本一夫は、この D 類を戦国時代前期にまで遡る最も古い形態の釜としている〔宮本 2004b〕。宮本は年代を考える定点として紀元前 4 世紀前半の懐柔城北 4 号墓出土の釜（図 12 - 7）をあげている〔北京市文物工作隊 1962〕。さらに古い釜として同じく D 類に該当する燕下都武陽台村 21 号工房遺跡 2 号土器棺〔河北省文物研究所 1996〕をあげ（宮本はこの釜の年代を戦国時代前期とする）、戦国時代における釜の形態の変化を D 類から B2 類（図 12 - 10）へと想定している。

　懐柔城北 4 号墓出土の D 類釜の年代については、筆者も同様の考えである。宮本が戦国時代前期まで遡るとする燕下都武陽台村 21 号工房遺跡 2 号土器棺については、釜とともに土器棺を構成する大口罐を、宮本は河北省易県周村（周仁村）2 号墓（M2）〔河北省文化局文物工作隊 1965e〕出土の尊と同様の形態であるとして実年代を与えている。しかし、燕下都武陽台村 21 号工房遺跡 2 号土器棺を構成する大口罐は燕下都郎井村 10 号工房遺跡 3 期の大口罐（図 5 - 2）と同じ形態であり、周村 M2 出土の尊はむしろ燕下都郎井村 10 号工房遺跡 1 期の尊（図 4 - 1）に類似している（周村 M2 は筆者の副葬土器編年第 II 期に該当する（第 3 章参照））。よって宮本が最も古い戦国時代前期として位置づけている燕下都武陽台村 21 号工房遺跡 2 号土器棺の釜は大口罐と同様に郎井村 10 号工房遺跡 3 期、紀元前 3 世紀のものと考えるのが妥当であろう。

　このように、釜 A 類から D 類については、それぞれの種類について時期的な変化を型式学的に確認することができる。

第2章　燕国の日用土器の編年

❸　釜E類と釜F類について

　上で考察したA類からD類以外の釜が燕国の領域で発見されている。E類とF類である。燕下都西貫城村9号居住遺跡では、F類の釜がD類のほか、前漢時代前期の円瓦当と同じ文化層から出土している。また、北京市南正遺跡〔北京市文物研究所2008〕では土器窯跡であるY6から燕下都西貫城村9号居住遺跡と同様の形態のF類（図12-21、22）とC類（図12-18）が出土した。この南正遺跡ではこのほかにも複数の土器窯跡があり、Y2ではF類のみが単独で出土している（図12-23）。戦国時代からの系譜をたどることのできるC類とF類が出土するY6のほうが、F類が単独で出土するY2より古いと考えられる。形態的にも二つの窯跡出土のF類には違いがみられ、Y6例はY2例に比べて口縁部の立ち上がりが短いという特徴がある。これはF類の形態の時期的変化としてとらえられるだろう。なお、上で述べた西貫城村9号居住遺跡出土のF類の形態はより古いY6例に近く、やはり戦国時代から存在するD類と同じ文化層から出土していることは、F類の型式学的変化と合致するといえる。

　これらの考察からF類の実年代は紀元前3世紀末から紀元前2世紀、つまり前漢時代前期、古くても戦国時代末から秦時代頃と考えられる。

　一方、遼寧省には前漢時代前期の特徴的な釜がある。この時期の遼寧省大連市尹家村遺跡の尹家村上層〔中国社会科学院考古研究所1996〕ではE類（図12-19、20）が出土している。

第4節　小　結

　ここまで、春秋時代から戦国時代にかけての時期を中心に燕国の日用土器をみてきた。層位学的検討が可能な燕下都郎井村10号工房遺跡の出土土器資料を中心に、複数の器種の日用土器を編年することができた。また、出土例の豊富な煮沸具の釜についてより詳細な編年をこころみた。ここでは釜の編年について総括していきたい。

　燕国の釜は紀元前5世紀以前には出現したと考えられる。最初に現われるのはA類とB1類である。この時期の釜は口縁部の特徴などが、それまで煮沸具として使用されてきた鬲と共通で、三つの足をもつ鬲から足を取り去って釜が作られたことをよく示している。また、釜の登場はこの時期の燕国で炊事のためにカマドが使用されはじめたことをものがたっている。燕国では明確にカマドを伴った遺構はまだ発見されておらず、釜はカマドが普及する証拠として重要な遺物であるといえるだろう。

　その後、紀元前5世紀にはB2類とC類が、紀元前4世紀前半にはD類が加わる。一方で最古段階からあったA類とB1類の存在は紀元前3世紀段階には確認されていない。紀元前3世紀にみられるのは、B2類、C類、D類である。なかでもこの時期のC類やD類が燕下都遺跡では多数発見されており、紀元前3世紀に使用されていた釜の中心はこれらの種類であったと考えられる。

第4節 小結

釜は各類を横断して共通する時期的な形態の特徴ももっている。紀元前4世紀以前の釜はどの種類も胴部が丸みをもち、タタキによる縄文の方向は上部が縦方向、下部は横方向である。一方、紀元前3世紀には、胴部の形態が直線的になり、縄文の方向も上下ともに縦方向のみとなる。これは釜と同様にタタキによって製作された燕式鬲の時期的特徴と一致しており、両器種間の製作技法の共通性を示しているといえるだろう。

このような燕国の釜の伝統のなかに紀元前3世紀末頃、F類が新たに出現する。この釜はそれまでの燕国の伝統的な釜の系列に並ぶものではない。一つの可能性として燕国の滅亡と秦国による中原の統一に伴う文化的変化によって燕国の中核地域に流入してきた釜とも考えられるだろう。このF類は一時期、戦国時代の燕国の伝統的な釜であるC類やD類とともに使用されていたことが確認できる。また、F類は分布範囲に特徴がある。分布の中心は燕国の中核地であった河北省易県燕下都遺跡〔河北省文物研究所 1996〕、北京市南正遺跡〔北京市文物研究所 2008〕がある河北省北部や北京市一帯である。

一方、F類にかわって、前漢時代前半を中心とする時期に遼寧省大連市尹家村遺跡の上層〔中国社会科学院考古研究所 1996〕をはじめとして、牧羊城遺跡〔東亜考古学会 1931〕、普蘭店市高麗寨遺跡〔東亜考古学会 1929〕、撫順市蓮花堡遺跡〔王 1964〕、鉄嶺市邱台遺跡〔鉄嶺市文物管理辦公室 1996〕などの遼東の遺跡で発見されている釜がE類である。E類は燕下都遺跡など燕国の中心地域での発見例がない種類である。E類は形態的には戦国時代にかけて燕国で使用されていた釜に近く、C類やD類といった春秋戦国時代の燕国の伝統的な釜が遼東で変化してできた種類であると考えられるだろう。なお、鄭仁盛はE類の年代を戦国時代まで遡ると考えており〔鄭 2012〕、さらに最近は「燕国」ではなく、「後期古朝鮮」の土器であると位置づけ〔鄭 2014〕、このE類が存在している遼東について、鉄器の地域的な違いも指摘しながら、遼陽をも含む遼東に燕国の領域支配自体が及んでいなかったとの積極的な見解も示している〔鄭 2016〕。

E類を遼東の地域的な釜であると考えるのは、筆者も同様である。しかし、鄭はE類（鄭は「遼東式釜形土器A」とする）を、遼東から朝鮮半島西北部にかけて広がる最初期の鉄器文化である細竹里・蓮花堡類型〔朝鮮民主主義人民共和国社会科学院考古研究所 1977〕を代表する土器の一つとして位置づけ、この類型の年代をそのままE類の年代にも適用している〔鄭 2014〕。第8章でも述べるように、たしかに細竹里・蓮花堡類型の鉄器には、遅くとも紀元前3世紀の戦国時代に年代が遡るものがあり、筆者もこの類型の上限年代は戦国時代にあると考えている。しかし、E類については、現在までのところ戦国時代併行期の遺物との明確な共伴例はないのである。むしろ、前節の最後にも述べたように、前漢時代前期とされる尹家村遺跡〔中国社会科学院考古研究所 1996〕の上層から出土するなど、年代は前漢時代にまで下ると考えられる。よって筆者はE類を現在のところ、前漢時代前期の遼東で作られた地域的な釜であると考えている。

なお、宮本一夫は戦国時代から漢時代への釜の変遷について、戦国時代の燕国の釜からE類→F類と単線的に変化するとしている〔宮本 2012〕。E類とF類には、先に記したように分布域の違いが

77

ある上に、F類にはより古い要素をもつ燕国の伝統的釜であるC類やD類との明確な共伴例がある。このため、F類はすでに述べたように、燕国の滅亡後に他地域から流入してきた別系統の釜であると考えるのが妥当だといえるだろう。

釜はまた、炊事のための煮沸具であり、カマドの普及とも対応する日常の食生活に直結した器種である。燕国の東方への拡大と釜の使用の広がりは、カマド使用の東方への拡大をもあらわすものである〔大貫1998〕。また、前漢時代の遼東においてE類のような燕国の伝統を受け継ぐ釜が残存することは興味深い。

[註]

（1）燕下都には宮殿遺跡、工房遺跡、居住遺跡、墓などの各種の遺跡がある。このため、燕下都は各種遺跡の集合体として本来は「燕下都遺跡群」と記述するのが適当であるかもしれない。しかし「燕下都遺跡群」という名称は一般的ではないため、本論では内部の各遺跡の集合体として燕下都全体についてふれる場合は「燕下都遺跡」と表記する。また、燕下都内部に存在する各遺跡についてふれるときは「燕下都郎井村10号工房遺跡」、「燕下都東沈村6号居住遺跡」、「燕下都辛荘頭墓区第30号墓」などのように燕下都のあとに「遺跡」をつけずに区別して記載する。

（2）燕下都遺跡の文献史料における記載や1920年代から1940年代にかけての調査については、『燕下都』の2～4頁に詳細にまとめられており、それを参考にした〔河北省文物研究所1996〕。

（3）1929年から1994年までに発表された燕下都遺跡に関する報告と研究については、『燕下都』に王素芳による集成が収録されている〔王1996〕。

（4）このほかに未報告ではあるが、郎井村10号工房遺跡では漢時代の遺物が出土しているという〔河北省文物研究所1996〕。

（5）金一圭が『燕下都』に記載されている燕下都郎井村10号工房遺跡の実年代観に疑義を示しているのは、戦国時代中期（筆者の「燕下都郎井村10号工房遺跡2期」）の土壙として報告されているT87第1層下H535から出土した布銭の一種、方足布をめぐってである〔金2015〕。金はこの論文のなかで方足布の編年をおこない、方足布自体の出現年代が紀元前310年から紀元前300年ごろであることを示すとともに、燕国における方足布の年代については形態的特徴から紀元前265年以後であると述べている。このため、燕下都郎井村10号工房遺跡において紀元前4世紀に遡る戦国時代中期として報告されている遺物には、戦国時代晩期の遺物が混入しており、燕下都郎井村10号工房遺跡の層位学的データにもとづく遺物や遺構、文化層の実年代比定は信用できないという。

この金の主張の根拠となっている彼の方足布の編年について、少し長くなるが若干の検討を加えたい。金が方足布の編年の骨組みを決めるのに当って依拠しているのが、戴志強と戴越による論文〔戴・戴2014a、戴・戴2014b〕である。戴らはこの論文のなかで方足布を、同じ布銭の一種である橋足布に替わるものとして魏国で新たに鋳造され始めた貨幣であると述べている。戴らはその根拠として、橋足布と方足布の重量体系や、表面に鋳込まれた文字の特徴などにみられる共通性をあげている。そして、橋足布から方足布への転換時期については、発行した都市名を示すと考えられている両種の貨幣の表面に鋳込まれている地名に注目した。戴らは橋足布には存在する「陰晋」という都市の銘が方足布にはみられないことを根拠に、「陰晋」が魏国から秦国の支配下に入って「寧秦」と改名した紀元前332年以後の短い期間に方足布の鋳造、発行が開始されたと推定している。金はこの戴らの見解に依拠しつつ、橋足布には紀元前296年に魏国から趙国に編入された「言陽」という都市の銘をもつものも存在していることから、方足布の上限年代をさらに下げ、紀元前310年から紀元前300年の間のどこかの時期と考えたのである。

これまでも方足布の初鋳年代をめぐっては複数の研究者によって言及がなされてきた。先秦時代

の貨幣を総合的に研究した黄錫全は、銘としてその名が鋳込まれている都市に関する文献記事をもとに、小型の方足布の上限年代を紀元前370年前後とする〔黄2001〕。一方、春秋戦国時代の各種貨幣を集成研究した江村治樹は、方足布の流通年代について「戦国中期以後は確実と考えるが、それ以前にどれほど遡れるかは明確ではない」としている。このように方足布の初鋳年代は、文献にその記載が見当たらないことに加え、方足布自体にも実年代比定につながるような明確な銘がないことから、いまだはっきりしていない。

　このような研究状況において、方足布を魏国が橋足布の後続貨幣として鋳造し始めた貨幣であると位置づける戴志強と戴越、金一圭らの研究は注目されるものであるといえるだろう。しかし、彼らの説については問題点も指摘できる。彼らが自説の根拠として挙げている両種の貨幣間における共通性は、あくまで共通性にすぎず、両種の貨幣の直接的系譜関係は出土状況や共伴遺物にもとづき、考古学的に検証されなければならない。実際、橋足布と方足布は形態の違いが大きく、型式論的にスムーズな系譜関係をたどるのは難しい。むしろ、橋足布と方足布については、貨幣としての本来の性格の違いを指摘する研究がなされている。江村治樹は、橋足布（江村は「橋形方足布」と記載する）と方足布に関する今日までの出土報告を集成し、鋳込まれている都市名とそれらの貨幣の出土地を考察して、以下のような興味深い結果を得た〔江村2011〕。橋足布は、鋳込まれている地名で場所を確定できるものがすべて魏国内であり、「陰晋」も含めて秦国との国境に近い例が多い。また、橋足布の集中的な出土地は魏国の領域と重なっている。このことから、江村は橋足布を魏国が軍資金調達のために国家統制下の都市で発行した特殊な貨幣であると考えている。一方、方足布は鋳込まれた地名と出土地が、魏国、韓国、趙国の三晋諸国のほか、東周王室、燕国の領域に国境を越えて広がっており、江村は方足布を三晋を中心とするこれらの地域で都市の民間商工業者たちによって鋳造、発行された貨幣と推定している。このように、橋足布と方足布については、形態のみならず、貨幣としての性格自体が異なったものであることが指摘されているのである。

　このほかにも、戴志強と戴越、金一圭が両貨幣間でのその有無によって実年代を考える根拠とした貨幣に鋳込まれている地名に関して、江村による貨幣の集成〔江村2011〕をみてみると興味深いことがわかる。橋足布に鋳込まれている地名は、これまで計20ヶ所知られている。そのなかで方足布にも同じ場所の地名が鋳込まれているのは、「䣂氏」、「涅」、「安邑（安邑陽）」、「梁邑（梁）」の4ヶ所（戴志強と戴越、金一圭が「言陽」と釈文する地名を「晋陽」とした場合でも5ヶ所のみ）にすぎない。「陰晋」をはじめとする橋足布にみられる8割ほどの都市名は方足布にはみられず、両貨幣の鋳行された都市の多くは異なっていることがわかるのである。これらを総合すれば、橋足布と方足布に関しては、方足布を魏国で鋳行された橋足布の後継貨幣とみるより、当初から橋足布とは性格の異なる貨幣として鋳行されていた貨幣とみるのが妥当であるといえるのではないだろうか。

　実際、金一圭による方足布の編年では、紀元前316年または紀元前315年に支配する国家が趙国から秦国へと移った「中都」という都市名を鋳込んだ方足布の年代が、一般的に方足布の鋳造や流通がなされていなかったと考えられている秦国の支配下にあった時期（金の編年の方足布Ｉ段階・Ⅱ段階（上限年代が紀元前310年〜紀元前300年、下限年代は紀元前265年））に位置づけられている。この問題について金は、「中都」が趙国や魏国と境界を接する交易の中心地であったため、政治的・軍事的境界は変わっても経済的方面では変化は加わらず、方足布の鋳造と使用という既存の枠組みを維持しながら、徐々に変化していった可能性が高いと説明する〔金2015〕。しかし、方足布を橋足布の後継貨幣とは考えず、黄錫全や江村治樹も述べているように、方足布が紀元前4世紀（紀元前316年以前、一般に戦国時代中期）にはすでに存在し、橋足布と同時期に鋳造されていたと考えれば、上でふれた都市とその所属国家に関する金一圭の編年の問題は解消される。そして、それは燕下都郎井村10号工房遺跡T87第1層下H535から出土した方足布の年代に関する彼の疑義を解く鍵ともなるだろう。

（6）第3章の副葬土器の分類では豆A類に該当する。

第3章

燕国副葬土器の編年

はじめに

　20世紀後半以後、春秋戦国時代燕国の領域内では、当該時期の墓の発掘調査例が増加している〔河北省文化局文物工作隊 1965a、河北省文物研究所 1996 など〕（図1・表2）。春秋戦国時代、とくに戦国時代を中心に燕国墓から出土する遺物の代表が青銅製礼器を模倣して作られた土器である。このような副葬用に作られた土器を本書では「副葬土器」と呼ぶこととする。これまでも副葬土器に関する研究は数多くなされてきた。本章ではまず、1980年代以降になって本格的に進められた副葬土器に対する主な研究をまとめ、その成果と課題を検証する。その上で新たな視点から、春秋戦国時代における燕国副葬土器の編年を提示するとともに、副葬土器が反映する燕国社会の階層制についてあわせて考察する。

　なお、本章で考察する燕国の中心地域の副葬土器編年は第Ⅱ部でみるように、遼寧地域において近年、発見例が増加している燕国系統の墓の実年代を考察する際の基準となるものである。つまり、春秋戦国時代における燕国の遼寧地域への進出の年代とその様相を考古学的考察によって解明する上で、きわめて重要な意義を有するともいえるのである。この点も視野に入れながら分析をおこなっていく。

第1節　研究史

(1)　林巳奈夫による「復古形態」土器の指摘

　燕国における副葬土器の最も大きな特徴は、「復古形態」の土器が存在することである。中国中原地域において春秋戦国時代、とくに戦国時代の副葬土器には一部に日用土器もみられるが、主流をなすのは青銅製礼器を模倣した副葬土器である。この副葬土器は同時代の青銅製礼器を模して作られるのが中原各国においては一般的である。しかし、燕国では副葬土器に前時代の青銅器を模倣した「復古形態」の土器が存在している。この燕国の「復古形態」の土器について最初に指摘したのが林巳奈夫である〔林巳 1980〕。

　林は『周禮』や『禮記』といった文献に記された周時代の礼制に関して、考古資料による考証をおこなった研究のなかで、戦国時代における中原諸国の出土遺物を分析した〔林巳 1980〕。この研

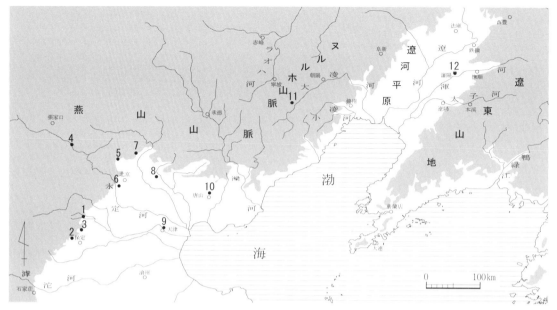

1：燕下都・解村　2：満城漢墓　3：大馬各荘　4：張家口下花園区　5：昌平松園　6：大葆台漢墓、
7：懐柔城北　8：北淀　9：張貴荘　10：賈各荘　11：大城子眉眼溝　12：南市区熱鬧街

図1　本章関連地図

究において林は燕下都九女台墓区第16号墓〔河北省文化局文物工作隊 1965b〕から出土した青銅器を模倣した副葬土器の存在に注目し、これらの副葬土器が西周時代前期、春秋時代後期、戦国時代前期、戦国時代後期の4時期の青銅器をモデルに製作されたものであることを明らかにした。以下で、この墓から出土したいくつかの器種について具体的にみていこう。

　まず、林が第一の時期である西周時代前期、すなわち紀元前11世紀の青銅器を模倣したと考えた副葬土器としては有蓋簋があげられる。林はその器形が陝西省臨潼零口公社出土の西周時代初期の簋に類似することを根拠に、この有蓋簋が西周時代の青銅器からヒントを得て、戦国時代に製作されたと考えた。九女台墓区第16号墓出土の有蓋簋は、各部位の形態的特徴も西周時代前期の青銅器に一致するという。このほかにも林はこの墓から出土した副葬土器のなかで、ストックホルム遠東考古博物館所蔵の西周時代前期の青銅製方鼎に類似する方鼎（図2-10）や天円地方尊（図2-11）についても西周時代前期の青銅器を模倣したものと推定している。

　燕下都九女台墓区第16号墓から出土した副葬土器のなかで、第二の時期である春秋時代後期の青銅器を模倣した土器であると林が考えたのは盤（図2-6）と方壺（図5-1：壺D類）である。盤については、河北省唐山市賈各荘18号墓〔安 1953〕から出土した青銅盤に形態が類似することに注目している。林はこの唐山賈各荘遺跡の墓から出土している一群の青銅器の実年代を、洛陽中州路第3期〔中国科学院考古研究所 1959〕に併行する春秋時代後期、紀元前6世紀後半としている。また、九女台墓区第16号墓出土の方壺についても、その器形と各部位の特徴が、林が実年代を紀元前6世紀後半と推定している安徽省寿県蔡侯墓〔安徽省文物管理委員会・安徽省博物館 1956〕出土

の青銅壺に見出されることから、模倣したのは春秋時代後期の青銅器であろうとしている。

　続く第三の時期、戦国時代前期（紀元前5世紀）の青銅器をモデルとした副葬土器であると指摘したのが鑑（図2-13）である。その際に根拠としたのが、表面にスタンプされた獣面文で、このような獣面文は紀元前5世紀の青銅器に特徴的にみられるという。

　そして第四の時期である戦国時代後期（紀元前3世紀）の青銅器を模倣したと推定したのが壺（図4-32）である。林はこの燕下都九女台墓区第16号墓の造営年代を紀元前3世紀頃と考えており、墓と同時代の青銅器を模倣したのであろうと述べている。

　以上のように、林は燕下都九女台墓区第16号墓出土の副葬土器には、紀元前11世紀、紀元前6世紀後半、紀元前5世紀、さらに墓が造営された時期にあたる紀元前3世紀のあわせて4時期におよぶ青銅器の特徴がみいだされ、それぞれの時期の青銅器を模倣した副葬土器群であると考察した。そして、これらの土器が戦国時代の燕国における礼制の実態を示す祭器のセットであると推定している。

　林が指摘したこのような古い青銅器を模倣した「復古形態」土器の存在は、ほかの中原諸国にはみられない戦国時代の燕国における副葬土器の大きな特徴として日本では認識されている。林のこの見解はその後、宮本一夫の燕国副葬土器の研究〔宮本1991・2000〕にも受け継がれている。

（2）　土器研究の深化

　燕国の副葬土器については、そのほかの研究者によっても分析がなされている。以下では、それらの研究をその主題に沿ってまとめる。

❶　中国中原における燕国副葬土器の地域的特色

　賀勇による研究　賀勇は燕国の領域で発見された墓から出土した副葬土器を器種ごとに分類し、その変遷過程を明らかにした〔賀1989〕。

　賀は、副葬土器を器種ごとにそれぞれ、鼎をA型、B型、C型、豆をA型、B型、壺をA型、B型、C型、小口壺をA型、B型、盤と匜をそれぞれA型、B型に分類した。そしてそれを3期に編年している[1]。この研究では燕国の墓から出土する副葬土器の基本的な器種構成を鼎、豆、壺、盤、匜としているが、これらはほかの中原諸国における墓の副葬土器の器種構成におおむね一致するとされている。

　賀による燕国副葬土器の編年研究の特徴は、燕国の副葬土器の器種構成が基本的にほかの中原諸国と同じであるものの、個別の土器器種の流行時期が他国に比べて遅れることを発見し、燕国の後進性を示すととらえた点である。その傍証として、燕国の領域だった地域では墓制として竪穴土壙墓が前漢時代中期にまで残存することを指摘している。なお、林が「復古形態」とした燕下都九女台墓区第16号墓出土の副葬土器について、賀は中原諸国のなかでも東北部に位置する燕国の文化的な後進性をあらわす存在として解釈した。

宮本一夫による研究　宮本一夫は、先に示した「復古形態」土器に関する林の見解をもとに、燕国における春秋時代後期から戦国時代の副葬土器編年をおこなった〔宮本1991〕。

宮本は、燕下都遺跡の存在する河北省易県周辺、北京市周辺、そして遼寧地域に地域を細分しながら副葬土器の編年をおこなっている。編年の基準としては、主に鼎と壺の形態変化に注目し、鼎に関しては紀元前4世紀にかけて腹部が次第に下膨れになり、平底化する傾向があるとした。そして「復古形態」の副葬土器が出土している燕下都九女台墓区第16号墓出土の鼎（図4－27）について、形態が中山国王䪗墓〔河北省文物研究所1995〕出土の青銅鼎に類似することを根拠に、この墓の実年代を紀元前4世紀末とした。さらにそれ以後、紀元前3世紀の鼎は蓋部のつまみや足部の退化がはなはだしいと考えた。壺についても、宮本は戦国時代における大勢として、最大径が胴部の中央または胴部やや上方にあったものが、しだいに上へと移り、肩部が張る形態に変化し、紀元前4世紀末以後には腹部下半が急激に収縮するとともに、土器表面に施される文様も退化する傾向があると考えた。

宮本はこの編年研究の結果、林が指摘した燕国における「復古形態」の副葬土器の製作を、林の指摘した紀元前3世紀より早い時期の紀元前4世紀末頃からとした。そして、このような「復古形態」の副葬土器を周王室と同姓の姫姓を名乗る燕国における西周時代の礼制へのあこがれとしてとらえるとともに、この時期における燕国の君主権力の強化を想定している。また、宮本は「復古形態」の土器を副葬する燕下都九女台墓区第16号墓などを、燕国における身分上位者の墓であると考えている。

なお、宮本はその後、著書『中国古代北疆史の考古学的研究』のなかで、『燕下都』で新たに報告された燕下都遺跡周辺にある比較的規模の大きな墓である解村2号墓や、九女台墓区第16号墓と同様に燕下都遺跡内に墓群を形成し、墳丘を有する大型墓である辛荘頭墓区第30号墓などを含めた土器編年を提示しており、上述の研究を補強したものであるといえるだろう〔宮本2000〕。

❷　副葬土器の地域性

鄭君雷は、燕国の副葬土器を匜という器種の器形の変化を軸にしながら、地域ごとにわけて編年し、その地域内での特徴に焦点をあてた〔鄭2001〕。鄭が指摘した燕国国内における副葬土器の地域的な相違についてはおおむね首肯できる。ただ、『燕下都』で新たに報告された出土資料が分析の対象に入っていないほか、対象地域を細分したがゆえに各地域の編年がおおまかにならざるをえなかった点など再検討する余地があるといえるだろう。

❸　墓と副葬土器にあらわれた被葬者の社会階層をめぐって

上述の宮本の研究では、「復古形態」の土器が身分上位者の墓に副葬されているとの指摘がなされているが、燕国における大型墓と中型墓とその被葬者の社会階層について詳細に検討したのが石永士である。

燕下都遺跡の発掘調査において主導的役割を果たし、『燕下都』〔河北省文物研究所 1996〕の中心的な執筆者でもある石は、燕下都遺跡内や周辺部に存在する墓である九女台墓区第 16 号墓、辛荘頭墓区第 30 号墓〔河北省文物研究所 1996〕、解村 2 号墓〔河北省文物研究所 1996〕をとりあげ、出土した副葬土器を中心とする遺物の紹介をしながら、これらの燕下都遺跡内外に存在する大型墓、中型墓の年代を検討した〔石 1996〕。石は九女台墓区第 16 号墓を戦国時代前期と編年する。その根拠は示されていないものの、九女台墓区第 16 号墓の原報告〔河北省文化局文物工作隊 1965b〕がこの墓の年代を戦国時代前期に位置付けていることをそのまま踏襲したものと思われる[2]。一方、解村 2 号墓を戦国時代中期に、辛荘頭墓区第 30 号墓を戦国時代後期にそれぞれ編年している。石は戦国時代における副葬土器の形態の変化について、鼎については、胴部の深さが浅くなること、胴体の底部が平坦になることをあげている。また、豆の形態については杯部の深さが浅くなること、壺は最大径が胴部上方から下方に移るとともに圏足が次第に高くなることなどを結論の一部で述べている[3]。

石の研究は九女台墓区第 16 号墓や辛荘頭墓区第 30 号墓のように、燕下都の城内に営まれた墳丘を有し墓区を形成する大型墓を燕公墓、または燕王墓、解村 2 号墓のような中型墓を高位の貴族墓として位置づけ、燕国における墓とその被葬者の社会階層に関する点からの考察をはじめて詳細におこなった点で評価される。ただ、小型墓も含めた燕国の墓全体に関する階層制の問題にまではふれておらず、検討すべき課題である。

❹　編年研究の深化

発掘調査とその報告の増加に伴って、副葬土器編年の方法論の深化も進んでいる。

陳光は燕下都遺跡内の発掘調査報告における層位学的検討を根拠にして、いくつかの時期にわけることのできる特定の遺跡の資料をもとに、燕国の土器を編年し、さらにその編年を適用して第 1 章でもふれた青銅器の編年もおこなった〔陳 1997・1998〕。

陳光は編年をするにあたって、基本的な年代的序列を求めるのに燕下都郎井村 13 号工房遺跡の層序関係〔河北省文物研究所 1987a〕を利用し、それぞれの層位、遺構から出土した遺物の時期変遷を示した。その上で、層位学的な情報を得ることができる、ほかの燕国領域内の遺跡の出土遺物を集成、編年し、生活遺跡から出土する土器を 12 組、計 16 段階の年代に区分した[4]。

さらに、陳光は墓の副葬土器についても、第 2 章で編年した燕式鬲や釜といった生活遺跡と墓の双方から出土する土器に着目し、日用土器編年をもとにしながら燕国の副葬土器の編年を提示した。

陳光の論文は日用土器や、副葬土器、そして青銅器など春秋戦国時代の燕文化の遺物を総合的に編年したものである。そして分析の方法論も遺跡の層位学的データに基礎をおいたこれまでとは違ったタイプの説得力のある研究である。しかし、この論文は 1997 年および 1998 年に発表されているものの、論文内で取り上げられた資料には 1996 年に刊行されていた『燕下都』においては

じめて発表された資料は含まれておらず、再検討を要する部分も多い。

（3） 研究史の総括と課題

　以上のように、燕国の副葬土器をめぐってはこれまでに多くの研究がおこなわれている。副葬土器から中国中原における燕国の後進性を論じた賀勇や、林巳奈夫による燕国における「復古形態」土器の存在の指摘をもとに進められた宮本一夫の編年研究からは、燕国の副葬土器には、中原における燕国の地域的特色がみられることが明らかになった。これらは副葬土器編年研究が、春秋戦国時代における燕国という政治的な地域的まとまりを考古学的に分析する上で有効な手段であることを示している。そして、鄭君雷はさらにミクロな燕国領域内における地域性を副葬土器編年から言及するにいたっている。

　副葬土器による燕国社会の検討については、石永士による墓の規模と被葬者の社会階層をめぐる研究や宮本による「復古形態」土器と被葬者の身分に関する言及などによって、副葬土器が被葬者の燕国社会における社会階層を反映することも判明した。このように、燕国の副葬土器研究は、春秋戦国時代の燕国の地域的特色のみならず、燕国社会の階層制を論じるのにもきわめて有効な手段であるといえるだろう。

　そして、副葬土器編年研究をおこなう際の方法論については、陳光による研究が大きな示唆をあたえる。陳光による研究は、燕下都遺跡をはじめとする燕国の遺跡の発掘調査成果、とくに層位序列の情報が副葬土器編年をおこなう際に応用できることを示した。

　これまであげてきた研究においては、宮本による研究を除いては1996年に出版された『燕下都』の成果がいまだ十分に反映されているとはいいがたい。この報告書では、多くの燕国墓が報告されているだけでなく、都城内の複数の遺跡において層序情報を伴った遺物の報告もなされており、陳光によって提示された方法論が大いに役立つと考えられる。

　このように、『燕下都』で新たに報告されている墓などの知見をもとにしながら、副葬土器に関する新たな編年の構築と被葬者の階層制や地域性をも加味した総合的な研究が求められる。次節以降では、鄭君雷による燕国内における地域的差異の存在の指摘も考慮しながら、最も標準的な燕国副葬土器が存在する地域である燕国の中心地域、現在の河北省北部、北京市、天津市、および遼寧省の一部で発見されている春秋戦国時代の墓とその土器について主に考察していく。

　なお、筆者はかつて燕国の副葬土器についての考察をおこなったことがある〔石川2001〕。次節以降の分析は、当時の方法論に基づいて相対編年をおこない、第1章と第2章でそれぞれ新たに示した青銅器と日用土器の編年研究の成果を反映させて再検討した。

第2節　副葬土器の分類と編年

第2節　副葬土器の分類と編年

（1）　春秋戦国時代の燕国墓

　春秋戦国時代における燕国の遺跡や遺物をめぐっては、春秋時代、とくに春秋時代前半の遺跡や墓がほとんど明らかになっていない。現在までに燕国の春秋時代後期以前の遺跡として報告されているのは、河北省徐水県大馬各荘遺跡の墓群〔河北省文物研究所・保定地区文物管理所・徐水県文物管理所 1990〕ぐらいであるといってもよい。この遺跡は少数の日用土器を副葬する小型墓群であり、この墓群によって燕国のこの時期の墓の全体像を十分にとらえられるものではない。

　その後の春秋時代後期の遺跡としては、河北省唐山市賈各荘遺跡〔安 1953〕の青銅器副葬墓がある。賈各荘 18 号墓などから出土した青銅器は洛陽中州路第 3 期〔中国科学院考古研究所 1959〕に併行し、第 1 章で示したように紀元前 6 世紀半ばから後半頃の年代である。この時期にいたってようやく春秋時代から戦国時代にかけての燕国に関するまとまった資料の出土する墓があらわれる。そして戦国時代のものとされる燕国の墓の報告は春秋時代に比べて圧倒的に多い状況である。戦国時代の燕国墓の最も大きな特徴は、副葬品が小型墓から大型墓にいたるまで、少数の例を除いては青銅器ではなく、副葬用の土器であることである。このため、春秋戦国時代、ことに戦国時代を中心とする時期の燕国墓を研究する際には、副葬土器の分析がきわめて重要である。

　本節では、上述の研究史の成果と課題をもとに燕国副葬土器を考察する。まず（2）では、燕国副葬土器を分類し、出土している副葬土器をもとにした墓のグループわけをおこなう。

（2）　燕国の副葬土器の分類

❶　代表的器種の分類（図 2、図 4 及び表 1、表 2 参照）

　ここでは、春秋戦国時代燕国の副葬土器の分類をおこなう。分類においては、まず器種レヴェルの分類作業をおこない、その後、各器種をその形態をもとに細分する。分析の対象としては、ほかの墓との比較がある程度可能な複数墓間で共通に副葬される器種が中心となるが、そのほかの特殊な器種についても適宜、分析のなかであつかいたい。

　なお、器種の名称については、賀勇〔賀 1989〕、宮本一夫〔宮本 1991・2000〕等の編年における器種名を参考にし、必要に応じて修正した [5]。

　燕国の墓に副葬される代表的な土器は、表 1 のように器種分類することができ、出土の状況を表 2 に示した。

　代表的な器種のなかでは、匜が墓に副葬される際に、盤とセット関係にあり、出土点数も対応する点が興味深い。また北京懐柔 56 号墓〔北京市文物工作隊 1962〕で盤 A 類と匜 B 類がセットで出土した例と灤河戦国墓で盤の種類が不明であるほかは、基本的に盤 A 類とは匜 A 類が、盤 B 類とは匜 B 類が同一の墓から出土するという対応関係がある。このことは儀礼の際に盤と匜が水を注ぐもの（匜）とそれを受けるもの（盤）という機能をもつ、この時期の礼制に関わるセットの器種

表1 代表的な燕国副葬土器の分類

鼎（かなえ・てい）	A類	胴部が深い円柱状。（図4-1）		
	B類	耳は外反し、胴部が丸みをもつ。脚が短い。（図4-2・3）		
	C類	耳の先端部が曲線状に巻くように強く外反。銅鼎B類を模したもの。（図4-5）		
	D類	耳が垂直に立ち上がり、耳の側面観は方形に近い。耳の孔の形状は方形。銅鼎A類を模したもの。	1類	簡単な沈線文など文様、装飾は簡素。（図4-6など）
			2類	蓋や胴体部に多くの幾何学的文様を施し、蓋のつまみが虎などの動物形であるなど、強い装飾性をもつ。（図4-14など）
豆（とう）	A類	蓋部が高杯をひっくり返したような形状。銅豆A類を模したもの。（図2-1）		
	B類	蓋部に長い三本の突起がつく。銅豆B類を模したもの。（図2-2）		
壺（つぼ・こ）	A類	胴部に幾何学的文様や、鳥、魚、虎などの文様が描かれる。（図4-8など）		
	B類	外形はA類と同じだが、文様は沈線による直線文のみなど少ない。（図4-9など）		
	C類	無蓋。胴部は無文で装飾付舗首のみがつく。（図4-10）		
	D類	いわゆる方壺。林が青銅器を模倣した「復古形態」の副葬土器とした一器種。（図2-17）		
小口壺（しょうこうこ）	A類	蓋部が饅頭状の形状をなす。（図2-3）		
	B類	蓋部が小型の高杯をひっくりかえしたような形態。（図2-4）		
盤（ばん）	A類	圏足をもたない、またはもっていても高さが非常に低い。（図2-5）		
	B類	圏足をもつ。その高さも盤A類に比べて高く、5cmを超える。林が青銅器を模倣した「復古形態」の副葬土器とした一器種（図2-6）		
匜（い）	A類	平面形が円形または楕円形で、一端に注口がつく。つまみは半円形。（図2-7）		
	B類	つまみが鳥頭を形象し、器全体も鳥形となる。（図2-8）		
尊（そん）		有頸・広口の壺形器。副葬土器編年第Ⅰ期及び第Ⅱ期にのみ副葬される器種。（図2-9）		

であること〔林巳1980〕を反映していると考えられる。

❷ 「復古形態」土器

　表1に示した壺D類、盤B類のほかに、以下にあげる副葬土器が、第1節で述べたように林巳奈夫が前代の青銅器を模倣して製作されたと考えた、いわゆる「復古形態」の副葬土器〔林巳1980〕である。これらの土器は特定の規模の墓に副葬される例が多く、出土点数も限られる。

　方鼎（ほうてい）（図2-10）は、河北易県燕下都九女台墓区第16号墓〔河北省文化局文物工作隊1965b〕から4点、同じく燕下都辛荘頭墓区第30号墓〔河北省文物研究所1996〕からは7点出土している。このように、この器種の出土例は燕下都遺跡内に墓群を形成する大型墓に限られる。

　天円地方尊（てんえんちほうそん）（図2-11）は、河北易県燕下都九女台墓区第16号墓〔河北省文化局文物工作隊1965b〕から1点出土した。

　簋（き）（図2-12）は、河北易県解村2号墓〔河北省文物研究所1996〕から6点、河北易県燕下都九女台墓区第16号墓〔河北省文化局文物工作隊1965b〕から12点、同じく燕下都辛荘頭墓区第30号墓〔河北省文物研究所1996〕から6点出土している。また、河北承徳市灤河戦国墓〔承徳離宮

表 2　燕国墓副葬土器出土状況

		墓	鼎					豆		壺				小口壺	盤		匜		尊	方鼎	天円地方尊	簠	鑑	罍	編鐘	文献
			A	B	C	D1	D2	A	B	A	B	C	D		A	B	A	B								
i	a	賈各荘 M8	1	1				1											1							1
	a	賈各荘 M32		2				1											2							1
	a	西貫城村 M8			1			1											1							2
	b-1	西貫城村 M13		2				2	2										1							2
	b-1	西貫城村 M14				1		1				?							1							2
	b-2	西貫城村 M18		2				2		2		2			1		1		1							2
	b-2	易県 M2		2				2		2		2			1		1		1							3
ii	b-1	賈各荘 M16		2								1	1													1
	b-1	賈各荘 M31		2				2				2														1
	b-1	下花園区 M1				1		2				2														4
	b-1	下花園区 M3				1		2	2																	4
	b-1	張貴荘 M10				1						2														5
	b-1	賈各荘 M23						2		2		2														1
	b-1	張貴荘 M3				1				2																5
	b-2	東沈村 M5				4		2		1		2			1		1									2
	b-2	懐柔 M50				1		2		2		2			1		1									6
	b-2	瀋陽南市区				1						2			1		1									7
	b-2	下花園区 M2				1		2		2		2			1		1									4
	b-2	大城子・眉眼溝 M1				2						2			1											8
	b-2	北淀 M3				2		2		2		2			1		1									9
	b-2	懐柔 M56					1	2		2					2	1		1								6
	b-3	解村 M2				6		4	2			2		6	1		1					6		2		2
	b-3	九女台墓区 M16				9		1	5			6		14	2		2		4	1		12	4	3	35	10
	b-3	東斗城村 M29				3		2	2					3	1		1									11
	b-3	昌平松園 M1				?		?				?		?	?		?					?				12
	b-3	辛荘頭墓区 M30				10			1			3			1		1		7			6	1		42	2
	b-3	灤河戦国墓						2	2			2			?		?					2				13
	b-3	昌平松園 M2				?		?				?		?	?		?					?				12

（?は存在するものの、出土点数が不明なもの）

i – 尊をもつ
ii – 尊をもたない
a – 壺をもたない
b – 壺をもつ
1 – 盤・匜をもたない
2 – 盤・匜をセットでもつ
3 – 2の条件に加え復古形態の土器をもつ

棺のみもつ
槨と棺をもつ
内外棺または内外槨をもつ
詳細不明

	引用文献
1	安 1953
2	河北省文物研究所 1996
3	河北省文化局文物工作隊 1965e
4	張家口市文管所他 1988
5	天津市文化局考古発掘隊 1965
6	北京市文物工作隊 1962
7	金 1959
8	朝陽地区博物館他 1985
9	廊坊地区文管所他 1987
10	河北省文化局文物工作隊 1965b
11	河北省文化局文物工作隊 1965c
12	蘇 1959
13	承徳離宮博物館 1961

博物館 1961〕、北京昌平松園 1、2 号墓〔蘇 1959〕からも出土している。

　鑑（かん）（図 2 - 13）は、河北易県燕下都九女台墓区第 16 号墓〔河北省文化局文物研究所 1965b〕から 4 点、燕下都辛荘頭墓区第 30 号墓〔河北省文物研究所 1996〕から 1 点出土しており、その出土する墓は燕下都内に墓群を形成して営まれた大型墓に限られる。

　罍（らい）（図 2 - 14）は、河北易県解村 2 号墓〔河北省文物研究所 1996〕から 2 点、河北易県燕下都九女台墓区第 16 号墓〔河北省文化局文物工作隊 1965b〕から 3 点出土した。

　編鐘（へんしょう）（図 2 - 15）は、河北易県燕下都九女台墓区第 16 号墓〔河北省文化局文物工作

第3章　燕国副葬土器の編年

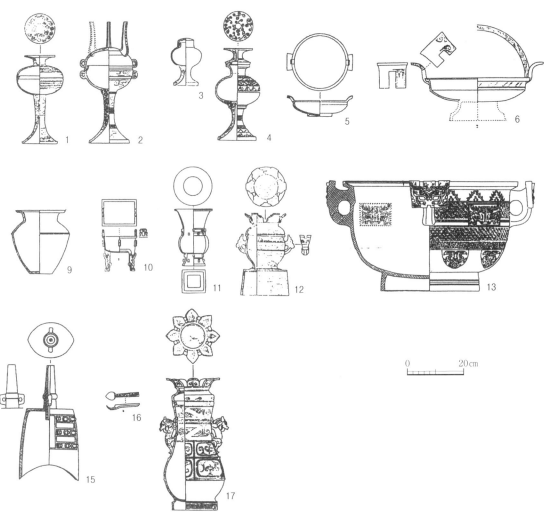

1：豆A類　2：豆B類　3：小口壺A類　4：小口壺B類　5：盤A類
9：尊　10：方鼎　11：天円地方尊　12：簋　13：鑑　14：罍
図2　「復古形態」の土器をはじめとする

隊1965b〕から35点出土した。また、燕下都辛荘頭墓区第30号墓〔河北省文物研究所1996〕からも42点出土している。このように編鐘も鑑や方鼎と同様に、現在までに出土した墓は燕下都内に墓群を形成する大型墓に限られる。

❸　墓ごとの副葬土器構成の分類

各墓における、上で述べた分類による副葬土器の一覧は表2のようになる。

副葬土器の器種構成には、複数の墓の間にいくつかの共通点を見出すことができる。この器種構成の共通点を分析するべく、以下のような基準によって副葬土器の器種構成を分類する。

1．尊の副葬の有無
　　ⅰ：尊を副葬する
　　ⅱ：尊を副葬しない

2．壺の副葬の有無
　　a：壺を副葬しない
　　b：壺を副葬する

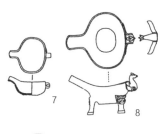

3．盤・匜のセット、及び「復古形態」の副葬土器
　〔林巳1980〕の有無
　　1：盤・匜をセットとして副葬しない
　　2：盤・匜をセットとして副葬する
　　3：盤・匜のセット及び「復古形態」の副葬土器を
　　　副葬する

　以上のような器種構成の分類基準をもとにした各墓のグループわけも表2にあわせてまとめた。ちなみに、ⅱ組においては壺を副葬しない墓（a組）は存在しない。各グループの特徴を以下に記す。

　ⅰ-a組　このグループは尊を副葬するが、壺は副葬しないグループである。土器の器種は鼎、豆、尊の三つの器種のみからなる。豆はすべてA類である。鼎は河北省唐山市賈各荘8号墓〔安1953〕でA類、B類、同じく賈各荘32号墓ではB類を副葬する。また、河北省易県西貫城村8号墓〔河北省文物研究所1996〕ではC類

6：盤B類　7：匜A類　8：匜B類
15：編鐘　16：匕　17：壺D類
燕国の一部の副葬土器

を副葬する。鼎A類、B類はすべてこのグループに属する。出土点数は豆が1点ずつであり、ほかの器種についてもそれぞれ1点または2点の出土である。

　ⅰ-b-1組　このグループの器種構成は鼎、豆、壺、尊である。鼎はC類、D1類が存在する。壺はA類、C類が存在する。このうち、河北省易県西貫城村14号墓〔河北省文物研究所1996〕に関しては、第1章でふれた青銅製の鼎と豆も存在する。

　ⅰ-b-2組　このグループの器種構成は鼎、豆、壺、尊、小口壺、盤、匜である。これらの器種のうち、鼎はC類、豆はA類、壺はB類である。鼎、豆、壺の副葬点数はⅰ-b-1組とほとんど変わらない。小口壺は2点ずつ出土し、A類のみである。盤と匜はそれぞれA類のみで、1点ずつ存在する。

ⅱ-b-1組　このグループの基本的な器種構成は鼎、豆、壺である。鼎は河北省唐山市賈各荘16号墓、同じく賈各荘31号墓でC類が出土しているほかは、すべてD1類であり、出土点数は多くが1点である。豆はすべてA類である。壺は河北省張家口市下花園区3号墓〔張家口市文管所・下花園区文教局1988〕と天津市張貴荘3号墓〔天津市文化局考古発掘隊1965〕でA類が出土しているほかはB類またはC類である。

　河北省唐山市賈各荘16号墓と賈各荘31号墓は鼎C類が2点出土し、賈各荘23号墓では小口壺A類が2点出土するなど、ほかの墓とやや趣を異にしている。これらの墓では副葬土器のほかに、青銅器も出土している。

ⅱ-b-2組　このグループの基本的な器種構成は鼎、豆、壺、小口壺、盤、匜である。このうち、鼎は北京市懐柔56号墓で鼎D2類がみられるほかは、すべてD1類である。鼎の出土点数は、ほとんどが1点であるが、河北省三河県北淀3号墓〔廊坊地区文物管理所・三河県文化館1987〕などで2点、河北省易県東沈村5号墓〔河北省文物研究所1996〕で4点出土している。豆はすべてがA類である。壺はA類及びB類がみられる。小口壺は懐柔56号墓と河北省張家口市下花園区2号墓〔張家口市文管所・下花園区文教局1988〕がB類であるほかはA類である。盤と匜は懐柔56号墓出土の匜がB類であるほかはすべてA類である。このように、このグループでは懐柔56号墓が特殊な状況をみせている。

ⅱ-b-3組　このグループの基本的な器種構成は鼎、豆、壺、小口壺、盤、匜、そして「復古形態」の副葬土器である。このグループに属する墓から出土している鼎はすべてD2類で、1基の墓からの出土点数も10点に達するものがある。また、ほかの器種についてもほかのグループとは異なった様相をみせる。豆はほとんどがB類である。また、壺もすべてA類で、A類のほかに壺類では「復古形態」の副葬土器の一器種である壺D類（方壺）がみられる。また小口壺もA類が出土した河北省易県解村2号墓〔河北省文物研究所1996〕以外はすべてB類である。さらに盤と匜についても同じく解村2号墓を除いては、盤B類と匜B類の組合せである。なお、河北省易県東斗城村29号墓〔河北省文化局文物工作隊1965c〕は器種構成はⅱ-b-2組と同じであるが、「復古形態」の副葬土器である盤B類があるため、このグループに入れた。

　このように各器種の分類、および墓において副葬される器種構成のグループわけをおこなってきたが、これらをもとにして燕国の副葬土器の分析をおこないたい。分析は大きく二つの方向性をもっておこなう。

　第一は副葬土器の編年であり、第二はその土器が副葬された墓の被葬者の性格の分析である。墓に副葬される土器の器種構成やそれぞれの土器の器形、文様の差異は墓の時間的差異と、被葬者の社会階層などといった墓の被葬者の性格に起因することが想定される。本節の以下の考察では、まず副葬土器の差異を時間的差異として抽出し、副葬土器の編年をおこなう（第一の分析）。その上で、第3節では本節で示す土器編年によって、同一時間上にならぶと考えられる墓同士の副葬土

器の器種や点数の違いを、墓の規模や構造をも視野に入れながら分析し、墓の被葬者の性格の違い
を抽出する作業をおこなう（第二の分析）。

　以上の分析により、春秋戦国時代の燕国における副葬土器の編年のみならず、その社会集団にお
ける土器副葬行為の特徴、さらには、燕国の社会構造の一端をも明らかにすることができるものと
期待される。

（3）　燕国副葬土器の編年

　上でおこなったグループわけを改めてまとめると燕国における副葬土器の器種構成の大枠は以下
のようになる [6]。

```
鼎＋豆＋尊 …………………………… ⅰ-a組
鼎＋豆＋壺＋尊＋（α）……… ⅰ-b組
鼎＋豆＋壺＋（α）…………… ⅱ-b組
```

　このように、燕国の墓は副葬土器の器種構成において大きく3つのグループにわけられる。こ
こではまず、ともに尊を副葬する墓であるⅰ-a組とⅰ-b組の相違点について考えたい。

❶　尊副葬墓グループの分析

　ⅰ-a組のなかで鼎A類とB類を副葬する河北省唐山市賈各荘8号墓から出土した尊は、報告に
よると「Ⅰ式」という肩部が張る丸底の尊である〔安1953〕。この尊は、ⅰ-b組にみられる尊（図
4-11）とは形態が異なっている。賈各荘8号墓から出土したものと同様の形態の尊（報告で「Ⅰ式」
とする）を副葬する墓が賈各荘18号墓である。

　第1章でもあつかったが、この賈各荘18号墓からは銅鼎（第1章図3-1）、銅豆、銅壺（第1章
図3-7）、銅勺、銅盤、銅匜などが出土し、ほかに青銅製武器や青銅製車馬具も出土している〔安
1953〕。この墓から出土した青銅器は、燕国青銅器編年第Ⅰ期にあたり、実年代は紀元前6世紀半
ばから後半頃と考えられる。

　一方、ⅰ-a組とは異なる形態の尊が出土し、ⅰ-b-1組に属する河北易県燕下都西貫城村14号
墓からは、鼎D1類や壺C類が出土し（図4-6・10）、そのほかにも青銅鼎や青銅豆、青銅製武器
が出土している〔河北省文物研究所1996〕。このうち青銅鼎（第1章図3-17）は足部を失っている
ものの胴部や蓋部は残存している。この鼎は、蓋部や胴部に蟠螭文が施されており、胴部や蓋部の
形状、文様などが賈各荘18号墓出土の青銅鼎（第1章図3-1）とは異なっている。その年代はす
でに第1章でみたように燕国青銅器編年第Ⅲ期後半に位置づけられ、実年代は紀元前5世紀後半
と推定できる。

　ⅰ-b組の土器は尊をはじめとして、鼎や豆の形態でも強い共通性がみとめられる。よってこの

一群の墓は、ほぼ同時期のものと考えてよいだろう。

　以上の検討から、ⅰ-a組とⅰ-b組の違い、すなわち墓への壺副葬の有無は時期差としてとらえられ、燕国における副葬土器の基本的な器種構成の変化は以下のようにまとめられる。

　　　鼎＋豆＋尊 ……………………… ⅰ-a組
　　　　　　↓
　　　鼎＋豆＋壺＋尊＋（α）……… ⅰ-b組

　この紀元前6世紀から紀元前5世紀にかけて、副葬土器の器種に壺が加わるのは、三晋諸国や洛陽周辺（東周王室のあった地域）といったほかの中原諸国においても同様である〔中国科学院考古研究所 1959、飯島 1980・1998、葉 1985、宮本 1992〕。燕国も汎中原的な副葬土器の器種構成変化の流れのなかにあったといえるだろう。

　次に壺副葬墓であるⅰ-b組とⅱ-b組の副葬土器を分析する。

❷　壺副葬墓グループの分析

❷-1　燕式鬲による編年

　燕下都遺跡の調査報告である『燕下都』では、燕下都遺跡内に存在する宮殿遺跡や工房遺跡などの調査報告がなされているが、これらの遺跡から出土した土器のなかには、第2章であつかった日用土器のほか、一部に墓からも出土する土器があり、副葬土器の編年を考える際に非常に有効な資料となる。このうち、比較的長い期間にわたっての遺物が層位的に出土した遺跡が郎井村10号工房遺跡〔河北省文物研究所 1996〕である。ここでは第2章の成果のなかから燕式鬲の編年をもとにしながら分析を進める。

　すでに第2章で考察したように、燕式鬲は時期を追うごとに胴部の形態が丸みをもったものから直線的なものへと変化する（第2章図8-1～3）。同時に、胴部の全面にみられるタタキ成形の際についた縄文も、古くは上部が縦方向、下部が横方向のものから、新しいものは上部から下部まで縦方向のみへと変化する。

　このように燕式鬲は良好な相対的時間軸となる器種である。燕国の墓では、燕式鬲が出土している墓が複数存在しており、ほかの副葬土器との共伴関係が確実なのは北京市懐柔50号墓（ⅱ-b組）（図4-19）〔北京市文物工作隊 1962〕、河北省易県東斗城村29号墓（ⅱ-b組）（図4-34）〔河北省文化局文物工作隊 1965c〕、河北省承徳市灤河戦国墓（図4-41）（ⅱ-b組）〔承徳離宮博物館 1961〕などである。

　北京市懐柔50号墓から出土した燕式鬲は、丸い胴部をもち、胴部の縄文の方向は上部が縦、下部は横方向である。燕下都郎井村10号工房遺跡1期に編年されている燕式鬲に近い。しかし懐柔50号墓出土の燕式鬲のほうが胴体部側面の形態がやや直線的で、タタキによる縄文の方向は胴部

の大部分が縦方向になっており、懐柔50号墓のほうがやや時期的に遅れる可能性が高く、燕下都郎井村10号工房遺跡1期の後半、または1期と2期の間に位置づけられるだろう。

河北省易県東斗城村29号墓から出土した燕式鬲は、北京市懐柔50号墓出土の燕式鬲に比べて胴部の側面が直線的になっている。また、タタキによる胴部の縄文の方向も図面に記されている限りでは、縦方向のみである。底部の形態が丸みをもっていることを考えると、燕下都郎井村10号工房遺跡2期の燕式鬲に近いといえる。よって、北京市懐柔50号墓と河北易県東斗城村29号墓の時期的な関係は懐柔50号墓が東斗城村29号墓に比べて古いと判断される。

次に、灤河戦国墓から出土した燕式鬲は、報告に写真だけしか掲載されておらず、細部が不鮮明ではあるが、胴部の側面は完全に直線的であり、胴部の底も平坦になっている。また、タタキによる胴部の縄文の方向も縦方向のみであり、形態的には燕下都郎井村10号工房遺跡3期の燕式鬲にきわめて近い。

以上のそれぞれの墓から出土した燕式鬲の考察をもとにすると、3つの墓の相対的な編年は以下のようになる。

> 懐柔50号墓（燕下都郎井村10号工房遺跡1期後半併行）
> 　　　↓
> 東斗城村29号墓（燕下都郎井村10号工房遺跡2期併行）
> 　　　↓
> 灤河戦国墓（燕下都郎井村10号工房遺跡3期併行）

❷-2　そのほかの器種を含めた編年の細分

燕下都郎井村10号工房遺跡では第2章でもふれたように燕式鬲のほかにも、墓から出土する鼎や尊、豆が出土している〔河北省文物研究所1996〕。このうち、郎井村10号工房遺跡1期に編年されている土器について検討していきたい（第2章参照）。

鼎（第2章図11-1）は胴部下半と蓋部、及び足部を失ってはいるものの、耳が強く外反し、鼎の分類ではC類に属する。尊は肩部が強く屈曲する。豆（第2章図11-2）は杯部のみの出土ではあるが、底部が平坦で杯部表面には鋸歯文が施された豆A類である。これら3点の土器はT11第4層下の土壙であるH138から一括で出土し、遺物の同時期性が確認できる良好な資料である。H138から出土した尊や底部が平坦な杯部の豆の類例は、河北省易県西貫城村8号・13号・14号・18号墓〔河北省文物研究所1996〕、河北省易県2号墓〔河北省文化局文物工作隊1965e〕で副葬品として出土している。また、これらのほとんどの墓から出土する鼎は、燕下都郎井村10号工房遺跡T11第4層下H138出土のものに類似する鼎C類であり、ほとんどの墓の副葬土器は、鼎、豆、壺、尊の器種構成（ⅰ-b組）である。以上のことからⅰ-b組に属する墓はほぼ同時期として考えてさしつかえないだろう。

なお、さきに検討した燕下都郎井村10号工房遺跡1期に編年されている燕式鬲はH138から出土した遺物ではない。このため上の鼎などとの厳密な同時期性は確認できないものの、第2章で考察したようにほぼ同時期として考えて問題はなく、これらを燕下都郎井村10号工房遺跡1期としてあつかうことが可能である。

　以上の分析と、北京市懐柔50号墓の燕式鬲が燕下都郎井村10号工房遺跡1期として報告されている燕式鬲よりやや時期が遅れる可能性が高いことを総合すると、河北易県西貫城村13号墓（図4-5・7・8）〔河北省文物研究所1996〕を燕下都郎井村10号工房遺跡1期の墓の代表としてあげることができる。

　河北易県西貫城村13号墓を含めて、これまでに考察した墓の相対編年を改めてまとめると以下のようになる。

　　　西貫城村13号墓（燕下都郎井村10号工房遺跡1期併行）
　　　　↓
　　　懐柔50号墓（燕下都郎井村10号工房遺跡1期後半併行）
　　　　↓
　　　東斗城村29号墓（燕下都郎井村10号工房遺跡2期併行）
　　　　↓
　　　灤河戦国墓（燕下都郎井村10号工房遺跡3期併行）

　この相対編年を証明し、さらにほかの多くの墓との同時期性を確かめるために、灤河戦国墓以外の墓から共通して出土し、器体表面に幾何学文や、虎や鳥、魚をあしらった文様が施される壺A類の器形と文様の変化を以下で考察する。

❷-3　壺A類をもとにした壺を副葬する墓の編年
壺A類の器形分析（図3上段）　まず、壺A類の器形について型式学的分析をおこなう。

　河北省易県西貫城村13号墓から出土した壺A類（図3-1a）は蓋部に一つの円形のつまみをもつ。また圏足は低く、頸部も短い。

　西貫城村13号墓より新しいと考えた北京市懐柔50号墓から出土した壺A類（図3-2a）は、蓋部に外反するつまみを3つもつ。頸部は西貫城村13号墓の壺A類に比べて長くなっている。ただ、圏足は低い。この壺に似た形態の壺A類には、河北省易県東沈村5号墓（図3-3a）、河北省易県解村2号墓（図3-4a）出土の壺がある。

　さらに、これらより新しい段階の壺A類と考えられる河北省易県東斗城村29号墓出土の壺A類（図3-6a）は、蓋部に鳥をあしらった3つのつまみが付く。また、頸部は西貫城村13号墓や東沈村5号墓のものより細長い。さらに胴部はより丸みをもち、胴部最大径も肩部に近い位置にあ

る。この形態の壺に近いものとしては、河北省易県燕下都九女台墓区第16号墓出土の壺A類（図3-7a）がある。この燕下都九女台墓区第16号墓では付属する車馬坑が発見されており、この車馬坑からは、尊が出土している〔河北省文物研究所1985a・1996〕。この尊は、ⅰ組や燕下都郎井村10号工房遺跡1期にみられるような尊（図4-11）とは形態が異なっており、燕下都郎井村10号工房遺跡3期の尊（第2章図4-4）に形態が似ている。このため、九女台墓区第16号墓は、東斗城村29号墓より若干時期が遅れる可能性がある。

　また、東斗城村29号墓と北京市懐柔50号墓の壺A類の中間的な形態の壺A類がある。北京市懐柔56号墓からは、2点の壺A類が出土しているが、これらの壺A類（図3-5a）は蓋部に鳥形の板状のつまみがつく点や比較的長い頸部をもつ点などでは東斗城村29号墓の壺に類似する。一方で頸部の太さが、東斗城村29号墓や九女台墓区第16号墓出土の壺A類ほど細くはなく、出土した壺A類2点のうち1点の壺は圏足も東斗城村29号墓や九女台墓区第16号墓の壺に比べて低い。これらのことから、懐柔56号墓出土の壺A類は北京懐柔50号墓出土の壺と河北易県東斗城村29号墓出土の壺の中間的な形態であり、その時期も二つの墓の間に位置づけられよう。

　以上の壺A類の器形の分析から、上で示された相対編年には矛盾がないことが確認できた。

　壺A類の頸部と胴部文様分析（図3下段）　次に壺A類の頸部から胴部にかけて描かれている文様の型式学的分析をおこなう。

　河北省易県西貫城村13号墓から出土した壺A類（図3-1b）は胴部には沈線によって文様が描かれる。胴部はそれぞれ2、3本の横沈線によって上下3段に区画される。頸部に近い最も上の1段目には鋸歯文を縦に配置している。2段目には内部を横方向の鋸歯文で充填した逆三角形文を配列する。そして3段目には虎形獣文を描いている。

　北京市懐柔50号墓出土の壺（図3-2b）も、やはり胴部をそれぞれ2、3本の横沈線によって上下を3分割する。最上段の1段目の文様は鋸歯文を縦向きに配置する。2段目は逆S字状の渦文を二段に配する。そして3段目には内部を横方向の鋸歯文で充填した三角文を2列描いている。西貫城村13号墓出土の壺A類と比較すると、1段目に鋸歯文を縦向きにした文様を描くことでは共通する。一方、3段目には縦向きの鋸歯文で充填した三角文をその頂点で反転させてもう1列描き、西貫城村13号墓出土の壺A類の同じ文様モチーフの2段目より、三角文の列が増加している。さらに2段目の文様として逆S字状の渦文が新たにみられるようになっている。これらのことは、この段階に西貫城村13号墓段階の文様やその配置構成をもとにしながら、描かれる文様の数や種類が増加していることを示している。

　これは、器形で懐柔50号墓出土の壺A類に類似する河北省易県東沈村5号墓出土の壺A類（図3-3b）の文様の分析においても確認できる。東沈村5号墓出土の壺A類は、2、3本の横沈線によって上下6段に分割される。頸部にあたる最上段の1段目には虎形獣文とS字状の渦文が描かれ、2段目には三角形をモチーフにした文様が描かれる。3段目には西貫城村13号墓出土の壺などにおいて1段目に描かれていた縦向きの鋸歯文が描かれる。4段目にはS字状の文様と三角

第3章　燕国副葬土器の編年

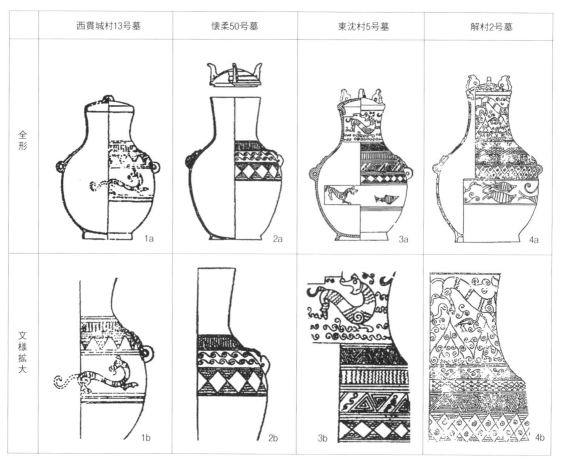

図3　壺A類の

形をモチーフにした文様が描かれる。5段目には懐柔50号墓の3段目に描かれていた縦向きの鋸歯文を充填した三角形の文様が描かれる。そして最下段である6段目には、虎と魚を描いており、縦向きの鋸歯文を充填した三角形をモチーフにした文様が描かれる段（西貫城村13号墓2段目）の下段（西貫城村13号墓3段目）に虎など動物などの文様を描く点で前段階の西貫城村13号墓出土の壺A類と同じであるといえる。このように懐柔50号墓と同様、東沈村5号墓出土の壺A類も西貫城村13号墓の壺A類の文様帯の原理を受け継ぎつつ、新たな種類の動物文や幾何学文を描きながら、文様が描かれる上下の段数を増加させていることがわかる。

　河北省易県解村2号墓出土の壺A類（図3-4b）は懐柔50号墓や東沈村5号墓の壺A類と類似した器形であるが、施される文様の点でやや異なった様相をみせる。この壺も2から3本の横沈線によって6段に区画され、最上段（1段目）と最下段（6段目）に虎や鳥、魚などの動物文を描くことは、これまで文様を分析してきた壺A類でも同様であるものの、動物文を描く最上段と最下段にはさまれた2段目から5段目にかけては、縦向きの鋸歯文や横方向の鋸歯文を充填した三角文のみの文様構成ではなく、これまで分析してきた壺A類でみられた三角文や渦文、S字文など

98

変遷（縮尺不同）

といった基本的な幾何学文の構成要素を組み合わせて各段の文様が構成されている。この壺は懐柔50号墓や東沈村5号墓の壺A類と器形はほとんど同じで、時期差を設けるのは今のところ難しい。とりあえずはほぼ同時期としてとらえ、この時期には文様の描かれる段や文様の種類の増加とともに、幾何学文の組み合わせやその配置が比較的自由になるものもあらわれると解釈したい。なお、この解村2号墓出土の壺A類には頸部にあたる1段目下部に動物文と共に、これまでの壺A類にはみられなかった渦文によって描かれた火炎状の三角形の文様が描かれている。

このように、懐柔50号墓や東沈村5号墓、解村2号墓から出土した壺A類では、前段階の壺の文様やその構成をもとにしながら、文様の描かれる段が増加し、文様の種類も増えている。

河北省易県東斗城村29号墓出土の壺A類（図3-6b）は2、3本の横沈線によって大きく上下5つの段に区画されている。最上段の頸部である1段目には動物文として鹿が描かれ、また渦文によって描かれる三角形の文様がある。2段目から4段目には三角形をモチーフにした幾何学文が描かれている。そして最下段には虎と魚の動物文が描かれている。このように、基本的な文様の配置においては前段階までと同様の配置原理が受け継がれている。1段目には動物文のほかに渦文を主

体として描かれた三角形の文様もある。

　この渦文などによって描かれる三角形の文様だが、先に分析した河北易県解村2号墓出土の壺A類においても同様の位置にみられる文様である。しかし、形状はかなり異なっている。解村2号墓出土の壺A類においては1本の渦文から枝分かれをする蕨形の渦文を組み合わせて三角形の火炎状の文様に構成している。文様全体は丸みをもっている。一方、東斗城村29号墓出土の壺A類では渦文を枝分かれさせず、渦文を重ねて配置して外側が三角形となるように構成されている。一方、内側は渦文ではなく三角形を何重にも重ねて文様を構成しており、文様全体をみたときにも解村2号墓出土例に比べて直線的になっている。

　また、東斗城村29号墓の壺A類に器形が近い河北省易県燕下都九女台墓区第16号墓出土例（図3-7b）では沈線ではなく、朱彩で描かれているものの、頸部に同様の三角形の文様がみられる。これも東斗城村29号墓と同じく文様の外側は渦文で、内部は三角形を配置して文様を構成している。そして、全体の形状も直線的である。文様を沈線で描くか、朱彩で描くかという違いはあるものの、東斗城村29号墓と同様の文様構成であるとみてよいであろう。ただ、内側の三角形が上部に移動しており、東斗城村29号墓より時期が若干遅れることを示しているのかもしれない。

　ところで、器形の分析で、解村2号墓などと東斗城村29号墓の中間的な形態をもつと考えた北京市懐柔56号墓の壺A類（図3-5b）では、出土した2点のうち1点の壺にこの文様が描かれている。その文様は外側の三角形を構成するのに渦文を重ねているところなど、東斗城村29号墓出土例と同様である。しかし、内側は東斗城村29号墓の例のように直線的な三角形を重ねて構成するのではなく、渦文によって構成されていて、丸みももっており、解村2号墓出土例に近い。そして文様全体も、東斗城村29号墓に比べて曲線的である。このことは、器形の分析からえられた三者の相対編年が文様の観点からも検証できることを示している。

　さらに、燕下都郎井村10号工房遺跡では、3期の瓦にこの三角形の文様が描かれているものが存在する（第2章図11-3）。この文様の全体の形状はかなり直線的であり、時期は若干遡るが東斗城村29号墓や九女台墓区第16号墓の壺A類のものに近い。燕下都内の宮殿建築遺跡でもこの文様を施す瓦が多数出土している[7]〔河北省文物研究所1996〕。建造物の使用期間がどの程度であったかにより瓦でのこの文様の初出の時期が問題となるが、郎井村10号工房遺跡2期併行である東斗城村29号墓の時期から郎井村10号工房遺跡3期にかけて、このような直線的な三角形の文様が盛行したと考えられるだろう。

　以上のように、壺A類に施される文様からも、器形の変化と同様にここまでみてきた相対編年の妥当性を検証することができた。

❸　副葬土器と墓の相対編年

　ここまでおこなってきた分析の結果をもとに、春秋戦国時代の燕国の墓とその副葬土器を第Ⅰ期から第Ⅴ期にまとめると以下のようになる（図4・表3）。

第Ⅰ期　副葬土器の基本的器種構成は、鼎、豆、尊である。器種構成のグループとしてはⅰ‑a組である。これらの墓から出土する鼎はA類（図4‑1）とB類（図4‑2・3）がほとんどである。尊は頸部が短く、胴部は比較的丸みをもつ。豆はA類がみられ、蓋部と杯部を合わせた時の形は楕円形で、杯部の底は比較的平坦である（図4‑4）。この豆には蓋部や杯部の外面に数条の鋸歯文が施されることが多い。

　なお、河北省易県西貫城村8号墓〔河北省文物研究所1996〕は器種構成ではⅰ‑a組に属するが、鼎C類を副葬する。この鼎C類は次の第Ⅱ期に多く見られる鼎である。また、尊の形態も第Ⅱ期の墓でみられるものと類似する。これらのことからこの墓は第Ⅱ期に近い時期のものと考えることができるだろう。

第Ⅱ期　第Ⅱ期は最も古い段階の壺A類を出土する河北易県西貫城村13号墓（図4‑5・7・8）を指標とする。これまで分析してきたように、おおむね燕下都郎井村10号工房遺跡1期と併行し、同一形態の尊と鼎C類を出土する西貫城村18号墓〔河北省文物研究所1996〕、河北省易県2号墓〔河北省文化局文物工作隊1965e〕もこの時期に含める。また、鼎D1類（図4‑6）が出土した西貫城村14号墓についても、尊の形態がこの時期の墓出土のものと同じであり、第Ⅱ期に属するものと考えられる。

　第Ⅱ期における副葬土器の器種の基本構成は、鼎、豆、壺、尊（ⅰ‑b組）である。そのほかに盤、匜をセットで副葬する墓もみられるようになる。また、壺はA類のほかにB類、C類（図4‑9・10）もみられる。B類とC類の壺は文様がほとんど施されないが、器形の特徴は壺A類に類似する。この時期の豆は基本的に第Ⅰ期の豆から変化がみられず、文様も同じく杯部や蓋部に数条の鋸歯文を施すものが多い（図4‑7）。

第Ⅲ期　第Ⅲ期は第Ⅱ期までみられた尊が姿を消し、副葬土器の基本的な器種構成は、鼎、豆、壺（ⅱ‑b組）である。北京市懐柔50号墓、河北省易県東沈村5号墓、および解村2号墓をこの時期の指標とする。この時期は壺A類の分析でも述べたように壺A類は、文様がいっそう装飾性を増し、胴中央部付近に最大径をもち、胴部から頸部にかけては比較的緩やかに立ち上がる。また、頸部も太く短い。燕式鬲（図4‑19）は胴部や底部が丸く、タタキによる縄文の方向は胴の上部が縦方向で底部側が横方向であり、まだ燕下都郎井村10号工房遺跡1期のものに近い。鼎は東沈村5号墓（図4‑12）や懐柔50号墓（図4‑13）では鼎D1類がみられる。この時期の鼎D1類は胴部や蓋部が丸みをもつのが特徴である。

　また、解村2号墓がこの時期に属することは上で述べた通りである。解村2号墓は副葬土器の器種構成においてⅱ‑b‑3組に属し、鼎D2類（図4‑14）、豆B類（図4‑16）が出土した。簋なども出土し、林巳奈夫が述べたいわゆる「復古形態」の副葬土器を出土する墓である。この解村2号墓は九女台墓区第16号墓より明らかに古い時期のものであるが、この時期には「復古形態」の副葬土器がすでに存在していたことがわかる。ただ、解村2号墓では盤A類、匜A類、小口壺A類が出土し、盤B類、匜B類、小口壺B類がそれぞれ出土しているほかのⅱ‑b‑3組の墓とは器種

第3章 燕国副葬土器の編年

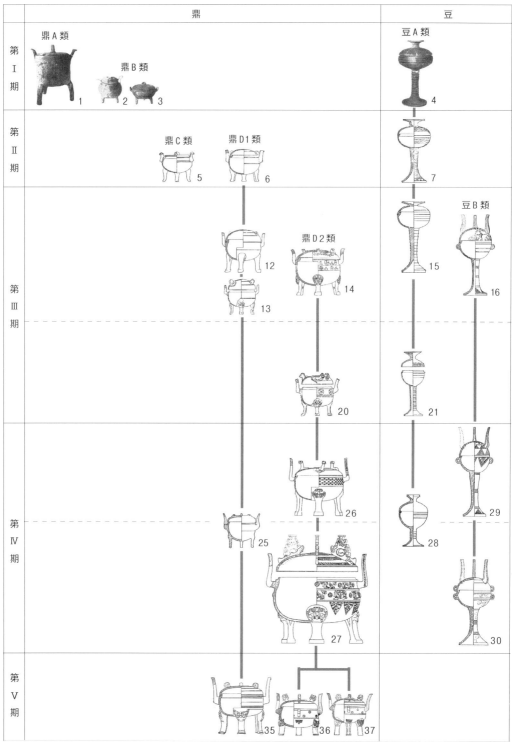

1・2・4：賈各荘M8 3：賈各荘M32 5・7・8：西貫城村M13
12・15：東沈村M5 13・19：懐柔M50 14・16・17：解村M2
25・28・33：北淀M3 26・29・31・34：東斗城村M29
36・37・39：辛荘頭墓区M30 38：張貴荘M3

図4　燕国副葬土器

第 2 節　副葬土器の分類と編年

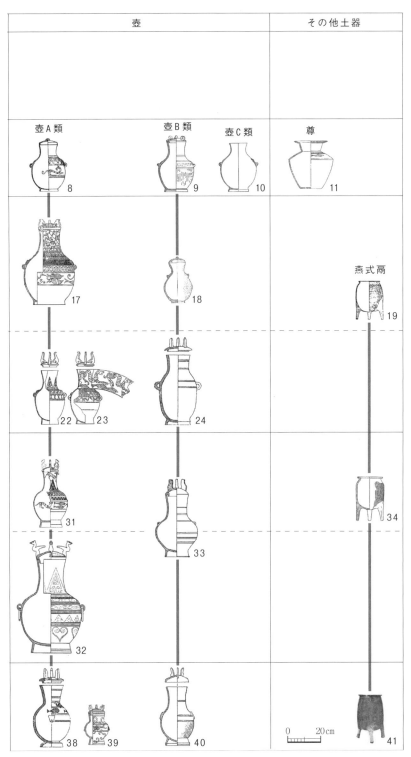

6・10：西貫城村 M14　9・11：西貫城村 M18
18：大城子眉眼溝 M1　20〜23：懐柔 M56　24：張貴荘 M10
27・30・32：九女台墓区 M16　35：燕下都採集
40：下花園区 M1　41：潔河戦国墓

編年表

第3章　燕国副葬土器の編年

表3　燕国墓の各グループ別の相対編年

	a組	b-1組	b-2組	b-3組
第Ⅰ期	賈各荘M8・賈各荘M32・西貫城村M8			
第Ⅱ期		西貫城村M13・・西貫城村M14・賈各荘M16	西貫城村M18・易県M2	
第Ⅲ期		張貴荘M10	東沈村M5・懐柔M50・懐柔M56・大城子眉眼溝M1・瀋陽南市区	解村M2
第Ⅳ期			北淀M3	東斗城村M29・九女台墓区M16
第Ⅴ期		張貴荘M3	下花園区M1	辛荘頭墓区M30・灤河戦国墓

構成が異なっている。このことは盤B類、匜B類、小口壺B類がまだ、この時期に出現していないことをあらわしており、「復古形態」の副葬土器の器種がある程度の時間差をもちながら出現したことを示唆するものである。

　また、壺A類の分析から河北省易県東斗城村29号墓に比較的近い形態の壺A類が出土した懐柔56号墓であるが、この墓からは鼎D2類（図4-20）が出土している。この鼎D2類は解村2号墓の鼎D類に比べて底部がやや平坦ではあるものの、胴部などに円内に直線を引き、内部を列点で充填した扇形を描く文様がある点では解村2号墓出土例に類似しており、第Ⅲ期でも後半の時期にあたるものと考えられる。

　豆A類については、懐柔50号墓や、東沈村5号墓出土の豆A類（図4-15）は、まだ杯部の底面が比較的平坦である。一方、第Ⅲ期の後半期と考えられる懐柔56号墓の豆A類（図4-21）はそれまでのものとは異なり、杯部と蓋部全体の形がかなり丸みをもち、杯部の深さも深くなっている。天津市張貴荘10号墓〔天津市文化局考古発掘隊1965〕からは鼎D1類と壺B類（図4-24）が出土しているが、鼎D1類は器体全体が丸く、この時期に属する。また壺B類も胴部は正円形に近くはなく、頸部が短く、圏足も低い。よって、この時期に属すものと考えてもよいであろう。

　なお、遼寧省喀喇沁左翼蒙古族自治県大城子眉眼溝1号墓については、出土した壺B類（図4-18）の特徴として、太く短い頸部、最大径が胴部の中央付近にあること、さらに圏足が低いといった特徴があげられることから、第Ⅲ期の前半の墓であると推定される。また、この墓から出土した鼎D1類も蓋部や胴部が丸みを帯び、この時期の特徴をもっている。

　第Ⅳ期　第Ⅳ期は河北省易県東斗城村29号墓や河北省易県燕下都九女台墓区第16号墓を指標とする。東斗城村29号墓は出土した燕式鬲（図4-34）の形態から、燕下都郎井村10号工房遺跡2期に併行する。壺A類頸部の三角形の文様の検討や、九女台墓区第16号墓では付属する車馬坑から出土した日用土器の尊が郎井村10号工房遺跡3期のものに近いことから、九女台墓区第16号墓が東斗城村29号墓より時期が遅れ、第Ⅳ期後半に位置づけられるだろう。

　この時期の壺A類は上で考察したように、頸部が細く長くなり、胴部最大径も第Ⅲ期より上方

へ移る。このため、胴部から頸部への立ち上がりの屈曲がかなり強くなるのも大きな特徴である。また、圏足も高くなる。東斗城村29号墓や燕下都九女台墓区第16号墓から出土した鼎はD2類である。これらの鼎は河北易県解村2号墓出土の鼎D2類に比べて底部が平坦になっており、鼎耳も上に長く伸びる（図4-26・27）。また燕下都九女台墓区第29号墓出土の鼎（図4-27）は腹部が下膨れ気味になる。

河北三河県北淀3号墓はⅱ-b-2組に属し、鼎D1類（図4-25）、豆A類（図4-28）、壺B類（図4-33）が出土している。壺B類は、文様としては器体表面に横沈線を施すだけである。また、蓋部には3つの上に高く伸びるつまみをもつ。しかし高い圏足をもち、細長く伸びた頸部や胴部の形態などは燕下都九女台墓区第16号墓出土の壺A類（図4-32）の器形にきわめて類似する。また、鼎D1類は胴部などの文様や、装飾の華やかなつまみはないものの、細長く屈曲する鼎耳をもつ。この鼎も燕下都九女台墓区第16号墓出土の鼎のなかに類似例が見出される。さらに、豆A類は、杯部と蓋部は丸みをもち、杯部底面も丸みをもち、杯部の深さも深い。これは、第Ⅲ期後半の北京市懐柔56号墓と同様の形態であり、懐柔50号墓段階以前の豆A類とは異なっている。これらのことから北淀3号墓は第Ⅳ期に属するものと考えることができるだろう。このように「復古形態」の副葬土器をはじめとする装飾の多い土器がある第Ⅳ期には、一方では装飾をほとんど施さない副葬土器を出土する北淀3号墓のような墓も営まれていたことがわかる。

第Ⅴ期　第Ⅴ期は河北省承徳市灤河戦国墓と燕下都辛荘頭墓区第30号墓を代表とする。灤河戦国墓からも燕式鬲が出土し、その形態から郎井村10号工房遺跡3期に併行することがわかる。

また、この灤河戦国墓から出土した土器の器種構成はⅱ-b-3組である。豆は豆A類が出土しているが、この豆A類の形態は杯部と蓋部の形状が丸みを帯びており、北京市懐柔56号墓以後の豆A類に近い。一方、灤河戦国墓出土の簋は、第Ⅳ期のものに比べ、作りが雑になっており、これは時間的な変化を示すものとして注目される。そして、「復古形態」の副葬土器において同様の傾向をみせるのが、辛荘頭墓区第30号墓から出土した副葬土器（図4-36・37・39）である。

辛荘頭墓区第30号墓もⅱ-b-3組に属し、「復古形態」の副葬土器をもつ。この種の土器は装飾性が高く、時間的変化がとらえやすい。ここで、これらの土器について燕下都九女台墓区第16号墓との比較をおこないたい（図5）。燕下都九女台墓区第16号墓は先に述べたように第Ⅳ期の墓のなかで「復古形態」の副葬土器が出土した代表的な墓である。壺D類をみると基本的な形状などで両者は一致する。しかし、壺D類の上半部に付けられる獣形の装飾が、辛荘頭墓区第30号墓例（図5-3）は、九女台墓区第16号墓例（図5-1）に比べて明らかに雑になっており、九女台墓区第16号墓例で施されるような渦文を描いた朱彩も施されていない。同様の傾向は、簋についても当てはまる。簋にも胴部に獣形装飾が付くものの、九女台墓区第16号墓例（図5-2）でみられるような写実性は、辛荘頭墓区第30号墓例（図5-4）では失われている。このように、辛荘頭墓区第30号墓出土の「復古形態」の副葬土器は、全体的に九女台墓区第16号墓に比べて作りが雑で退化傾向を示し、写実性も失っている。辛荘頭区第30号墓出土の土器と同様の状況が、郎井村10号

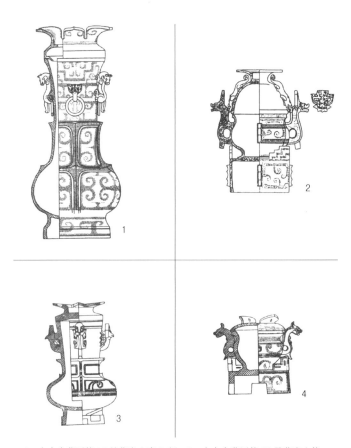

1：九女台墓区第16号墓出土壺D類　2：九女台墓区第16号墓出土簋
3：辛荘頭墓区第30号墓出土壺D類　4：辛荘頭墓区第30号墓出土簋
図5　九女台墓区第16号墓と辛荘頭墓区第30号墓出土土器の比較（縮尺不同）

工房遺跡3期の燕式鬲が出土した灤河戦国墓の副葬土器にもみとめられることはすでに述べた。

また、辛荘頭墓区第30号墓出土の壺A類についても、それまでの壺A類で基調となっていた幾何学文が消え、胴部全面にわたってJ字形の蔓状の文様が施されている（図4-39）。さらに、この墓から出土した鼎D2類は前時期に比べ、足部の長いものが存在し、底部がほとんど平坦になっているものもある（図4-36・37）。

この時期のものと考えられる天津市張貴荘3号墓〔天津市文化局考古発掘隊1965〕では鼎D1類と壺A類（図4-38）が出土している。壺A類は胴部がほぼ球状である。文様としては魚と鳥が描かれるが、それらが描かれるのみで、第Ⅳ期までみられた文様配置の原理は完全に失われている。また、鼎D1類は胴部がかなり平たくなり、鼎耳が長く、足部の長さも長い。燕下都遺跡では鼎耳が長く、足部が長い鼎D1類（図4-35）が採集されている〔河北省文物研究所1996〕。採集品ではあるが、この時期の鼎D1類の特徴をよく示している。河北省張家口市下花園区1号墓〔張家口市文管所・下花園区文教局1988〕から出土した壺B類は圏足が比較的高く、胴部も球形に近い（図4-40）。河北張家口市下花園区1号墓もこの時期に属するものと考えられる。

表 4　燕国副葬土器編年、青銅器編年及び燕下都郎井村 10 号工房遺跡の実年代対応表

年　代	副葬土器編年	青銅器編年	燕下都郎井村 10 号工房遺跡
B.C.500	第 I 期	第 I 期	郎井村 10 号工房遺跡 1 期
	第 II 期	第 II 期	
		第 III 期	
B.C.400	第 III 期	第 IV 期	郎井村 10 号工房遺跡 2 期
	第 IV 期		
B.C.300	第 V 期		郎井村 10 号工房遺跡 3 期
B.C.200			

（4）　実年代（表 4）

❶　各時期の実年代

　上で示した各時期の実年代を第 1 章において示した青銅器編年などをもとにしながら考察する。

　第 I 期は、尊の形態で類似する河北省唐山市賈各荘 18 号墓出土の青銅器が第 1 章で示した燕国青銅器編年の第 I 期のものであることから、この時期に併行すると考えられる。よって、第 I 期の年代は紀元前 6 世紀半ばから後半頃と推定される。

　第 II 期の実年代は、河北省易県西貫城村 14 号墓から出土した青銅器の年代が紀元前 5 世紀後半頃である。また、この時期の鼎 C 類や壺 C 類が出土した賈各荘 16 号墓からは青銅製の敦が出土している〔安 1953〕。これと形態の類似する敦は、北京市通県中趙甫出土の青銅敦があげられ〔程 1985a〕、燕国青銅器編年第 II 期のものであり、実年代は紀元前 5 世紀前半頃と推定される。以上を総合すると、第 II 期の実年代は紀元前 5 世紀と考えられる。

　第 III 期、第 IV 期については、第 IV 期後半の河北省易県燕下都九女台墓区第 16 号墓から出土している罍の形状が青銅器編年第 IV 期、紀元前 4 世紀の「陳璋円壺」〔姚 1982〕（第 1 章参照）に近い。また、九女台墓区第 16 号墓に関しては、これまでにも宮本一夫や陳光によって、出土した鼎 D2 類の側視観が中山国王𩱣墓〔河北省文物研究所 1995〕（紀元前 310 年前後に埋葬）に副葬された青銅製鼎の側視観に類似することが指摘されてきた〔宮本 1991・2000、陳 1997・1998〕。これらのことを総合すれば、おおむね第 III 期は紀元前 4 世紀前半、第 IV 期は紀元前 4 世紀後半と考えることができるだろう。

　そして第 V 期の実年代は、その後の紀元前 3 世紀を中心とする時期であると考えられるが、その下限年代については以下で若干の考察をおこないたい。

　なお、上で示した実年代観は、筆者がかつて示したもの[8]〔石川 2001〕と異なっている。これは第 1 章で新たにおこなった燕国青銅器の編年によるものであるが、とくに大きく変化したのが第 III

期の年代である。第Ⅲ期の年代の修正によって、続く第Ⅳ期と第Ⅴ期の実年代も早くなっている。

　筆者が前論文で副葬土器編年第Ⅲ期の実年代の根拠としたのは、河北省易県解村2号墓など第Ⅲ期の墓から出土する鼎D2類の胴部にみられる円の内部を扇形状に区画し、各区画内を交互に列点文で充填する円形幾何学文の存在であった。この文様は第1章でみた遼寧省凌源市三官甸遺跡出土の青銅鼎（第1章図10‐1）にもみられるものである。

　この三官甸遺跡で出土した青銅器の実年代については、第1章ですでに述べたように、この遺跡から出土した銅戈と「郾侯載」銘銅戈との形態の類似をもとに年代を推定できる。前稿〔石川2001〕では、鼎D2類と青銅鼎に共通にほどこされている円形幾何学文をなかだちにして、筆者は「郾侯載」銘青銅器の年代について陳夢家説（「郾侯載」＝「燕成侯」（紀元前358〜330年在位））を引用し、第Ⅲ期の年代を「4世紀前半から紀元前4世紀後半前葉」とした。しかし、第1章でおこなった「郾侯載」銘青銅器群の実年代の再検討の結果、この青銅器群の年代は紀元前5世紀後半と考えるのが妥当であるとの結論が得られた。

　このことから第Ⅲ期の実年代は前稿よりも遡ることが確実である。第Ⅲ期の実年代は「郾侯載」銘青銅器群の年代に併行させて紀元前5世紀後半にまで遡る可能性もある。しかし、第1章でみたように青銅器編年の時期区分では紀元前5世紀後半は青銅器編年第Ⅲ期にあたるが、副葬土器編年第Ⅲ期の副葬土器とこの時期の青銅器との共伴例は今のところ存在していない。一方で副葬土器編年第Ⅱ期の墓である河北省易県西貫城村14号墓から青銅器編年第Ⅲ期の青銅器が出土していることから、上述のように副葬土器編年第Ⅲ期の実年代を本書ではとりあえず紀元前4世紀前半と考えた。

　副葬土器編年第Ⅲ期の鼎D2類に施された円形幾何学文は、「復古形態」土器の流行にみられるように、この時期以降に盛んになる前代の青銅器の模倣のあらわれとしてとらえられる可能性もあるが、第1章でもみたように紀元前4世紀以降の燕国青銅器の出土数が極端に少ないことから、今後の青銅器資料の増加を待ちたい。

❷　「復古形態」副葬土器の下限年代について

　燕国の副葬土器を考察することにより第Ⅴ期の下限年代について考えたい。ここでは主に第Ⅴ期に位置づけられた河北省易県燕下都辛荘頭墓区第30号墓の年代を中心に検討する。

　先に述べたように、この辛荘頭墓区第30号墓は、最初に石永士によって燕下都内に存在する大型墓として紹介され、戦国時代後期の墓であるとされた〔石1996〕。この年代観は新たに『燕下都』で報告されている墓の年代の基準として引き継がれた。そして『燕下都』では辛荘頭墓区第30号墓の年代を決める根拠の一つとして、この墓から出土した玉器と形態の類似する玉器を副葬していた河北易県燕下都虚粮冢墓区第8号墓の封土内から、戦国時代後期に鋳造された明刀銭が出土したことが新たにあげられている〔河北省文物研究所1996〕[9]。

❷-1　前漢時代前期における戦国時代的要素の残存

　ところで、燕下都辛荘頭墓区第30号墓の出土遺物に関しては、志賀和子による金銀器の研究がある〔志賀1996〕。志賀は、河南省洛陽金村出土の戦国時代のものとされてきた金銀器〔梅原1944〕の分析をおこなうなかで、この燕下都辛荘頭墓区第30号墓出土遺物についてもふれている。志賀はこれまで戦国時代のものとされてきた金銀器について、その時期が前漢時代にまで下るものが存在することを指摘し、戦国時代的な金銀器が前漢時代前期に存在するこの現象の原因を、強引な統一事業を遂行した秦王朝に対する反動としてとらえている。

　そして、志賀はこのような金銀器の年代を考える際に、燕下都辛荘頭墓区第30号墓出土の金製飾金具と寧夏回族自治区同心県倒墩子5号墓〔寧夏回族自治区博物館・同心県文管所・中国社会科学院考古研究所寧夏考古組1987、寧夏文物考古研究所・中国社会科学院考古所寧夏考古組・同心県文物管理所1988〕出土の青銅製飾金具を比較し、燕下都辛荘頭墓区第30号墓出土の金製飾金具に施された文様と、倒墩子5号墓出土の青銅製飾金具の文様の類似を指摘した。倒墩子5号墓では五銖銭が出土しており、報告者はその年代を前漢時代中後期としている。一方、志賀は倒墩子5号墓の年代を前漢時代中期と考えており、燕下都辛荘頭墓区第30号墓出土の金製飾金具についても、金製と青銅製の違いがあることも含め、燕下都辛荘頭墓区第30号墓出土の金製飾金具のほうが時期的に早い可能性があるとしながら、その年代については前漢時代にまで下る可能性があることを述べている。

❷-2　燕下都辛荘頭墓区第30号墓出土土器群における二つの要素

　では、副葬土器はどのような様相を見せているのか。燕下都辛荘頭墓区第30号墓出土の副葬土器の検討をおこないたい。燕下都辛荘頭墓区第30号墓は、すでに何度もふれたように「復古形態」の土器を副葬し、器種構成のグループはii-b-3組である。この墓からは鼎、壺などのほかに、盤や匜、簠、鑑などが出土している。これらの「復古形態」の副葬土器の装飾が第Ⅳ期までに比べて退化していることは先に述べた。

　一方、この墓には、それ以前の時期の墓にはみられなかった特殊な形態の副葬土器が存在する（図6）。例をあげるとすれば、報告では鼎として報告されているが、胴部に棒状の三足をもち、また、蓋部にも胴部の三足と同様な棒状の突起をもつ土器がある（図6-6）。また、それまでの時期のものとは異なる蓋部につまみをもたない壺もある（図6-1）。この壺は、圏足を有し、胴部の最大径は下半部にあり、下膨れである。このような土器はこれまでの調査でほかの春秋戦国時代の燕国墓からは出土例が無く、現在のところどのような系統に属するのか、また、いかなる青銅器を模倣したものなのかも不明である。このように、燕下都辛荘頭墓区第30号墓は、副葬土器の内容において大きく二つの要素にわけることが可能であろう。

　一つは「復古形態」の土器を含め、鼎D2類や壺A類、盤、匜といった燕国の戦国墓に一般的にみられる副葬土器である。もう一つは、図6に示したような三足をもつ土器（図6-6）や蓋につまみの無い胴部が下膨れの壺（図6-1）など、これまでみてきた燕国の墓からは出土しない土器である。

図6　燕下都辛荘頭墓区第30号墓から出土した特殊な形態の副葬土器

また、この墓ではそれまでの時期の副葬土器において基本的な構成器種の一つであり、第Ⅴ期の灤河戦国墓でも出土している豆が存在しないことも大きな特徴である。

❷-3　第Ⅴ期副葬土器と秦時代から前漢時代の副葬土器

燕下都辛荘頭墓区第30号墓が志賀の指摘するように前漢時代にまで時期的に下る可能性があるのか、その比較のために燕国が存在した河北省や北京市の秦時代から前漢時代の墓をみていきたい。

河北省や北京市には、前漢時代の大型墓が存在する。その代表的なものが河北省満城県にある満城漢墓〔中国社会科学院考古研究所・河北省文物管理処1980〕や北京市の大葆台漢墓〔大葆台漢墓発掘組・中国社会科学院考古研究所1989〕である。このうち満城漢墓の1号墓は銅器に記された銘文から前漢時代中期の紀元前113年に没した中山靖王劉勝の墓であることが判明している。また、大葆台漢墓の年代は前漢時代後期である。このように、この地域の大型墓は前漢時代中期以降のものが多く、紀元前3世紀末から紀元前2世紀前半ごろ、つまり前漢時代前期の大型墓についてはいまだ明らかではない。一方で、この時期の中型墓や小型墓はいくつか調査されている。

燕下都遺跡でも複数の前漢墓及び秦墓が調査されている。このうち秦時代の墓はほとんど副葬

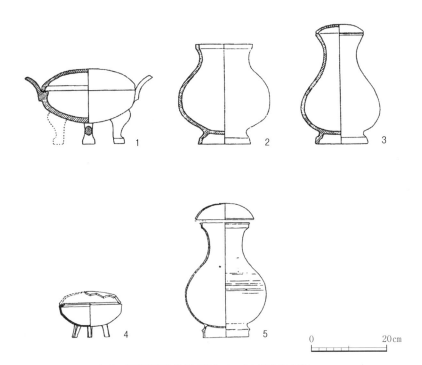

1-3：燕下都東沈村 33 号墓　4・5：懐柔 55 号墓
図 7　燕下都東沈村 33 号墓と懐柔 55 号墓出土の土器

土器が無く、その様相ははっきりしないが、前漢時代のものとしては 5 基の墓が報告されている〔河北省文化局文物工作隊 1965c〕。墓は燕下都遺跡の東城西南部にある東沈村の東、250 m 付近に位置し、すべてが竪穴土壙墓である。このうち東沈村 33 号墓からは報告によれば鼎や壺、碗、人物俑、馬俑などが出土している（図 7-1〜3）。

鼎は胴体部の形状が扁平で、耳部は大きく外側へ反る（図 7-1）。また、壺は朱彩で文様が描かれていたようであるが、残存していないという。圈足を有し、胴部の最大径は下部にあり、全体的に下膨れの形状である（図 7-3）。また、蓋にはつまみが付いていない。報告者はこれらの墓からは五銖銭が出土せず、半両銭が出土することから、前漢時代前期の年代を与えている。

また、上述した満城漢墓 1 号墓は年代が前漢時代中期であることが確実な墓であるが、ここからも大量の副葬土器が出土しており、そのなかにも同様に胴部が下膨れの壺がみられる。

このように、燕下都辛荘頭墓区第 30 号墓から出土している胴部が下膨れの壺は、前漢時代前半を中心とする時期の墓に類似例が存在している。

そのほかの器種の土器についてもみていこう。北京市懐柔では、50 号墓や 56 号墓といった戦国墓のほかに、前漢時代の墓も報告されている〔北京市文物工作隊 1962〕。このうち、懐柔 55 号墓（図 7-4・5）からは、棒状の足をもつ鼎が出土した（図 7-4）。この鼎は、蓋部に突起がつかないものの、燕下都辛荘頭墓区第 30 号墓における棒状の 3 本の突起がつく鼎として報告されている土器と胴部や足部の形状が類似している。この墓の年代は前漢時代中期と報告されている。

このように燕下都辛荘頭墓区第 30 号墓から出土した副葬土器のなかには、前漢時代の土器に近い様相をもつものが存在していることが確かめられた。

また、中原の中心地域である河南省洛陽中州路遺跡には、東沈村 33 号墓や懐柔 55 号墓と同様の器種構成の土器を副葬した墓が存在する〔中国科学院考古研究所 1959〕。これらの墓では副葬土器の器種に豆がなくなり、器種構成は鼎、盒、壺である。報告では洛陽中州路第 7 期として位置づけられ、実年代は戦国時代後期とされている。ただ、飯島武次は満城漢墓 1 号墓〔中国社会科学院考古研究所他 1980〕などの前漢時代の墓から、大量の盒が出土していることを指摘し、この洛陽中州路第 7 期の実年代を紀元前 3 世紀後半、しかも「漢代にかなり近い時期」であると述べている〔飯島 1998〕。

以上をまとめると、燕下都辛荘頭墓区第 30 号墓では、一般的な燕国の戦国墓でみられる器種のほかに、蓋部と底部に三つの突起がつく土器など、新しい器種の副葬土器群が存在している。一方で燕国の戦国墓で代表的な器種の一つであった豆が姿を消している。そして、この墓で新たにあらわれる副葬土器のなかには、その形態において前漢時代にまで時期が下る可能性のある副葬土器が存在していることがわかった。ただ、前漢時代前期に関して、この地域で出土している副葬土器の類例はまだ少なく、今後の資料の増加が待たれる [10]。

第 3 節　副葬土器器種構成の差異と被葬者の性格

以上のように燕国の副葬土器の編年を示したが、ここまでの分析により、燕国の副葬土器の器種構成に関しては、尊や壺の有無などのように、器種構成が時期差をしめす場合も存在したが、盤や匜の有無、「復古形態」の土器の有無のように、同時期の墓でありながら、器種構成に違いのある墓も存在していることがわかった。後者の相違は最初にも記したように墓ごとの被葬者の性格による相違であることが予想される。ここでは、先に述べた副葬土器の「第二の分析」として、墓の規模や構造、土器の出土点数との関係から副葬土器の器種構成を分析し、被葬者の性格について考えたい。

(1)　墓の規模と構造の比較

表 5 にここまで分析してきた墓について、墓壙の長辺と短辺の長さをまとめた。また墓の構造（埋葬施設）については棺、槨の有無なども示した。このデータをもとに考察していく（それぞれの墓のグループについては表 2 参照）。

まず、i-a 組も含む i 組の墓壙の規模をグラフ化すると図 8 のようになる。そのうち、第 II 期のグループである i-b-1 組と i-b-2 組の関係についてみていこう。これらの墓はまだ調査例が少ない。ただ、傾向をみると i-b-1 組より i-b-2 組のほうが墓壙規模が大きい。このことから

表5　燕国墓の規模と埋葬施設の種別

	規模（長辺×短辺 ×深さ㍍）			埋葬施設
	墓壙	槨	棺	
賈各荘 M8	3.35 × 2.74 × 2.7	2.1 × 1.4 × 0.55		①
賈各荘 M32	2.95 × 1.8 × 1.59	2.2 × 0.94 × 0.45		①
西貫城村 M8	2.5 × 1.30 × 1.20			②
西貫城村 M13	2.30 × 1.15 × 0.75			②
西貫城村 M18	3.15 × 2.10 × 2.35	2.90 × 1.48 ～ 1.61	2.1 × 0.83 ～ 1.00	②
易県 M2	3.9 × 2.8			②
賈各荘 M16	2.94 × 1.54 × 2.2		2.06 × 0.56 × 0.45	①
西貫城村 M14	3㍍以上 × 2.00 ～ 2.25			②
賈各荘 M31	2 × 1.2 × 0.55		1.26 × 0.59 × 0.3	①
瀋陽南市区		2.2 × 1.1 ～ 1.5 × 1.1		②
大城子・眉眼溝 M1	3.25 × 1.75	2.55 × 1.00 × 0.77	1.78 × 0.62 × 0.46	②
東沈村 M5	3.40 × 2.20 × 3.04	2.32 × 1.48 × 1.50	外棺：1.70 × 0.90 ～ 1.08 内棺：1.50 × 0.74 ～ 0.82	③
懐柔 M50	3.8 × 2.46 × 5.31	2.9 × 1.45	2.16 × 0.56	②
下花園区 M1	不明			不明
下花園区 M2	不明			不明
下花園区 M3	不明			不明
懐柔 M56	3.4 × 3.3	外槨：2.9 × 1.8 内槨：2.24 × 0.9	1.88 × 0.64	③
北淀 M3	3.40 × 2.50 × 2.60	2.80 × 1.50 × 1.00	2.00 × 0.95	②
解村 M2	7.00 × 5.50 × 2.10	4.10 × 2.58 ～ 2.70 × 1.00	2.40 × 1.36 × 0.60	②
九女台墓区 M16	10.4 × 7.7 × 7.6			不明
東斗城村 M29	口：4.54 × 3.02 底：3.26 × 2.42 × 4.9			②
昌平松園 M1	口：5 × 3 底：4.2 × 2.2			不明
張貴荘 M10	3.1 × 2.13 × 1.18		葬具：2.18 × 0.94 × 0.54	①
張貴荘 M3	3.6 × 1.9 × 1.2			①
辛荘頭墓区 M30	13.5 × 10.5			②
賈各荘 M23	3.16 × 2.1 × 1.59	2.56 × 1 × 0.5		①
昌平松園 M2	口：5.6 × 3.7 底：4.9 × 3			②

埋葬施設：①－槨、または棺のみもつ
　　　　：②－槨と棺をもつ
　　　　：③－内外棺または槨をもつ

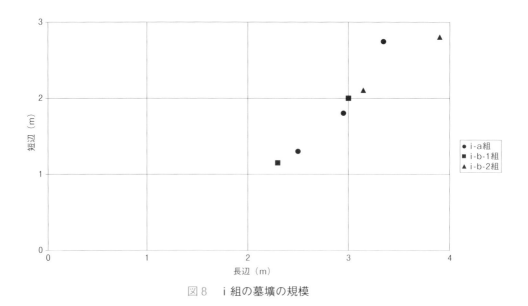

図8　ⅰ組の墓壙の規模

同時期に存在したⅰ-b-1組とⅰ-b-2組の関係は社会階層差であり、ⅰ-b-2組がより上位である可能性が高いと考えられる。ただ、この2つのグループに関しては、まだ調査例が少ないため、墓の構造の比較など今後の調査資料の増加をまって再検討する必要がありそうである。

次に、尊をもたない墓であるⅱ-b組の墓に関してはどうであろうか。このグループに属する墓は第Ⅲ期から第Ⅴ期にかけて存在するので、これを大きく一つの時期として考えたい。ⅱ-b-1組、ⅱ-b-2組、ⅱ-b-3組について、同じように墓壙の規模をグラフ化すると図9のようになる。これらの3組を比較すると、ⅱ-b-1組からⅱ-b-2組、ⅱ-b-3組へと漸移的に墓壙の規模が大型化する傾向が明瞭である。また、墓の構造についてはⅱ-b-1組で構造が明らかな墓は、すべて棺のみであるのに対して、ⅱ-b-2組の墓は棺と椁を備え、なかでも河北省易県東沈村5号墓と北京市懐柔56号墓は二重の棺または椁を有する。ⅱ-b-3組も棺のほかに椁をもつ点では一見、ⅱ-b-2組と大きく異ならないようにもみえるが、墓壙の規模の面でⅱ-b-2組とⅱ-b-3組の間には大きな隔絶がある。さらに、九女台墓区第16号や辛荘頭墓区第30号墓は、燕下都内に墓群を形成し、大型の墳丘をもっている。このようにⅱ-b-1組、ⅱ-b-2組、ⅱ-b-3組に関しても、グループの間に被葬者の階層差をみとめることができ、ⅱ-b-1組からⅱ-b-2組、さらにⅱ-b-3組の順に、より上位階層者の墓であることが想定できる。

(2) 副葬土器の数の比較

西周時代から戦国時代にかけての青銅器や土器の副葬される数の問題に関しては、兪偉超による論文がある〔兪1985〕。兪は副葬される青銅器や土器の数について、文献の記載を参考にしながら、墓から出土する鼎の数をもとにして、この時期の身分秩序の変遷を考察した。そのなかで、本来は周王にのみみとめられていた鼎を9点副葬できるという礼制の規制が、春秋戦国時代になると力

第3節　副葬土器器種構成の差異と被葬者の性格

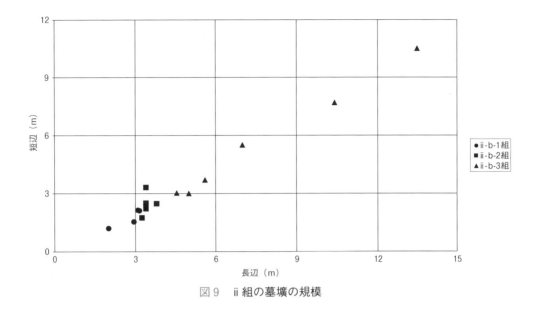

図9　ⅱ組の墓壙の規模

を強めた各地の諸侯が鼎9点の副葬をおこなうようになり、規制が崩壊するとともに、鼎を副葬する墓の数自体も増加することを富裕な一般民の増大と関連づけた。さらに副葬品にあらわれるこのような周王朝的な礼制の秩序の崩れが、ことに戦国時代の秦国において顕著であったことを指摘している。なお、兪は文献の記載にみられる周王朝的な礼制を示す副葬された鼎と簋の数に関して、九鼎八簋、七鼎六簋、五鼎四簋、三鼎二簋、二鼎一簋、そして一鼎一簋といった具体的な数を指摘した。この兪の研究は、西周時代から戦国時代にかけての身分秩序の様相を墓に副葬された青銅器や土器から考古学的手法によって明らかにした点で評価される。ただ、中国中原各地域の墓を一括してあつかっており、副葬される礼器に関する春秋戦国時代における各国の詳細な研究はこれまでにはまだなされていない。

　燕国墓についていえば、これまで述べてきたように副葬土器の器種構成が墓の規模や構造と強い相関関係にあり、それは被葬者の社会階層差として抽出できると考えられた。ここでは兪偉超によって指摘された周王朝的礼制に関連する器種の一つである鼎を中心に墓から出土する数について検討したい（表2参照）。

　まず、ⅰ-b-1組とⅰ-b-2組（第Ⅱ期）の鼎の出土数はいずれも1点または2点で、2組に限ってみると、すべて2点である。このように盤、匜のセットの有無だけではなく、鼎の数にも階層差があらわれている[11]。

　次にⅱ-b-1、ⅱ-b-2、ⅱ-b-3組についてであるが、ⅱ-b-1組はほとんどが副葬された鼎は1点である。

　ⅱ-b-2組には鼎を1、2点副葬する墓のほかに東沈村5号墓のように4点の鼎を副葬する墓もみられる。

　ⅱ-b-3組の鼎の出土した墓では、その数はいずれも3点以上である。ほかの器種についてもほ

115

かの器種構成のグループに比べて出土点数が多い。このグループは副葬土器に「復古形態」の土器をもつことが特徴であるが、このうち出土点数が鼎の数に連動していると考えられる器種が簋である。これは、愈偉超が鼎とともに副葬される数によって被葬者の身分を示すと述べた器種である。

鼎が3点出土した墓である河北易県東斗城村29号墓からは簋が出土していない。一方、河北易県解村2号墓からは鼎が6点出土し、簋も6点出土している。また、河北易県燕下都辛荘頭墓区第30号墓でも鼎が10点出土し、簋は6点出土している。このほか燕下都九女台墓区第16号墓からは鼎が9点出土し、簋が12点出土している。これらの墓は盗掘を受けており、副葬品がさらに存在した可能性もあるが、この2つの器種の間には比例関数的相関関係がみとめられるだろう。また、辛荘頭墓区第30号墓と九女台墓区第16号墓からは、さらに方鼎や鑑や編鐘といった器種が出土している。これらの器種は解村2号墓では存在しない。辛荘頭墓区第30号墓や九女台墓区第16号墓が解村2号墓にくらべてより上位階層者の墓であるといえるだろう。

副葬土器に現れている違いはそれぞれの墓の形状からも確かめられる。燕下都九女台墓区第16号墓、辛荘頭墓区第30号墓、解村2号墓はいずれも墓道を有するが、解村2号墓の墓道を含めた墓の形状は墓壙の一辺のみに墓道を設ける甲字形である。一方、辛荘頭墓区第30号墓や九女台墓区第16号墓は、墓壙の両辺に墓道を設けた、より上位階層者の墓とされる中字形である。さらに、この2基の墓は燕下都遺跡内に墓群を形成している大型墳丘墓であり、解村2号墓の被葬者との間に階層差があると考えられる。

このように、ⅱ-b-3組に属する墓は、副葬土器のなかに簋といった「復古形態」の副葬土器を含み、これらの土器はある一定以上の階層者の墓のみに副葬される器種であったことがわかる。加えて、方鼎や編鐘、鑑といった器種が存在するのはさらにごく少数の墓に限られるが、そのような墓は副葬土器の面だけではなく、墓自体の構造もそのほかの墓とは大きな相違点をもっていることがわかる。

ここまで述べてきたように、燕国において同時期性を考えることのできる墓の間でみられる副葬土器の器種構成の差異は、被葬者の社会階層の差異によるものであることが明らかになった。なお、墓によって被葬者の階層差を論じる際には被葬者の性別も考慮に入れる必要がある。これまで報告された燕国の墓のなかで、被葬者の性別が明らかになっている例はまだ少ない。被葬者の性別がわかる希少な例としては、遼寧省喀喇沁左翼蒙古族自治県大城子眉眼溝1号墓をあげることができる。この墓の被葬者は女性で、副葬土器の器種構成はⅱ-b-2組である。これまでみてきたような土器が副葬される墓に葬られる人物は男性だけではなく、女性も含まれていることがわかる。性別差が副葬土器の違いにどう反映するのかを明らかにするためにも、今後の調査報告の増加がもとめられる。

第4節　小　結

　ここまで河北省、北京市、天津市を中心に燕国の中核地域における副葬土器の編年をおこない、副葬土器にあらわれた被葬者の社会的性格の分析もおこなった。これらの特徴を以下にまとめる。

　燕国に関する遺跡及び墓の調査例は、春秋時代のものは戦国時代のものに比べてきわめて少ない。確実に春秋時代の墓として指摘できるのは河北省徐水県大馬各荘遺跡の春秋墓と、春秋時代でも後期に入ってからの紀元前6世紀半ばから後半に位置づけられる副葬土器編年第Ⅰ期の墓である。第Ⅰ期の墓から出土する土器の基本的な器種構成は鼎、豆、尊であり、東周王室のあった洛陽や晋国においてみられる副葬土器の当該時期の器種構成と一致している。ただ、第Ⅰ期の豆A類は、賈各荘18号墓でみられるような脚の長い燕国の独自形態の青銅豆A類を模倣したものであり、燕国の地域的な特徴を示す。そして第Ⅰ期には土器のみ副葬する墓と青銅製礼器をも副葬する墓が存在している。

　続く第Ⅱ期は紀元前5世紀で、この時期にそれまでの副葬土器の器種に壺が加わる。また、セットとしての盤や匜も出現する。墓におけるこの盤と匜のセットの有無は被葬者の階層差としてとらえうるものである。この時期の鼎はC類が多くを占めるが、鼎D類も一部の墓に存在している。壺は幾何学文や動物文などの施されるA類と文様のほとんど無いB類やC類などが存在する。第Ⅱ期は、燕国においてその後の副葬土器の主流となる鼎D類、壺A類、壺B類が出現し、礼器としての土器を副葬する慣習の基盤が形成された時期である。とくに壺の出現は、洛陽や三晋諸国で春秋時代から戦国時代の転換期にみられる鼎、豆、尊から鼎、豆、壺への副葬土器の器種構成変化〔中国科学院考古研究所1959、飯島1980・1998、葉1985、宮本1992〕を思い起させるが、燕国では、尊がこの時期にもまだ存在している。このことは、燕国では洛陽や三晋諸国においてみられるような器種構成の急激な変化はなく、それ以前の状況が維持される時期がある程度続いたことを示している。なお、この時期にも青銅器を副葬する墓が存在しているが、第Ⅰ期に比べて少なくなる。

　第Ⅲ期は紀元前4世紀前半にあたる。尊は姿を消し、副葬土器の基本的な器種構成は鼎、豆、壺となり、洛陽や三晋諸国の土器副葬墓の器種構成と同じである。一方で、解村2号墓にみられるように、この時期に林巳奈夫が指摘した「復古形態」の副葬土器〔林巳1980〕が登場し始める。これらの「復古形態」の副葬土器は燕国の独自要素がきわめて強いものである。また、青銅製礼器を副葬する墓は第Ⅲ期以降にはほとんどなくなり、ほぼすべての墓が土器副葬墓となる。「復古形態」の土器の存在といった第Ⅲ期にあらわれた副葬土器の器種構成は基本的に最終段階の第Ⅴ期まで維持される。

　第Ⅳ期は実年代が紀元前4世紀後半である。この時期の基本的な土器器種の構成は第Ⅲ期と同じである。「復古形態」の土器を副葬し、墳丘をもつ大型墓である燕下都九女台墓区第16号墓はこの時期にあたる。

第 3 章　燕国副葬土器の編年

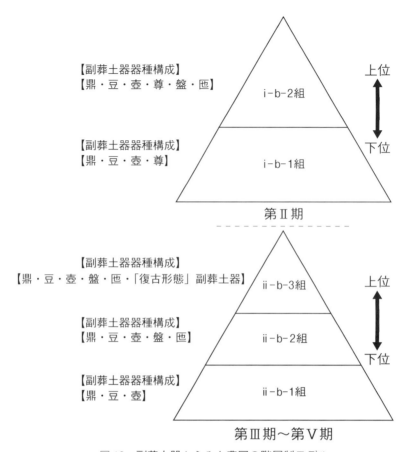

図 10　副葬土器からみた燕国の階層制モデル

　第Ⅴ期は実年代が紀元前 3 世紀を中心とする時期である。代表的な墓として燕下都辛荘頭墓区第 30 号墓があげられる。「復古形態」の土器の装飾などを中心に、副葬土器の形態や装飾の退化が進む。また、第Ⅳ期まで副葬土器の基本的な構成器種であった豆が無い墓も存在しており、第Ⅴ期は第Ⅲ期に確立した戦国時代の燕国に独自な土器副葬の規制がしだいに崩壊する時期でもある。

　なお、第Ⅱ期以降、とくに第Ⅲ期からは被葬者の社会階層差による墓の副葬土器器種構成の相違がきわめて明瞭である（図 10）。第Ⅲ期以降の墓において社会階層差を示す副葬土器の器種構成は、大きく鼎、豆、壺という燕国における基本的な副葬土器の構成器種のみを副葬するグループ（ⅱ-b-1 組）、これらに加えて盤と匜を副葬するグループ（ⅱ-b-2 組）、さらに燕国に独特な「復古形態」の副葬土器をも副葬するグループ（ⅱ-b-3 組）にわけることができる。

　これらのグループの間には、墓の規模や墓壙の内部施設、各器種の土器の副葬数などに違いがみられ、ⅱ-b-1 組からⅱ-b-3 組へと被葬者の社会階層が高くなることがわかる。とくに「復古形態」の副葬土器をもつⅱ-b-3 組は、そのほかのグループに比べて墓の規模が格段に大型である。この燕国独自の様相をもつ「復古形態」の副葬土器は燕国の上位階層者の墓で独占的にみられるものであることがわかる。また、このⅱ-b-3 組の墓には、鼎や壺、豆、盤、匜といったほかのグ

ループにみられる器種に関しても、鼎 D2 類や壺 A 類といった装飾性豊かな土器が副葬され、被葬者の社会階層が上位であることをものがたる傍証となる。

　このように、春秋戦国時代における燕国の副葬土器のあり方は、戦国時代を中心に被葬者の社会的地位を表象するものとしての役割を果たし、墓に副葬される土器の器種と数については、強力な規制が働いていたことがわかる。このような規制力をもったシステムが発生するのが、まさに春秋時代から戦国時代への移行期である第Ⅱ期であり、戦国時代を通じて維持されるこのシステムが確立するのが、続く第Ⅲ期であると考えられる。

　燕国の副葬土器にあらわれているこの規制については、さらに第 6 章において他国との比較を通して、その独自性と他国との共通性を明らかにしたい。

　また、本章で示した副葬土器編年は、近年発見、報告例が増加している遼寧地域の燕国墓の実年代を決定する基準ともなり、第Ⅱ部で詳述する燕国の東方への進出の年代と実態を考古学的に究明するのに、重要な役割を果たすといえるだろう。

〔註〕
（1）　賀勇はこの論文のなかで、燕国の都城と墓の関係についてもふれている〔賀 1989〕。賀は九女台墓区第 16 号墓が燕国の王墓クラスの大型墓であることと、九女台墓区が燕下都という都城内に造営されていることに注目した。そして、燕下都の造営の時期を『水経注』にある「燕下都為武陽城、昭王修築」という記載を根拠にしながら、昭王（前 311 〜 279 年在位）の時期であると考え、九女台墓区第 16 号墓の年代も昭王の在位時期以後として、紀元前 4 世紀末前後と推定している。
（2）　論文内で明確に述べてはいないが、燕王墓とも考えられる九女台墓区第 16 号墓の年代が戦国時代前期と推定されることは、石永士自身が主張する燕下都春秋時代後期造営説〔石 1996、河北省文物研究所 1996、石 1998〕の傍証となるものであるとも考えられる。
　　燕下都遺跡とされる「易」への遷都の記事は文献にみられる。一つは『史記』燕召公世家第四の注釈である「集解」にある「桓侯徙臨易」という記事。もう一つが『水経注』「易水」にみられる「昔燕文公徙易、即城也」という記事である。『史記』燕召公世家第四などの記載によると、燕国では桓公（侯）、および文公という君主がそれぞれ二人ずつ存在している〔白編 1994〕。すなわち、桓公（前 697 〜 691 年在位）・（前 372 〜 362 年在位）と文公（前 554 〜 549 年在位）・（前 361 〜 333 年在位）である。石は、易への遷都の記事にみられる桓公を桓公（前 697 〜 691 年在位）に、文公を文公（前 554 〜 549 年在位）に比定する〔石 1996、河北省文物研究所 1996、石 1998〕。よって石の君主名比定にしたがうならば、燕下都遺跡であるところの易への遷都は紀元前 7 世紀の桓公在位期と紀元前 6 世紀の文公在位期の二度あったことになる。そして、現在遺構として残る燕下都は主に春秋時代後期以後、燕王喜が秦国の攻撃によって遼東に逃れるまでの都城であったことになる。
　　これに対し、甌燕は易への遷都に関する文献の記事に出てくる桓公を桓公（紀元前 372 〜 362 年在位）、文公を文公（前 361 〜 333 年在位）に比定している〔甌 1988〕。この場合、桓公と文公は戦国時代の代続きの燕国君主となる。そして『史記』と『水経注』の記事は、易（燕下都）への遷都が紀元前 4 世紀の一連の事業を記したものであると解釈することが可能である。このように易（燕下都）への遷都の記事一つとっても『史記』などの燕国に関する文献資料は、序章でもふれたように記載が少なく、かつ内容も混乱をきわめている。文献資料のみから春秋戦国時代の燕国の歴史を考察するのは事実上不可能に近く、考古学的考察は必須である。
（3）　『燕下都』〔河北省文物研究所 1996〕における解村 2 号墓や辛荘頭墓区第 30 号墓の年代的位置づけは

石永士のこの論文と同じである。

（４）　年代のより大きな段階区分である 12 組のなかで、第 3、6、8、12 組はそれぞれ前後二つの時期にわけられているため、年代は全体で 16 段階にわけられている。

（５）　宮本一夫は九女台墓区第 16 号墓や解村 2 号墓で出土した、報告では「帯流罐〔河北省文物研究所 1996〕」とされている器種を尊としてほかの墓から出土する尊と同一器種系列上で論じて編年し、燕国の副葬土器の特徴の一つとして副葬品に尊が残ることをあげる〔宮本 2000〕。しかし、この「帯流罐」は大型の墓のみから副葬品として出土する。一方でほかの墓から出土している尊（図 4 - 11 など）は、生活遺跡からも出土する日用土器の器種である。このため、これらを同一の器種の系列で論じることは難しいと考え、本書では「帯流罐」は器種としては尊のなかに含めてはいない。

（６）　(α) はそのほかの器種の存在を示している。

（７）　これらの瓦の年代も『燕下都』における郎井村 10 号工房遺跡の場合と同様に、実年代決定の根拠の面で問題はあるが、そのほとんどの年代が報告では「戦国中期」、または「戦国晩期」とされている。

（８）　筆者がかつて示した実年代は、第 Ⅰ 期が紀元前 6 世紀後半から紀元前 5 世紀初め、第 Ⅱ 期が紀元前 5 世紀中葉から紀元前 5 世紀後半、第 Ⅲ 期が 4 世紀前半から紀元前 4 世紀後半前葉、第 Ⅳ 期が紀元前 4 世紀後半後葉から紀元前 3 世紀前半、第 Ⅴ 期が紀元前 3 世紀後半であった。

（９）　燕下都虚粮家墓区第 8 号墓は激しい盗掘を受け、いくつかの玉器や車馬具などしか残っておらず、実年代を推定できる副葬品が全く残されていない。

（10）　筆者と同様の観点から、趙鎮先と金一圭によって燕下都辛荘頭墓区第 30 号墓の年代が前漢時代にまで下るというという見解が出されている〔趙 2012、金 2016〕。そのうち趙は最近さらに春秋戦国時代における燕国の副葬土器の編年も示した〔趙 2015〕。趙の編年は、相対編年については、筆者とほぼ同じでおおむね妥当だと考える。しかし、趙の実年代観は戦国時代の前半を中心に筆者の実年代よりかなり新しくなっている。その原因は、趙が戦国時代の開始年代を中国の報告書において一般的に用いられる紀元前 476 年ではなく、紀元前 403 年に置いているためであると考えられ、洛陽中州路遺跡の第 3 期と第 4 期の画期も紀元前 400 年頃としている。しかし、洛陽中州路第 4 期併行の中原青銅器（晋国趙卿墓出土青銅器）の年代が紀元前 5 世紀にあることは、第 1 章で論証した通りである（序章、第 1 章参照）。

（11）　ただ、ⅰ - ｂ - 1 組で唯一鼎が一つの河北易県西貫城村 14 号墓では青銅鼎が 1 点出土しており、副葬土器の鼎とあわせると鼎の数は 2 点になる。一方で、この墓は副葬土器の器種構成のグループではⅰ - ｂ - 1 組という最下層に属する。被葬者の社会階層については、青銅器の副葬がただ副葬品に古い要素を残すというだけのことなのか、それとも土器のみを副葬する墓とは、社会階層差を考える際に別次元の解釈が必要になるのか、燕国の青銅器副葬墓の類例がまだ少なく今後の課題であるといえよう。

第4章

明刀銭の年代の再検討

はじめに

　本章では燕国の貨幣として広く知られている明刀銭の年代の再検討をおこなう。明刀銭は戦国時代の燕国で鋳造されて流通した刀子の形をした貨幣である。柄の下部は環状になっており、刀でいえば刀身に当る部分に「司」字状の「匽」(「燕」の別字) という文字が陽鋳されている [1]。また、「匽」字のある面の背面には「右」、「左」といった文字や符号が一文字から二文字陽鋳される。これらは、いずれの時期の明刀銭にもみられ、明刀銭を形態的に定義する際の特徴といえる。

　明刀銭は燕国の貨幣であり、主に現在の中国河北省、北京市、天津市、内蒙古自治区の東部、遼寧省、朝鮮民主主義人民共和国の清川江以北で多数出土している。ただ、その周辺地域でも散発的発見され、日本列島でも九州の宮崎県串間市〔岡村 2013〕や沖縄県那覇市城嶽貝塚〔高宮 1987〕、沖縄県島尻郡具志頭村具志頭城北東崖下洞窟遺跡〔當眞 1997〕などで出土している [2]。

　このように明刀銭は燕国の領域外でも発見される遺物であるが、日本列島などでは、明確な共伴遺物が現在のところ検出されていない。しかし、出土例は徐々にではあるものの増加しており、明刀銭の年代を考察することは、今後の年代研究の基準として重要な意義をもつと考えられる。そこで本章では、これまでの明刀銭の編年研究を総括しながら、実年代の再検討をおこなう。

第1節　明刀銭編年の研究史

(1)　藤田亮策による分類

　明刀銭の分類と編年に関して本格的な考古学的研究を最初におこなったのは、藤田亮策である〔藤田 1938〕。藤田は朝鮮半島で発見されている明刀銭を集成し、明刀銭の形状をもとにしながら分類をおこなった。

　藤田はその分類の際に各類をわける基準として明刀銭の背の屈曲具合、さらに各類を（甲）、（乙）にわける基準として刃首部分の形状に着目した。これらの基準をもとに明刀銭を以下のように分類している。

第一類　背の丸く湾曲せるもの
　　　（甲）　刃首の鋭く尖りて内曲し反首刀型をなすもの
　　　（乙）　刃首の尖りて尖首刀型をなすもの
　　第二類　背の丸く屈曲せるもの
　　　（甲）　刃首尖りて尖首刀型をなすもの
　　　（乙）　刃首方直にて尖らず、所謂方首刀型
　　第三類　背の曲折せるもの
　　　（甲）　刃首は第二類の甲と同じきのもの
　　　（乙）　刃首の第二類乙に似たるもの
　　第四類　背の明に屈折せるもの
　　　　　　同じく甲乙両種あるも、判別することは困難

　以上のような分類にしたがって、藤田は当時、朝鮮半島各地で発見されていた明刀銭を紹介している。なかでも注目されたのが、1927年に発見され、明刀銭が大量に出土した朝鮮半島西北部、現在の朝鮮民主主義人民共和国慈江道渭原郡にある龍淵洞遺跡（図1）である。龍淵洞遺跡は発見

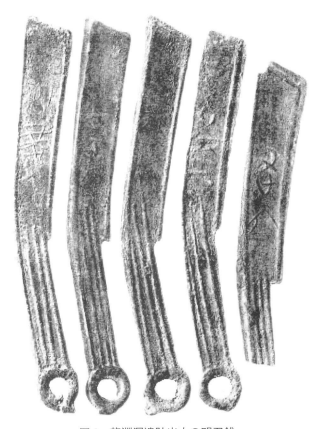

図1　龍淵洞遺跡出土の明刀銭

後、1927年4月から11月にかけて計3次の発掘がおこなわれた。藤田〔藤田1938〕によると、この遺跡では円形の石積遺構が検出され、明刀銭はその中央部からまとまって発見されたと考えられている。明刀銭の出土量は枚数ははっきりしていないが、完形品が51枚、「刃部破片」は239枚、「柄部破片」が255枚、「中部破片」は250枚で、本来あった明刀銭は400枚ほどだったのではないかと藤田は推測している。龍淵洞遺跡出土の完形の明刀銭の内訳は上記の藤田分類によると、第一類が4枚（すべて（甲））、第二類は26枚（（甲）17枚、（乙）9枚）、第三類は22枚（（甲）20枚、（乙）2枚）であるとされている[3]。

この龍淵洞遺跡からは、明刀銭とともに青銅製帯鈎（図2-1）と青銅製鏃（図2-9）が1点ずつ、そして鉄器10点が出土した。このうち鉄器は第5章で考察する燕国の系統のもので、内訳は矛2点（図2-11・12）、钁（斧）2点（図2-6・7）、鍬1点（図2-4）、板状鋤1点（図2-5）、鉇1点（図2-8）、鎌1点（図2-3）、石包丁形収穫具1点（図2-2）、鏃1点（図2-10）である。これらの鉄

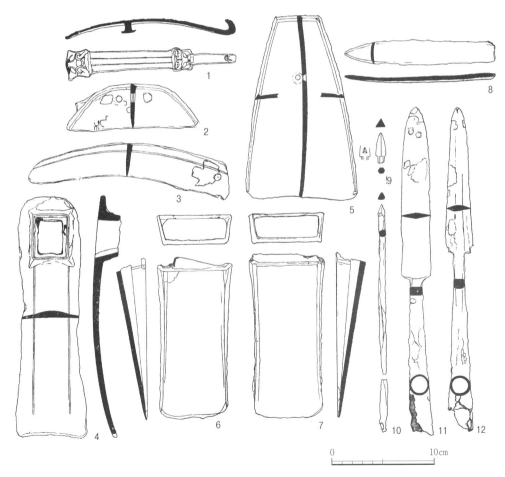

1：青銅製帯鈎　2：鉄製石包丁形収穫具　3：鉄製鎌　4：鉄製鍬　5：鉄製板状鋤
6・7：鉄製钁（斧）　8：鉄製鉇　9：青銅製鏃　10：鉄製鏃　11・12：鉄製矛
図2　龍淵洞遺跡出土の鉄器と青銅器

器は、朝鮮半島北部への燕国系統の鉄器の流入を考える際に、今日においても明刀銭とともに最も重要な資料の一つとして位置づけられている。

　藤田は龍淵洞遺跡出土のものを含め、自身の分類をもとにして明刀銭の具体的な編年はおこなってはいないものの、これらの朝鮮半島各地で発見されている明刀銭の年代を前漢時代の武帝による楽浪郡設置以前の時期であろうと推定している。

　藤田による分類はそれぞれのタイプにおける明刀銭の実年代が具体的には示されていなかった。しかしその後、多くの研究者によって明刀銭は第一類から第四類へと新しくなるものと、理解されてきた。藤田によるこの明刀銭分類の基準は、今日にいたるまで日本における明刀銭研究の基礎となっている点において重要な研究史的意義をもっているといえるだろう。

（2）石永士などによる分類・編年

　藤田の研究以後、中国でも王毓銓による明刀銭の分類〔王1957〕で、明刀銭の形状のほか正面に陽鋳されている「匽」字（一般的には「司」状を呈する）の形をもとにした明刀銭の分類が試みられた。現在では明刀銭の分類は背部の屈曲といった全体の形状と「匽」字の形の相違を基準とすることが一般的になっている。

　王による研究の後、中国を中心に現在まで明刀銭の出土数は増加している。とくに河北省易県燕下都遺跡では、多数の明刀銭が出土、表面採集された。河北省文物研究所による燕下都遺跡調査の中心人物である石永士などは、燕下都遺跡で発見された膨大な数の明刀銭を分類、編年している。

　1992年に石永士らによって発表された論文〔石・王1992〕では、燕国で鋳造された刀形貨幣を、背部が曲線的に湾曲して、刃首の先端が鋭く尖る無字の尖首刀と、刀身部に「匽」字が陽鋳される匽字刀（いわゆる明刀銭）とに分け、それぞれの貨幣の形態的特徴をもとに尖首刀を甲型、乙型、丙型の3型に、匽字刀を甲型、乙型の2型に分け、さらに匽字刀甲型をⅠ式からⅥ式に、匽字刀乙型をⅠ式からⅣ式の計10式に細分した。そして、それぞれがいつの時期に製作されたものであるかを推定している。

　石らの分類は貨幣の形状だけではなく、陽鋳されている「匽」字の形状や「匽」字の背面に鋳出された文字や符号の種類をも

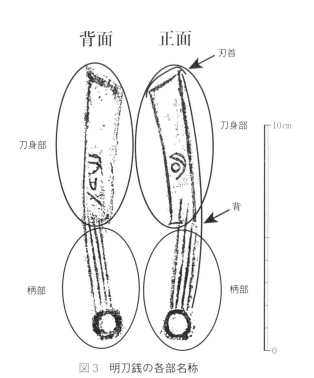

図3　明刀銭の各部名称

第1節　明刀銭編年の研究史

総合的に関連付けながらおこなわれたもので、説得力をもつものである。

　その後、石永士らは上記の分類を下敷きにして、燕下都遺跡で出土した燕国を中心とする春秋戦国時代の貨幣の集成を発表している〔石・石1996〕。この本のなかで石らは燕国の尖首刀をそれぞれⅠ式からⅢ式の計3式に、明刀銭である匽字刀をそれぞれⅠ式からⅥ式の計6式に分類している。

　ここで石永士などによるこの匽字刀（明刀銭）の分類を紹介する〔石・石1996〕。

　匽字刀Ⅰ式　石らによる分類〔石・石1996〕の尖首刀Ⅲ式に形態が類似する。刀身部の背は緩やかに屈曲する。柄部の幅が広い。刃首の端が若干凹形をなすものも存在する。「匽」字は外の画線は弓形で下に大きく開き、全体の形状は三角形に近い。石らはⅠ式の年代を「春秋時代晩期」としている（図4-1）。

　匽字刀Ⅱ式　刀身部の刃の部分と刃首の端が鈍角をなすものが多い。Ⅰ式との大きな違いは「匽」字の形で、Ⅰ式同様に外の画線が下に大きく開くが、Ⅰ式よりも若干丸みを帯びている。石らはⅡ式の年代を「戦国時代早期」としている（図4-2）。

　匽字刀Ⅲ式　柄部がⅠ式、Ⅱ式に比べて直線的である。柄部に陽鋳されている二条の線は一部が刀身部にまで入り込んでいる。「匽」字の外側の画線はⅡ式より丸みを帯びており、内側の横方向の線はまっすぐで、Ⅰ、Ⅱ式より水平になっている。石らはⅢ式の年代を「戦国時代早期」としている（図4-3）。

　匽字刀Ⅳ式　刀身部の背と柄部の境界部分が丸みを帯びながらも屈曲する。また、柄部の郭線と柄部に陽鋳された二本の線のうち、背の反対側にある二本の線（内郭線及びその隣の柄部に陽鋳された線）は刀身部にまで入り込んでいる。柄部に陽鋳された二本の線のうち背側の線一本は柄部の外郭線と刀身部の背の交差する所で切れる。「匽」字は外側の画線はさらに丸みを帯びて、ほとんど楕円形に近くなる。内側の横方向の線は曲線的になる。石らはⅣ式の年代を「戦国時代中期」としている（図4-4）。

　匽字刀Ⅴ式　刀身部がより直線的になる。刀身部の背と柄部の境界部分が直線的に屈曲をみせる「折背」の明刀銭である。柄部の内郭線と柄部に陽鋳された二本の線のうち、背と反対側の二本の線はⅣ式以上に刀身部のかなり深い部分にまで入り込んでいる。「匽」字は外側の画線が横方向につぶれた楕円形である。石らはⅤ式の年代を「戦国時代中期」としている（図4-5）。

　匽字刀Ⅵ式　柄部と刀身部の背が直線的に屈曲する。一見してわかるような「折背」の明刀銭である。刀身部の幅がⅠ～Ⅴ式に比べて狭くなっている。柄部の内郭線と柄部に陽鋳された二本の線のうち、背と反対側の二本の線が刀身部にまで入り込む。「匽」字はきわめて扁平で、三本の横線とその間に描かれた円文にしかみえないものも多い。石らはⅥ式の年代を「戦国時代晩期」としている（図4-6）。

　石らの分類においては、上述した藤田分類との対応関係は示されていないが、田村晃一はおおむね石らの分類の匽字刀Ⅰ式が藤田分類第一類に、匽字刀Ⅱ式、Ⅲ式が藤田分類第二類に、匽字刀Ⅳ

第 4 章　明刀銭の年代の再検討

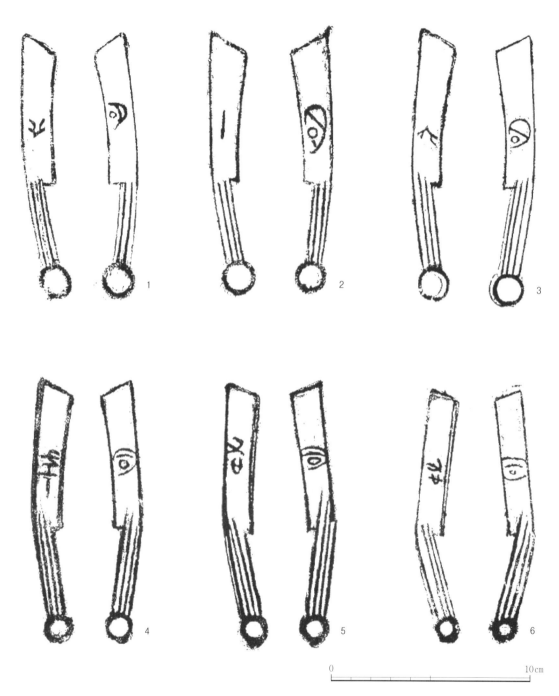

1：匽字刀Ⅰ式　2：匽字刀Ⅱ式　3：匽字刀Ⅲ式　4：匽字刀Ⅳ式　5：匽字刀Ⅴ式　6：匽字刀Ⅵ式
図 4　石永士らによる明刀銭の分類

式が藤田分類第三類に、匽字刀Ⅴ式、Ⅵ式が藤田分類第四類にそれぞれ相当していると考えており〔田村 2001〕、妥当なものであろう。

　石らの業績の意義は膨大な数の明刀銭を網羅的に分類した上で、実年代を示したことである。これによって、かつての藤田分類にも同時に年代を与えることができるようになった。しかし、石らの示した実年代は、具体的な共伴遺物をもとに青銅器や土器の編年に依拠しながらあたえられたものであるとの記載が論考にはなく、再検討を要するものであるといえる。

　また、明刀銭については近年、中国の先秦時代の貨幣を網羅的に述べた黄錫全の『先秦貨幣通論』〔黄 2001〕や春秋戦国時代の通貨を総合的に研究した江村治樹の『春秋戦国時代青銅貨幣の生成と展開』〔江村 2011〕でもふれられており、研究がさらに進展しつつある。

（3）　明刀銭に関する分布論などをも含むそのほかの研究

　上記の研究のほかにも、燕国とその周辺地域で出土する明刀銭に関しては複数の研究があり、一部の研究は燕国の東方への拡大とも関連して分布論にもその力点をおいている。

　ソンリャングによる研究〔ソン 1990〕は、明刀銭を刀身部の背と柄部が曲線的な甲型、直線的に刀身部の背と柄部が屈曲する丙型、そしてその中間的な乙型の計3類に分類し、丙型から乙型、そして甲型へ変化するという先に述べた石永士らとは逆の変遷観を考えている。

　また、ソンリャングは明刀銭の出土地を集成し、出土地が遼東から朝鮮半島北部に多いことをもとに、明刀銭を燕国よりもむしろ古朝鮮と関係の深い貨幣として言及している。ソンリャングの研究は、明刀銭の相対編年がほかの研究者とは逆になっているが、その根拠は乏しい。また、分布論においても田村晃一も指摘しているように〔田村 2001〕、燕下都遺跡からの大量の明刀銭の出土を無視しており、ことさら古朝鮮との関係を強調する点は問題があるといわざるをえない。

　田村晃一は、藤田亮策以降の明刀銭研究を総括しながら、遼東から朝鮮半島北部で出土する明刀銭の歴史的意義について論じた〔田村 2001〕。田村は、明刀銭の編年について石永士らによる編年〔石・石 1996〕を積極的に評価するとともに、遼東から朝鮮半島北部にかけての明刀銭出土遺跡を集成して紹介した。田村の集成の結果によると、明刀銭の出土遺跡は、遼東から朝鮮半島西北部の清川江、大同江の上流にまで及んでいることがわかる（図5・表1）。

　田村はこれらの遼東以東の明刀銭出土遺跡を戦国時代の燕国拡大以降、前漢時代前半、楽浪郡設置以前の細竹里・蓮花堡類型の加担者（混住していた中国系移民と土着民）だけではなく、一部の山岳地帯の遺跡についてはのちに高句麗となる貊族の残したものであると考えている。田村のこの論点は、第8章で考察する遼東以東への燕国の拡大の様相を考える際にも大いに評価できるものである。

　このように、明刀銭は春秋戦国時代の燕国の東方への拡大とその影響を考える際にも、重要な遺物である。明刀銭の編年研究においては、とくに石永士らによって示された相対編年〔石・石 1996〕が、現在もっとも説得力をもつものである。しかし、石らの研究では実年代決定の根拠が明

第 4 章　明刀銭の年代の再検討

表 1　遼東以東の明刀銭出土主要遺跡〔田村 2001〕

番　号	遺跡名		遺　構	枚　数	伴出物
1	平安北道球陽郡都館理		小石室	100 余	不明
2	〃	東倉郡梨川里	？	約 50	不明
3	〃	寧辺郡細竹里	集落内土壙	2,500 余	鉄器等
4	〃	鉄山郡保利里	？	数百	不明
5	平安南道寧遠郡温陽里		？	数百	布銭
6	〃	徳川郡青松里	？	4,280	一化銭、布銭、鉄器等
7	慈江道	謂原郡竜淵里	積石塚	約 400	鉄器等
8	〃	前川郡仲岩里	積石下	約 250	不明
9	〃	〃　吉多洞	木箱内	4,000 弱	不明
10	〃	〃　吉祥里	甕型土器内	2,700 余	
11	〃	〃　雲松里	木箱内？	約 5,000	弩機
12	〃	熙川郡熙川邑	積石塚	50 余	不明
13	〃	慈城郡西海里	木箱？	2,000 余	一化銭、半両銭
14	〃	時中郡魯南里	土壙、包含層	2 ？	
15	遼寧省	営口市大石橋	積石？	多数	土器等
16	〃	大連市営城子	土器内	約 300	不明
17	〃	〃　牧羊城	包含層	10 余	半両、土器、鉄器等
18	〃	〃　大嶺屯	包含層	20 余	土器、鉄器等
19	〃	新金県高麗秦	包含層	10 余	一刀銭、半両銭、布銭等
20	〃	桓仁県大甸子	石棺内	約 200	銅剣、鉄刀、銅鏃等
21	〃	寛甸剣双山子	石灰岩の窪み	200 余	鉄器等
22	〃	鞍山市羊草庄	包含層	1,000 余	鉄器等

参考遺跡

23	吉林省	集安市西崗	土器内	数 10 ？	半両銭、五銖銭、布銭
24	遼寧省	撫順市蓮華堡	包含層	半両銭 1	鉄器、土器等
25	〃	本渓市大濃湖	大石下	布銭 200 余	不明
26	平安北道博川郡堂山里		包含層		半瓦当、土器、鉄器等

図5　遼東以東の明刀銭関連遺跡地図〔田村2001〕

確には示されておらず、再検討の余地がある。そこで次節では、河北省易県燕下都遺跡での出土遺物の検討をもとにしながら、明刀銭の実年代について若干の考察をおこないたい。

第2節　明刀銭の実年代の再検討

(1)　燕下都郎井村10号工房遺跡出土の明刀銭鋳型をめぐって

　前節においてもふれた1996年に出版された燕下都遺跡出土の明刀銭を含む貨幣の集成資料〔石・石1996〕をもとにしながら、彼らの示した実年代の再検討をおこなう。石永士らの集成には、貨幣そのもののほかに、それを鋳造した鋳型も含まれており、そのなかの一組の鋳型は実年代を考察する際の鍵となる（図6）。この鋳型の存在については、筆者は以前に論考でふれたことがあるが

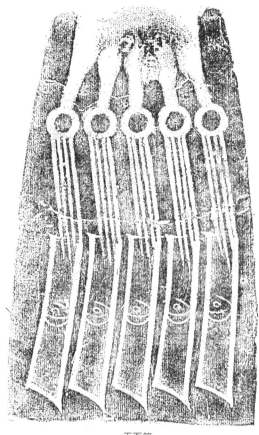
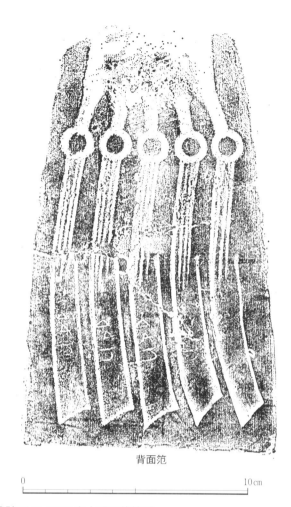

正面范　　　　　　　　　　　　背面范

図6　燕下都郎井村10号工房遺跡 T146 H932 出土明刀銭鋳型

〔小林・宮本・石川・李2012〕、前章までの各章で進めてきた燕国の各種遺物の編年観をもとにしながら、鋳型の年代の位置づけを改めてこころみる。

　この鋳型は、第2章で日用土器の編年をする際に注目した燕下都郎井村10号工房遺跡で出土した。出土遺構はT146の土壙であるH932である〔河北省文物研究所1996〕。この遺構は第5層下で検出されており、郎井村10号工房遺跡2期に相当している（第2章表1参照）。

　この鋳型はそれぞれ明刀銭の正面と背面の鋳型1点ずつから構成される土製の双合范である。鋳型の縦の長さは18.9cmで、最大の幅が12cm、最大の厚みは2.5cmである。湯口は鋳型の短辺に設けられ、明刀銭の環首部分へと湯道が通り、一度の鋳込み作業で5点の明刀銭を鋳造することができる。正面范には明刀銭の大きな特徴の一つである「匽」字が彫りこまれ、背面范には「右」と三角形状の文字の計2字が彫られている。

　この鋳型に彫りこまれた明刀銭は、年代的変化において刀身部の背と柄部の直線的な屈曲が始まる頃の時期の形態、石らの分類でいえば匽字刀IV式の明刀銭に相当する鋳型であると考えられる。

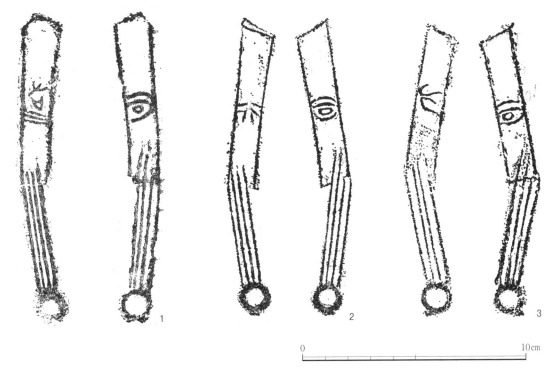

1：郎井村10号工房遺跡T80第1層下H518出土　2・3：郎井村10号工房遺跡T123第3層出土
図7　燕下都郎井村10号工房遺跡出土明刀銭

具体的にみていくと、鋳型に彫りこまれている明刀銭は、「折背」と呼ばれる刀身部の背と柄部が直線的に屈曲するその後の匽字刀Ⅴ式や匽字刀Ⅵ式のものに比べて、全体の形状は屈曲が弱いものの、刀身の背と柄部の接点で若干の直線的な屈折がみられる。この鋳型の明刀銭は、このように刀身部分の背と柄部が直線的に屈曲しはじめる時期のものとして位置づけることが可能であろう。

この明刀銭の鋳型が出土した燕下都郎井村10号工房遺跡2期の年代は、これまでの各章で考察してきたように、副葬土器や青銅器などの年代を総合すると、紀元前4世紀後半頃と推定され、この鋳型は明刀銭の編年における実年代の一つの定点になるものである。

また、燕下都郎井村10号工房遺跡では明刀銭そのものも出土している。2期の遺構や文化層では石分類の匽字刀Ⅳ式は出土しているが（図7-1）[4]、Ⅴ式とⅥ式は出土しておらず、3期の出土遺物に匽字刀Ⅴ式と匽字刀Ⅵ式がみられる（図7-2・3）。

これらの年代を総合すれば、石分類の匽字刀Ⅰ式、匽字刀Ⅱ式、匽字刀Ⅲ式の年代は、燕下都郎井村10号工房遺跡1期以前、すなわち紀元前4世紀前半以前（上限年代については、今のところ確定することができない）、匽字刀Ⅳ式の年代は、燕下都郎井村10号工房遺跡2期の紀元前4世紀後半、そして、匽字刀Ⅴ式および匽字刀Ⅵ式の年代が、燕下都郎井村10号工房遺跡3期の紀元前3世紀と推定できるだろう（第3章表4参照）。

なお、明刀銭の鋳造開始年代をめぐっては、かつて朱活が紀元前372年説を出しており〔朱

1984〕、最近、その年代に依拠して明刀銭の実年代を筆者の上述の年代よりもかなり新しく考える論考もみられる〔金 2015〕。朱がその年代を決定した根拠は次のようなものである。明刀銭に陽鋳された「匽」字は国号であるとともに、「易（燕下都）」という国都をも意味している。「易（燕下都）」への遷都については、『史記』燕召公世家第四の「集解」に「「世本」曰桓侯徙臨易」という記事があり、燕桓侯の即位が紀元前 372 年である。よって、明刀銭の上限年代も紀元前 372 年であると朱は考えている。

　このような朱の年代比定については、まず「匽」が「易都（燕下都）」を指すという前提が成立しなければならない。また燕下都遺跡への遷都や造営の時期については、文献をもとにした説として燕桓侯期説（桓侯は春秋戦国時代に二人存在する）のほか、燕文侯期説（文侯も同じく春秋戦国時代に二人存在する）、さらに燕昭王期説もあるなど、現在のところその年代を文献資料から推定することは不可能である（第 3 章の註 (1)、(2) 参照）。よって本書では上述のように匽字刀Ⅰ式・匽字刀Ⅱ式・匽字刀Ⅲ式の年代については、紀元前 4 世紀前半以前としておく。

(2)　小　結

　ここまで燕下都郎井村 10 号工房遺跡出土の明刀銭鋳型や明刀銭をもとに、各種の形態の明刀銭の実年代の再検討をおこなってきた。これまでの研究の蓄積によって、明刀銭の形態変化にもとづく相対編年は、ほぼ各研究者のコンセンサスを得られるほどに整備されている。

　しかし、実年代についてはあいまいなところが多く、確実な決め手に欠けていたといえる。本章での検討によって、明確な「折背」の明刀銭の直前の型式である石永士と石磊による分類の「匽字刀Ⅳ式」の実年代が紀元前 4 世紀後半であると推定された。これによって、その前後の型式の明刀銭の年代も上で示したように、おのずと定まってくることになる。

　また、本章でおこなった年代比定については、中山国の国都の遺跡である霊寿城遺跡の内部にある 5 号遺跡の土壙 H70 から中山国で使用されていた貨幣であると考えられている多数の「成白」刀〔陳応 1995〕と「折背」の明刀銭が伴出している〔河北省文物研究所 1989〕[5]。この 5 号遺跡は報告によると、「文化層の内容は単純であり、年代は戦国時代中晩期、上層には戦国晩期や漢代の遺物がなかった」とされている。また、霊寿城 5 号遺跡では中山国滅亡後にこの地域を支配した趙国の遺物も報告されていない。これらの状況と「成白」刀が中山国の貨幣であったことも総合すれば、中山国が滅亡した紀元前 296 年以前に、すでに燕国には「折背」の明刀銭が存在していたことを明確に示す考古学的証拠であるといえよう。このことは本章における各種の明刀銭の実年代比定の大きな傍証となる。

　明刀銭は燕国の領域をはじめ、かつて藤田が詳細を報告した龍淵洞遺跡 [6] に代表される朝鮮半島、日本列島でも出土例が増えている。本章で示した明刀銭の年代観は燕国の周辺地域における先史文化の実年代を決定するのに大きな役割を果たすともいえるだろう。

第 2 節　明刀銭の実年代の再検討

［註］

（1）　「明刀銭」という名称は刀身部に陽鋳されている「匽」が崩れた文字を「明」と誤読したことによってつけられたもので、本来は「匽刀銭」と呼ぶのが適当かもしれないが、一般的に使用されている「明刀銭」という名称を本書では用いることとする。

（2）　1980 年代までの日本列島出土の明刀銭については上村俊雄が集成をしている〔上村 1991〕。

（3）　この内訳では合計が 52 枚となり、藤田が完形品の枚数としている 51 枚と一致しない。

（4）　報告では、図 7 - 1 の明刀銭を「Ⅴ式」としているが、石らの分類の「匽字刀Ⅳ式」の特徴をもっている。

（5）　霊寿城 5 号遺跡 H50 から出土した貨幣の内訳は、中山国の貨幣である「成白」刀が全体の約 8 割にあたる 1501 点、燕国の明刀銭が 374 点（うち報告で「弧背」の明刀銭であるとする Ⅰ式と Ⅱ式は計 282 点である一方、「折背」の明刀銭であるとする Ⅲ式が 92 点にものぼる）、趙国の「甘丹」刀と「白化」刀がそれぞれ 26 点と 21 点ずつである〔河北省文物研究所 1989〕。

（6）　第 1 節でふれたように、龍淵洞遺跡で出土した明刀銭について藤田は自身の分類の第一類、第二類、第三類のみであると記載している。藤田の論文の図や写真でも明確な「折背」の明刀銭は掲載されていない〔藤田 1938〕。この場合、明確な「折背」の匽字刀Ⅴ式と匽字刀Ⅵ式は含んでいないことになり、龍淵洞遺跡の年代の上限は紀元前 4 世紀後半にまで遡る。しかし、上村俊雄の論文〔上村 1991〕に掲載されている龍淵洞遺跡出土の明刀銭の写真には匽字刀Ⅴ式にあたる「折背」の明刀銭を含んでおり、この場合、龍淵洞遺跡の上限年代は紀元前 3 世紀となる。朝鮮半島北部の初期鉄器資料の年代比定については、共伴して出土する明刀銭の年代が重要な鍵となることを示している。

第**5**章

燕国における鉄器の出現と普及

はじめに

　本章では、春秋戦国時代の燕国における鉄器の出現と普及の状況を考察する。第Ⅱ部で詳細にみていく燕国の遼寧地域への拡大が遼寧地域や朝鮮半島、さらには日本列島の文化に与えた影響のなかでもとりわけ重要なのが、これらの地域への鉄器の流入である。第Ⅱ部の考察に先だって、鉄器文化の流入元である春秋戦国時代の燕国における鉄器の出現と普及の状況を考察し、明らかにしておくことは、遼寧地域以東の地域への鉄器文化流入を論じる際の前提となる。そこで本章では燕下都遺跡の鉄器の出土状況を、これまでの各章でおこなってきた青銅器や土器といった遺物の編年を時間軸としながら分析し、燕国における鉄器の使用の開始と普及を考察していく。

　第1節では、本章に関連する燕国や遼寧地域を中心とした東アジアの初期鉄器の研究史をまとめる。東アジアの初期鉄器文化については、多くの研究者によって20世紀後半以降に盛んに研究されており、近年は中国中原や朝鮮半島、日本列島といった各地域を対象とするだけではなく、東アジア的視点からの研究が多くなっている。

　第2節では、第1節でまとめた研究史を踏まえながら、燕下都遺跡で出土している数多くの鉄器のなかでも、共伴遺物や遺構の年代などから実年代を知ることができる遺跡の資料に注目してかつておこなった鉄器の各器種の出現年代についての考察〔石川・小林2012〕をもとにして、燕国における鉄器普及の様相を明らかにしていく。

　これらの考察を通して、春秋戦国時代の燕国における初期鉄器文化の様相を明らかにするのが本章の目的である。

第**1**節　燕国を中心とする中国の初期鉄器をめぐる研究史

　燕国を中心とする中国の鉄器に関しては、朝鮮半島や日本列島の初期鉄器と関連して古くから注目されてきた。これまでの研究史を以下に簡単に述べることとする。

　戦前における中国東北地方での東亜考古学会による調査では、遼寧省普蘭店市高麗寨遺跡〔東亜考古学会1929〕や遼寧省大連市牧羊城遺跡〔東亜考古学会1931〕などの発掘調査において、この地域における最初期段階のものとされる鉄器が発掘されている。これらの鉄器の年代は当時、「周末

漢初」とされ、鉄器の特徴とともに、その調査成果は日本の考古学界における、朝鮮半島や日本列島への鉄器文化の流入に関する研究に基礎的位置づけを与えるものとなった。

その後、20世紀後半における中国の鉄器文化の開始と普及に関する研究としては関野雄による研究があげられる〔関野1956〕。関野は上述のような戦前の発掘資料、そして、文献による記載、さらには鉄の科学的な特性に着目しながら発掘資料の検討をおこない、中国における初期鉄器文化のあり方を考察した。

そのなかで、関野は文献の記載をもとに、戦国時代の秦国と鉄との関係に注目し、秦国が鉄器を効果的に使用したことが秦国による中国の統一につながったと考え、統一秦王朝の登場により、鉄器文化が中国全体に広がったものと考えた。

一方で、関野は中国における鉄器普及の特徴として、ヨーロッパや西アジアなどとは異なり、鋳造から鍛造へという鉄器製作法の変遷があったことを指摘した。そして、具体的に鉄器生産の開始を紀元前7世紀から紀元前6世紀頃（春秋時代）と推定し、鍛造の鉄器は戦国時代の中期にあらわれるとした。さらに関野は中国の「純粋な鉄器時代の到来」を前漢時代の武帝期であると考えている。

その後、50年代から80年代にかけて中国における出土鉄器資料が増加した。その成果をもとに文献史料の記載や科学分析の結果も取り入れながら、春秋戦国時代から漢代にかけての製鉄と鉄器製作の発展過程を論じた楊寛の著書『中国古代冶鉄技術発展史』〔楊1982〕は20世紀後半における鉄器研究の最も大きな成果のひとつとして位置づけられる。

また、戦国時代の燕国の領域にあたる河北省から中国東北地方の鉄器資料もその間に出土数が増加し、朝鮮半島北部の初期鉄器資料の調査も進んだ。このような状況下、中国から朝鮮半島、日本列島をも含めた東アジアの初期鉄器文化に関する潮見浩の研究がなされた〔潮見1982〕。潮見は、日本列島の初期鉄器文化を東アジアの鉄器文化の中に位置づける視点から考察した。潮見の中国における初期鉄器文化についての考察は、関野の研究に比べて、分析対象とした資料の増加にもあずかって、より出土資料に即した考察となっており、燕国、とくにその都城である燕下都遺跡の出土資料への言及が大きな割合を占めている。

その後、東北アジアの初期鉄器に関する村上恭通の研究〔村上1987・1998〕や中国における農具の初期の鉄器化過程を論じた佐野元の研究〔佐野1993〕、東潮による春秋戦国時代の燕国から三国時代の朝鮮半島までの各時代・各地域における鉄斧の分類研究〔東1982〕などのように、地域や鉄器の器種など、より細分化された対象をあつかう研究も登場した。また、中国の研究者の間でも王巍による研究〔王1999〕など東アジアの中で中国の鉄器文化の普及を論ずる研究があらわれている。

一方で、1996年に燕下都遺跡の報告である『燕下都』〔河北省文物研究所1996〕が出版されたことにより、これまで部分的に雑誌で報告されてきた燕下都遺跡出土の鉄器資料の全体像を知ることができるようになった。この報告は、春秋戦国時代における中国東北地方や朝鮮半島、日本列島の

鉄器文化に大きな影響を与えたと考えられる燕国の初期鉄器文化の様相をとらえることができる点で大変に重要である。この報告で新たに知られるようになった鉄器をもあつかった東アジアの初期鉄器に関する研究としては、中国では白雲翔による一連の研究があげられる。白は中国中原、朝鮮半島、日本列島の初期鉄器文化を総合的に研究している〔白2005・2010・2012〕。日本においても、村上恭通が東北アジアへの鉄器文化普及に関連して、燕下都遺跡出土の鉄器資料について言及している〔村上1998・2003・2008〕。

さらに、21世紀に入って燕国の春秋戦国時代の鉄器が注目されることとなった契機として、国立歴史民俗博物館によるAMS炭素14年代測定法を使った弥生時代の実年代研究があげられる〔春成・今村編2004〕。国立歴史民俗博物館の研究では、弥生時代の開始時期は北部九州では紀元前10世紀に遡るとされた。この新たな年代観は、日本列島の周辺地域における鉄器出現の年代からみた場合、弥生時代の最初期から北部九州で鉄器が存在していたとする従来の年代観と大きな食い違いをみせるものであった。しかし、日本列島における初期の鉄器についてはその後の春成秀爾の研究〔春成2003〕によって、上限は弥生時代の前期末から中期初頭（国立歴史民俗博物館の研究による実年代では紀元前4世紀）にあることが知られるようになり、日本列島における初期鉄器と春秋戦国時代における燕国の鉄器との関係に新たな注目があつまっている。

弥生時代の実年代問題と関連する近年の研究としては、野島永による弥生時代の初期鉄器研究〔野島2008〕や中村大介による燕国の鉄器の拡散に関する研究〔中村2012〕があげられよう。

野島は弥生時代の初期鉄器を集成、観察調査し、それらが日本列島に流入した時期やその流通構造を考察した。野島の研究において注目されるのは、日本列島の初期鉄器が燕国産であり、これらの鉄器は遼西から直接、日本列島にもたらされたものであろうと指摘している点である。これは日本列島への初期鉄器文化に果たした燕国の役割を積極的に評価している点において、きわめて興味深い。

一方、中村は燕国の鑊（斧）[1]をはじめとする鉄器の器種、型式分類をおこない、燕国周辺の鉄器生産遺跡で発見されている鋳型との比較から、燕国、とくに遼東における初期鉄器の地域的特徴を指摘した。そして、朝鮮半島や日本列島への初期鉄器の流入に遼東の鉄器が深く関わっていると考えている。

このように、近年の弥生時代実年代問題に関連して、日本列島の初期鉄器と春秋戦国時代の燕国の鉄器をめぐる研究は新たな展開をみせているとはいうものの、燕国、とくにその中心地域である河北省北部などにおける鉄器の出現や普及の様相を具体的に考察した研究はまだない。

1990年代に出版された『燕下都』では、収録されている鉄器が膨大な数に上っているものの、前章までもたびたび言及したように鉄器に限らず遺構や遺物の実年代について、例えば戦国時代の場合には「戦国早期」「戦国中期」「戦国晩期」と三時期区分のみで表記されるように、明確な実年代が記されておらず、その時期比定の根拠もはっきりしていない。このことが、燕下都遺跡における鉄器出現と普及の様相を具体的にとらえる研究が、これまでなかなかおこなわれてこなかった

理由であったともいえる。

　そこで、本章ではこれまでの章において示した燕国の青銅器、日用土器、副葬土器編年を駆使しながら、燕下都遺跡の出土鉄器から春秋戦国時代の燕国における鉄器の出現と普及の様相を明らかにする。この時期は中国中原諸国においても同様に鉄器が出現、普及する時期に相当しており、その具体的な様相を考察することは、燕国に東隣し、燕国の鉄器文化の影響を大きく受けた遼寧地域以東における鉄器文化の普及と展開を考える上でも欠くことができないといえる。

第2節　燕下都遺跡における鉄器出現と普及の年代

（1）　燕下都遺跡における鉄器の出土状況

　燕下都遺跡では、20世紀後半に大規模な発掘調査の進展に伴い、多くの出土鉄器が報告されている。燕下都遺跡内の各遺跡における表採資料などを除く鉄器の出土状況を表1、表2に示した。おおむね時期を追うごとに、鉄器の種類や数量が増加していることが確認できるが、ここで示した各年代は、各報告によって示された年代であり、統一的な編年にもとづくものではないことに言及しておきたい。

　表1をみてもわかるように、とくに多くの鉄器が報告されているのが、1996年に刊行された報告書『燕下都』である〔河北省文物研究所1996〕。本節では、これまでの各章で考察した春秋戦国時代の燕国の青銅器、日用土器、副葬土器の編年とその実年代を基準にしながら、燕下都遺跡における鉄器出現の年代と各種の鉄器普及の様相をみていくこととする。

　とくに本節では、数ある燕下都内の遺跡のなかでも、比較的長期間にわたる層位や遺構の切りあい関係、および鉄器以外の出土遺物によって実年代を知ることのできる東沈村6号居住遺跡と郎井村10号工房遺跡に焦点をあてて考察していくこととする。

（2）　東沈村6号居住遺跡における鉄器の出土状況の考察

　東沈村6号居住遺跡は、郎井村10号工房遺跡とともに燕下都遺跡内で比較的長期間にわたって鉄器の出土がみとめられ、燕下都遺跡における鉄器の出現の年代とその様相を考察するのに格好の遺跡である（図1）。

　まず、この遺跡の遺構や文化層の切りあいと年代の関係を整理したい。報告によれば、第2章第3節でも述べたように東沈村6号居住遺跡内にある東沈村5号墓は第3層を掘り込んで構築されているという。東沈村5号墓は、副葬土器編年では、第Ⅲ期前半にあたり、実年代は紀元前4世紀初め頃と考えられる（第3章参照）。東沈村5号墓が掘り込んでいる第3層からは鉄製刀子が出土しているほか、副葬土器編年第Ⅱ期の鼎C類の耳部や尊という土器も出土しており、実年代は確実に紀元前5世紀にまでさかのぼる。このことから、燕下都遺跡では、紀元前5世紀には、

第 2 節　燕下都遺跡における鉄器出現と普及の年代

表 1　燕下都遺跡における鉄器の出土報告点数

遺跡種別	遺跡名	戦国時代早期	戦国時代中期	戦国時代晩期	文　献
工房遺跡	武陽台村 21 号遺跡			1568	河北省文物考古研究所 1996
	武陽台村 22 号遺跡			64	河北省文化局文物工作隊 1965d
	武陽台村 23 号遺跡			7	河北省文物考古研究所 1996
	郎井村 10 号遺跡	3	58	215	河北省文物考古研究所 1996
	郎井村 11 号遺跡			2	河北省文物考古研究所 1996
	郎井村 13 号遺跡			11	河北省文物考古研究所 1996
	郎井荘 30 号遺跡		4		河北省文物考古研究所 1996
居住遺跡	東沈村 6 号遺跡	3	1		河北省文物考古研究所 1996
	西貫城村 7 号遺跡		1		河北省文物考古研究所 1996
	西貫城村 9 号遺跡		13	17	河北省文物考古研究所 1996
	北沈村 8 号遺跡	2	2		河北省文物考古研究所 1996
	西沈村 19 号遺跡	4			河北省文物考古研究所 1996
	高陌台 2 号遺跡			27	河北省文物考古研究所 1996
建築・宮殿遺跡	老姆台遺跡			38	河北省文物考古研究所 1996
	老姆台 28 号遺跡			2	河北省文物考古研究所 1996
	老爺廟台 V 号遺跡		15	6	河北省文物考古研究所 1996
	老爺廟台 27 号遺跡			3	河北省文物考古研究所 1996
墓葬	九女台墓区第 16 号墓	(8)			河北省文化局文物工作隊 1965b
	虚粮冢墓区第 8 号墓			(8)	河北省文物考古研究所 1996
	辛荘頭墓区第 30 号墓			10（※）	河北省文物考古研究所 1996
	31 号墓	(1)			河北省文化局文物工作隊 1965c
	44 号墓			99	河北省文物管理処 1975
	解村 1 号墓		3		河北省文物考古研究所 1996
	解村 3 号墓		3		河北省文物考古研究所 1996
	解村 5 号人頭骨叢葬			1	河北省文物考古研究所 1996

（　）は盗掘の際の混入の可能性、墓の埋土や墓口上の文化層からの出土などの記載がある例。
（※）鉄剣、金柄鉄剣以外の鉄器は、盗掘壙や墓壙内への崩落土内から出土したと考えられる。

・表の年代は報告書記載の年代。このうち墓の年代について、筆者は出土土器やその出土状況から九女台墓区第 16 号墓は副葬土器編年第Ⅳ期後半、虚粮冢墓区第 8 号墓は副葬土器編年第 V 期頃、辛荘頭墓区第 30 号墓は副葬土器編年第 V 期、31 号墓は青銅器編年第Ⅲ期後半、解村 1 号墓は副葬土器編年第Ⅳ期以降第 V 期頃、解村 3 号墓は副葬土器編年第 V 期と考えている。

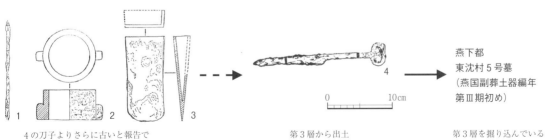

1：鉄鋌銅鏃　2：車軸頭　3：钁（斧）　4：刀子

図 1　燕下都東沈村 6 号居住遺跡における鉄器出土の層位的検討

表2 燕下都遺跡出土鉄器細目

報告による年代	遺跡名	種別	名称	数量	備考
戦国時代早期	郎井村10号遺跡	生活雑具	鉤	1	
		服飾品	帯鉤	2	
	東沈村6号遺跡	農具	钁（斧）	1	
		車馬具	車軸頭	1	
		武器	鉄鋌銅鏃	1	三稜式
	北沈村8号遺跡	農具	钁（斧）	1	
		刑具	脚鐐	1	
	西沈村19号遺跡	農具	钁（斧）	2	
		服飾品	帯鉤	1	
		武器	鉄鋌銅鏃	1	三稜式
	九女台墓区第16号墓	農具	钁（斧）	5	盗掘の際に混入した可能性あり 袋部に二条突帯を有するものあり
			板状鋤	1	盗掘の際に混入した可能性あり
		工具	削（刀子）	1	盗掘の際に混入した可能性あり
			錘（ハンマー）	1	盗掘の際に混入した可能性あり
	31号墓	工具	刮刀	1	墓口を覆う文化層から出土
戦国時代中期	郎井村10号遺跡	農具	钁（斧）	8	
			板状鋤	4	
			鎌	7	
			杈	1	鍛造
		工具	錘（ハンマー）	1	
			鑿	1	
			錛	3	
			環首刀	3	
		武器	剣	3	
		車馬具	車軸頭	1	
			銜	22	
		服飾品	帯鉤	3	
		刑具	鉗	1	
	郎井荘30号遺跡	服飾品	帯鉤	1	
		武器	鉄鋌銅鏃	3	三稜式
	東沈村6号遺跡	工具	環首刀	1	
	西貫城村7号遺跡	服飾品	帯鉤	1	
	西貫城村9号遺跡	農具	鏟（有袋鋤）	1	
			鎌	1	
			板状鋤	1	
		工具	錛	1	
			鑿	2	
			刀	1	
		武器	鉄鋌銅鏃	6	双翼式
	北沈村8号遺跡	農具	鎌	1	
		武器	鉄鋌銅鏃	1	三稜式
	老爺廟台V号遺跡	農具	钁（斧）	1	
		工具	削（刀子）、刀	3	
			錐	1	
		車馬具	镳	1	S字形
		武器	甲冑片	8	
			鉄鋌銅鏃	1	
	解村1号墓	武器	鐏（石突）	1	
			鉄鋌銅鏃	1	三稜式
				1	三稜式

第2節　燕下都遺跡における鉄器出現と普及の年代

報告による年代	遺跡名	種別	名称	数量	備考
戦国時代中期	解村3号墓	農具	钁（斧）	2	
			車軸頭	1	
戦国時代晩期	武陽台村21号遺跡	農具	钁（斧）	4	袋部に二条突帯を有するものあり
			鏟（有袋鋤）	1	
			鎬（三歯鍬）	1	
			鎌	2	
		工具	削（刀子）、刀	3	
			鑿	24	
			錛	26	
			錘（ハンマー）	12	
			砧	6	
			工具刀	5	
			冲子	4	
		武器	剣	6	鍛造
				1	鋳造
			矛	22	
			鐏（石突）	45	
			鐓（石突）	118	
			鉄鏃	3	
			胄小札	214	
			甲小札	63	
			鉄鋌	808	
			鉄鋌銅鏃	102	三稜式
				3	三弁式
		生活雑具	環	1	
			鈎	1	
		車馬具	車軸頭	4	
			鑣	1	
		刑具	鉗	1	
			鉗鎖	2	
			脚镣	3	
		鉄器材料		74	
		その他		8	
	武陽台村22号遺跡	農具	钁（斧）	7	袋部に二条突帯を有するものあり
			鎬	1	
			鏟	1	
			鎌	2	
		工具	刀	12	
			刮刀	2	
			鑿	1	
			錐	17	
			錘（ハンマー）	1	
			錛	6	
		武器	鉄鋌銅鏃	9	
		その他		5	
	武陽台村23号遺跡	農具	鎬	1	
			钁（斧）	1	
			鎌	1	
		工具	錛	1	
			削（刀子）	1	
			鉄料	1	

第5章　燕国における鉄器の出現と普及

報告による年代	遺跡名	種別	名称	数量	備考
戦国時代晩期	武陽台村23号遺跡	車馬具	車軸頭	1	
	郎井村10号遺跡	農具	钁（斧）	23	袋部に突帯なし
			钁（斧）	4	袋部に二条突帯あり
			鏟	9	鋳造
			鏟	1	鍛造
			鍬	5	「三歯鎬」及び「鎬歯」
			板状鋤	4	
			人字鋤	1	
			六角形鋤	4	
			鎌	12	
		工具	錛	29	
			鑿	15	
			削（刀子）	18	
			環首刀	6	
			錐	6	
			刹子	1	
			冲子	1	
			薄刃刀	4	
		車馬具	車軸頭	2	
			銜	2	連環式
		武器	剣	1	
			矛	2	
			鐏（石突）	3	
			鉄鏃	2	
			鉄鋌	10	
			鉄鋌銅鏃	14	三朞式
				1	双翼式
				6	三稜式
			甲冑片	1	
		生活雑具	釜	2	
		服飾品	帯鈎	6	
		刑具	鉗鏁	4	
			脚鐐	2	
		その他		14	
	郎井村13号遺跡	農具	钁（斧）	1	
		工具	錛	3	
			削（刀子）	1	
			錐	1	
		武器	甲冑小札	1	
			鉄鋌銅鏃	2	三稜式
				1	三朞式
		服飾品	帯鈎	1	
	西貫城村9号遺跡	農具	鏟	4	
			钁（斧）	1	
			鎌	1	
		工具	環首刀	2	
			名称不明	3	錐、針状
		武器	鉄鏃	1	三稜式
				1	扁平式
			甲冑小札	2	
			鉄鋌銅鏃	1	三稜式
				1	三朞式

第2節　燕下都遺跡における鉄器出現と普及の年代

報告による年代	遺跡名	種別	名称	数量	備考
戦国時代晩期	高陌村2号遺跡	農具	钁（斧）	3	
		農具	鎌	1	
		農具	五歯鍬	1	
		農具	杈	1	
		工具	錛	1	
		工具	鑿	2	
		工具	削（刀子）、刀	5	
		生活雑具	歯車	1	
		車馬具	車軸頭	1	
		車馬具	銜	2	振りのある連環式
		刑具	脚鐐	3	
		武器	鉄鋌銅鏃	3	三稜式
		その他		3	
	老姆台遺跡	工具	錛	1	
		武器	鉄鋌銅鏃	37	
	老姆台28号遺跡	武器	鉄鋌銅鏃	1	三稜式
				1	円脊平頭式
	老爺廟台V号遺跡	生活雑具	鈎	1	
		武器	剣	1	鍛造
			鉄鋌銅鏃	2	三稜式
				1	円錐式
			鉄鋌	1	
	老爺廟台27号遺跡	工具	錛	1	
		服飾品	帯鈎	1	
		武器	鉄鋌銅鏃	1	三稜式
	辛荘頭墓区第30号墓	武器	剣	1	
			剣首	1	
			金柄鉄剣	2	
		服飾品	帯金具	2	
			鉄飾	1	
		工具	錛	2	盗掘の際に混入した可能性が高い
			鑿	1	盗掘の際に混入した可能性が高い
	44号墓	工具	鉇	4	
			刀		
		農具	鎬	1	
			钁（斧）	4	
		武器	冑	1	
			剣	15	鍛造
			矛	19	鍛造
			戟	12	鍛造
			鐏（石突）	11	
			鉄鋌銅鏃	19	
		服飾品	帯鈎	3	
		その他		9	
	解村5号人頭骨叢葬	農具	钁（斧）	1	
	郎井村11号遺跡	農具	钁（斧）	1	
			鎌	1	
	虚粮冢墓区第8号墓	農具	钁（斧）	4	盗掘の際に混入した可能性あり 袋部に二条突帯を有するものあり
		工具	削（刀子）	1	盗掘の際に混入した可能性あり
			鑿	1	盗掘の際に混入した可能性あり
		その他		2	盗掘の際に混入した可能性あり

鉄器が存在していたことが確かめられる。

さらに、報告書の記載からは具体的に根拠が確認できないものの、鉄製刀子と同じ第3層から出土しているもので刀子よりやや古い時期の鉄器として、馬車の車輪の車軸頭と鏃（斧）、そして青銅の鏃身に長い鉄の茎部（鋌部）が鋳合わされた鉄鋌銅鏃が報告書にあげられている。この鉄鋌銅鏃は戦国時代に急速に普及する弩に用いた矢であると想定されており〔林巳1972〕、この時代に普及する武器に同じ時期に普及する素材である鉄が使用されているのは非常に興味深い。

このように、燕下都遺跡における鉄器の使用は、非利器を中心に紀元前5世紀には始まっていることがわかる。そして紀元前400年頃までには、利器として鏃（斧）と鉄製刀子も使用されている。

(3) 郎井村10号工房遺跡における鉄器の出土状況の考察

❶ 郎井村10号工房遺跡における鉄器普及の状況

燕下都遺跡内において、最初期の鉄器を知ることができる東沈村6号居住遺跡に続く時期の鉄器普及の様相を連続的に確認することができる遺跡として、郎井村10号工房遺跡をあげることができる。

郎井村10号工房遺跡は、燕下都内の東城南半部にあり、これまでの各章において日用土器や副葬土器編年の基準にした遺跡である。遺跡は1972年から78年にかけて4次にわたって調査された。この遺跡は層位や出土遺物の分析をもとに、報告では下層から上層へ「戦国早期」、「戦国中期」、「戦国晩期」と編年され、「戦国中期」から「戦国晩期」にかけて青銅器や鉄器といった各種の製品が生産されていた工房遺跡であると考えられている。この遺跡の年代に関しては、出土遺物の相対年代はおおむね妥当であるものの、報告で示されている実年代は検討の余地があるため、ここでは年代の名称を「戦国早期」、「戦国中期」、「戦国晩期」ではなく、それぞれ古いものから「郎井村10号工房遺跡1期」、「郎井村10号工房遺跡2期」、「郎井村10号工房遺跡3期」とする（第2章参照）。

各時期の青銅器や土器の編年から導かれた実年代をもとにすると郎井村10号工房遺跡1期は紀元前5世紀後半を中心に紀元前4世紀前半頃まで、2期が紀元前4世紀後半、3期は紀元前3世紀を中心とする時期であると推定される。以下では郎井村10号工房遺跡1期から3期にかけての出土鉄器をそれぞれの時期にわけてみていくことにしたい。

紀元前5世紀後半を中心に紀元前4世紀前半頃までの郎井村10号工房遺跡1期のものと考えられる鉄器は3点だけである（表1）。この時期は先に述べた東沈村6号居住遺跡の鉄器と時期が重なっており、副葬土器編年第Ⅱ期の副葬土器なども出土していることから、この時期の遺物は多くが紀元前5世紀のものである可能性が高い。これらの鉄器は、上述した東沈村6号遺跡同様、燕下都遺跡における初期の鉄器の様相を示しているといえるだろう。この時期の出土鉄器は平面形が琵琶形（図2-1）と棒状の帯鈎（図2-2）、長さ8cmあまりの鈎（図2-3）がそれぞれ1点ずつであ

第2節　燕下都遺跡における鉄器出現と普及の年代

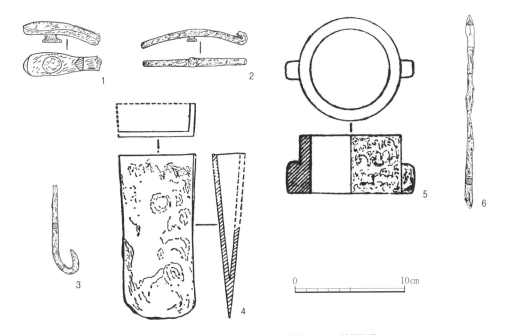

1・2：帯鉤　3：鉤　4：钁（斧）　5：車軸頭　6：鉄鋌銅鏃
（1～3：郎井村10号工房遺跡　4～6：東沈村6号居住遺跡）
図2　燕下都遺跡出土の主な新出鉄器（紀元前5世紀から紀元前4世紀前半頃）

る。器種も限られており、出土点数も少ない。

　一方、紀元前4世紀半ばから紀元前4世紀後半にかけての郎井村10号工房遺跡2期の鉄器は、出土点数が58点と1期に比べ20倍近く増加し、新たな器種も増える。燕下都東沈村6号居住遺跡で紀元前400年以前に出現していることが確認された钁（斧）のほかに、新出の器種としては農具では板状鋤（図3-3）、鎌が出土している。工具では錘（ハンマー）（図3-1）、鑿（図3-2）、環首の刀子なども出土している。このほかに銜などの馬具も多数出土しており、このうち銜は報告の記載から、郎井村10号工房遺跡3期のものとされる銜（図4-11）と同様の連環式であると考えられる。また服飾品としては帯鉤が出土している。さらに、この時期には、利器としての武器が登場しており、鉄剣の破片と報告されている鉄器（図3-4）が3点みられるが、刃先のみであり、剣ではなく矛の刃先である可能性も

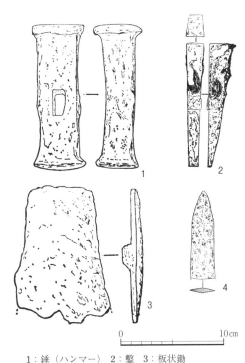

1：錘（ハンマー）　2：鑿　3：板状鋤
4：剣または矛　（1～4：郎井村10号工房遺跡）
図3　燕下都遺跡出土の新出鉄器
（紀元前4世紀後半頃）

145

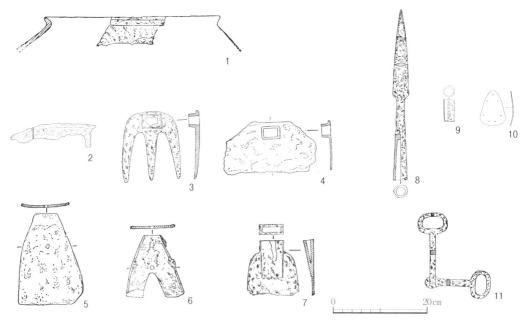

1：釜　2：鎌　3・4：各種鍬　5〜7：各種鋤　8：矛　9：鐏（石突）　10：甲冑小札　11：銜
（1〜7・9・11：燕下都郎井村10号工房遺跡　8・10：武陽台21号工房遺跡）
図4　燕下都遺跡出土の新出鉄器など（紀元前3世紀頃）

ある。このほかに手足を拘束するための刑具も出土している。

　また、郎井村10号工房遺跡2期の遺物には、鉄器と関連するものとして土製の鋳型があり、青銅器のほか鉄器の鋳造に使用されたと推定されるものもある。これらの鋳型は単合笵で、彫りこまれた器種としては、環首刀、鑿、钁（斧）、琵琶形と棒状の帯鈎などがある。

　以上のように郎井村10号工房遺跡2期の鉄器には、1期にあった帯鈎や钁（斧）のほか、鋤、鎌といった農具や、各種工具、武具なども新たにみられ、その種類、数ともに前の時期に比べて大幅に増加している。また、鉄器の鋳型も存在しており、興味深い。

　紀元前3世紀を中心とする郎井村10号工房遺跡第3期の遺物には、鉄器が215点含まれており、2期の約4倍、1期と比較した場合には70倍以上の数である。新たな器種では鉄製の釜（図4-1）といった日用生活品もあるなど鉄器の普及ぶりがうかがわれる。農具としては钁（斧）が27点出土しており、報告書の記述によれば、そのうち4点は二条突帯を有しているという。また比較的小型の手斧（錛）なども存在している。さらに鎌（図4-2）、三歯形や六角形の鍬（図4-3・4）があり、中央に柄を固定するためのものと考えられる穿孔のある板状鋤（図4-5）のほか人字形鋤（図4-6）、袋部を有する鋤（図4-7）も発見されている。

　一方、工具には、鑿や刀子の他、錐が存在している。このほか、連環式の銜といった馬具がみられる。さらに、武具は鉄鋌銅鏃や剣、矛、鐏（石突）（図4-9）のほかに、2期の遺物にはみられなかった甲冑の小札も出土している。そのほかに帯鈎も引き続き出土している。

　同様の鉄製の矛や小札は、燕下都武陽台村21号工房遺跡からも出土している（図4-8・10）。土

第2節　燕下都遺跡における鉄器出現と普及の年代

器なども郎井村10号工房遺跡3期のものと共通しており、同じ時期の遺物と考えられる。また、多量の武器、武具が出土した燕下都44号墓〔河北省文物管理処1975〕も同じくこの時期と推測されるが、共伴した多数の銭貨には、戦国時代の最晩期のものが含まれていないことから、紀元前3世紀半ば以前の墓であると推定される。なお、燕下都44号墓からは鉄製の鉈が出土している。この郎井村10号工房遺跡3期の鉄器は、農具、工具、武器、そして生活用品それぞれにおいて郎井村10号工房遺跡2期のものに比べて、種類が増加するとともに、鉄器の点数も2期の4倍近くに達しており、この時期における鉄器のより一層の普及をものがたっている。

❷　郎井村10号工房遺跡の出土鉄器種別の変化と遺跡の性格

　郎井村10号工房遺跡の1期から3期にかけての出土鉄器数の変化を図5に示した。出土鉄器数が時期を追うごとに指数関数的に増加していることがわかる。また、時期別出土鉄器の種別ごとの割合を図6、図8、図9に示す。なお、鉄器の種別については表2に示した報告書の記載にしたがった。

　郎井村10号工房遺跡1期（図6）は出土数が3点のみで母数が少ない。服飾品は帯鉤である。ほぼ同時期の東沈村6号居住遺跡の出土例をもあわせたグラフが図7である。武具は茎部に鉄を使用する鉄鋌銅鏃であるので、鉄器が利器として使用されているのは農具（钁（斧））と工具（刀子）のみである。

　郎井村10号工房遺跡2期（図8）では、農具の割合が急激に増える。農具と工具、武具で半数を超えている。車馬具の多さが目につくが、車馬具の総数23点中22点が衔（残りの1点は車軸頭）である。新出の器種である衔の出土数の多さは、この工房遺跡での生産品と関連していると考えられる。

　郎井村10号工房遺跡3期（図9）では、工具と武具の増加が目につく。農具・工具・武具としての使用例で4分の3以上を占めている。武具については最初期から銅鏃の茎部としての鉄利用（鉄鋌銅鏃）があったが、3期では武具の総出土点数40点のうち、鉄鋌銅鏃は21点で、武器全体に占める割合は約53％である。一方で剣や矛といった利器としての武具もある。

　『燕下都』では出土遺物をもとにして郎井村10号工房遺跡の性格について論じている〔河北省文物研究所1996〕。それによると1期は工房遺跡ではなく居住遺跡であったとしている[2]。その後の2期から3期にかけては、遺跡から各種の生産に関連する遺物も発見されているため、工房であったと推定されている。

　2期の遺物には剣、戈、钁（斧）、鑿、刀子、明刀銭などの鋳型が含まれている。これらの鋳型には青銅器生産用と鉄器生産用の双方が混じっており、報告者はこの時期には工房内での青銅器生産と鉄器生産が未分化の状態だったのではないかとしている。

　一方、3期の遺跡の性格について報告では、鋳型は帯鉤笵と刀子笵だけが出土しているので、非軍事の鋳造遺跡に転化したのではないかと推定している。しかし、40点もの鉄製武具が発見され

147

第5章 燕国における鉄器の出現と普及

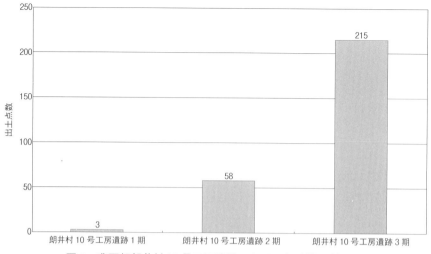

図5 燕下都郎井村10号工房遺跡における各時期の鉄器出土数

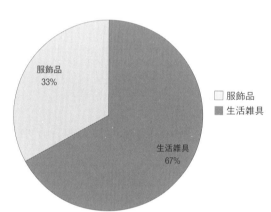

図6 燕下都郎井村10号工房遺跡出土鉄器の種別の割合（1期）

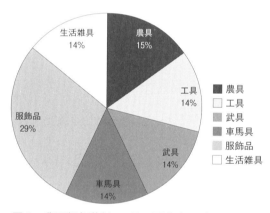

図7 燕下都郎井村10号工房遺跡及び東沈村6号居住遺跡出土鉄器の種別の割合
（紀元前5世紀～紀元前4世紀前半）

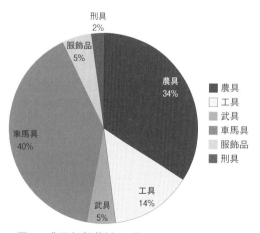

図8 燕下都郎井村10号工房遺跡出土鉄器の種別の割合（2期）

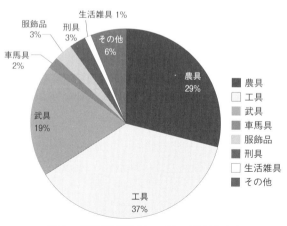

図9 燕下都郎井村10号工房遺跡出土鉄器の種別の割合（3期）

第2節　燕下都遺跡における鉄器出現と普及の年代

1：燕下都九女台墓区第16号墓　2：蓮花堡遺跡　3：比恵遺跡　4：大久保遺跡
図10　燕下都遺跡、遼寧地域、日本列島出土の二条突帯を有する钁（斧）

ており、生産品が非軍事の工房に完全に変化したとはにわかには信じがたい。これらの武具についても、他所で鋳造されたものが持ち込まれ、脱炭処理といった鉄器生産に関する何らかの作業がおこなわれていた可能性があるだろう。あくまでも雑多な各種の製品が鋳造されていた状況が解消されるとともに、工程の分業化が進んだ結果である可能性がある。

(4)　二条突帯を有する钁（斧）の出現期をめぐって

　ここまで、燕下都内にある2つの遺跡における出土鉄器から春秋戦国時代の燕国における鉄器の出現と普及の様相をみてきた。最後に日本列島の弥生時代における初期鉄器のなかで特徴的な二条突帯を有する钁（斧）の燕下都遺跡における出現年代をみていきたい。弥生時代の初期鉄器としては二条突帯を有する钁（斧）が福岡県比恵遺跡の須玖Ⅱ式古段階の時期のSC112（図10-3）〔白井編1996〕や愛媛県大久保遺跡の伊予東部第Ⅱ-1様式またはⅡ-2様式の時期の2C区SD-13（図10-4）〔柴田・本田・柴田編2008〕をはじめ、複数の遺跡から出土しており、日本列島における初期鉄器の特徴的器種の一つとなっている〔野島2008〕。この二条突帯をもつ钁（斧）は、中国では、遼東の遼寧省撫順市蓮花堡遺跡〔王1964〕の出土例（図10-2）がよく知られているが、燕下都遺跡でも(3)でみた郎井村10号工房遺跡の3期の鉄器にみられ、実年代は、紀元前3世紀を中心とする時期である[3]。この3期の上限年代は紀元前300年前後にまで遡るが、それ以前の紀元前5世紀の鉄器普及最初期の钁（斧）には、現在までのところ二条突帯をもつ確実な例は燕下都遺跡では確認できない。

　一方で燕下都遺跡では、郎井村10号工房遺跡3期の例のほかに、九女台墓区第16号墓（図10-1）の墓壙内から二条突帯を有する钁（斧）が発見されている〔河北省文化局文物工作隊1965b〕（表2）。この墓の年代は報告では「戦国早期」とされているが、第3章で示したように紀元前4世紀後半と考えるのが妥当である。また、この鉄器について報告では、出土状況から副葬品ではなく、墓の盗掘者が盗掘の際に残していった混入品の可能性があるとしている。ただ、墓を造営した際に残された可能性もある。

　これらのことから、二条突帯を有する钁（斧）はその初現時期は早ければ紀元前4世紀に遡る可

149

能性もあるが、紀元前5世紀にみられる無帯の鑼（斧）より遅れて出現したものであろう。鑼（斧）をめぐっては、鋳造の際に使用された単合范と双合范についての議論〔村上 2008〕があり、無帯の鑼（斧）は単合范、二条突帯を有する鑼（斧）は双合范によってそれぞれ製作されたとの指摘〔中村 2012〕もある（図 10 参照）。二条突帯を有する鑼（斧）の出現は、燕国の鉄器生産において新たな製作技術が導入されたことを示す可能性をも示唆するものであろう。

第3節　小　結

　燕下都遺跡における鉄器と土器の共伴関係や出土状況の層位学的検討及び、日用土器や副葬土器の年代との関係を総合すると、燕下都遺跡での鉄器の出現と普及の年代は表3のようにまとめることができる。紀元前5世紀には、日用品としての帯鈎や鈎といった鉄器が出現している。また、遅くともこの時期には、東沈村6号居住遺跡にみられるように工具や農具ではいち早く鑼（斧）が出現しており、車馬具として、鉄製の車軸頭もみられる。また、弩に用いた鏃と推定される鉄鋌銅鏃では長い茎部に鉄が利用される。このように、この時期の鉄製品はほとんどが非利器であり、利器としての武器はまだみられない。唯一、利器として鑼（斧）が存在しており、その出現の早さは注目に値する。さらに紀元前400年頃には鉄製の刀子が使用されている。そして紀元前4世紀半ばから後半頃には工具や農具として、錘（ハンマー）・鑿・板状鋤・鎌が出現しており、武器としては鉄剣、または矛がみられるようになり、この時期には利器としての武器への鉄利用がはじめてみとめられる。その後、紀元前3世紀には、各種日用品、工具、農具、武器、車馬具への鉄利用がさらに増加する様相が確かめられる。

　このように燕下都遺跡から出土した鉄器の年代を考察すると、燕国における鉄器文化は遅くとも紀元前5世紀には非利器としての日用品などの鉄器化から始まり、次第に利器へと鉄利用が進む様相がみられる。そのなかでも利器としては、鑼（斧）の出現が最も早い。なお、最初期の鑼（斧）は二条突帯をもたず、二条突帯を有する鑼（斧）は遅れて登場し、紀元前3世紀には存在していた

表3　燕下都遺跡における各種鉄器の出現年代

実年代	日用品	工具・農具	武　器	車馬具
紀元前500年		鑼（鉄斧）	鉄鋌銅鏃	車軸頭
紀元前400年	帯鈎，鈎	刀子		
		錘（ハンマー）、鑿、板状鋤、鎌	剣（矛の可能性あり）	銜
紀元前300年	鉄製容器	鉇，各種鋤，鍬	鐏（石突）、矛、甲冑	

と推定される。このように利器への鉄利用が比較的遅れる状況は鍛造技術の年代が鋳造より遅いという東アジアにおける初期鉄器文化の特徴と合致するという点からみても非常に興味深い。なお、これらの年代は、遺跡での出土状況から考察したもので、あくまで各種鉄器出現の下限年代を示すものである。出現の上限年代はさらに遡る可能性があることはいうまでもない。

［註］
（1）　燕下都遺跡の報告をはじめ、中国の発掘報告書では、鉄器の名称が日本で使用されているものとは異なることが多い。例えば、朝鮮半島や日本列島でも出土例が増えている「袋部を有する鋳造鉄斧」は、中国の報告書では「钁」という名称で記載されることが一般的である。

　　　中国の鉄器の名称をめぐっては、潮見浩が日本語の名称をいかに付すべきかをその鉄器の用途にまで遡ったうえで考察している〔潮見 1982〕。このなかで潮見は、「钁」を「鍬先」であると推定しており、木製の柄に差し込んで使用したと考えている。中国の報告書では、この「钁」に類似する形状の鉄器の名称として「斧」や「錛（潮見は日本語名称を『手斧』とする）」があるが、これらとの違いを潮見は「この「钁」と「斧」と「錛」は、形態的に共通しており、詳細な観察記述のないものでは、区別のつけかねるものが多い〔潮見 1982：13 頁〕」とし、「一応の区別は、钁と斧は両刃であること、錛は片刃であること、钁は刃部の幅が袋部よりせまく、斧は刃部の幅が袋部の幅よりひろく外彎するなどから可能ではある〔同上：13 頁〕」としている。ただ、その後増加している中国の報告では、「钁」という名称が上述の潮見の区分に従っているとはいい難いものも増えており、筆者による現地での実見調査でも、これらの三種類の鉄器間について潮見が述べている属性、とくに钁と斧の違いや、钁が両刃のみで片刃は存在しないのかなどは、判然としない例も多い。

　　　そこで、本書では鉄器の名称に関して「钁」については、今後の分析により名称の変更も考える必要があると考え、「钁（斧）」としている。なお、中村大介もこの器種に関しては筆者と同様の意見で、「钁（斧）」を使用している〔中村 2012〕。
（2）　ただ、滑石製の装飾品が大量に出土しており〔河北省文物研究所 1996〕、装飾品の工房であったとも考えられる。
（3）　二条突帯を有する钁（斧）の日本列島での出土例の年代は、大久保遺跡例が弥生時代中期前半、比恵遺跡例は中期後半というように時間幅がある。中国における出土例についても蓮花堡遺跡では半両銭や釜 E 類（第 2 章参照）が出土しており、遺跡の下限年代が前漢時代初めまで下り、同様の形態の二条突帯を有する钁（斧）が戦国時代から前漢時代前期併行の比較的長期にわたって存在していたと考えられる。

第6章

燕文化の独自性をめぐって

はじめに

　本章では、第1章から第5章にかけて分析してきた燕国の青銅器、副葬土器、貨幣、鉄器を同じ時期の周辺国、とくに中山国と総合的に比較しながら、燕国の独自性と他国との共通性について考察する。

　燕国の周辺国では、とくに中山国に関する発掘調査が進んでいる。中山国は燕国に隣接した国で、河北省平山県では中山国の紀元前4世紀後半の国王墓である譽墓〔河北省文物研究所1995〕のほか、国都である霊寿城（三汲古城）遺跡の調査が進んでいる。

　霊寿城遺跡は、東西の最大長が約4km、南北の最大長が約4.5kmの規模で、燕下都遺跡同様に東城と西城の2地区にわかれている。城の周囲には城壁が確認されている。城の内部では墓区のほか宮殿地区や工房地区、居住地区などの関連遺構と遺物が検出され、近年考古学的資料の蓄積が著しい。発掘調査の結果、東城は北半部分が宮殿地区、南半部分には大型建築群があったことがわかった。西城には、中央部に工房地区や商業地区があったほか、北部には王陵をはじめとする大型墓が営まれ、そのうちの1基が上述の譽墓である。なお、報告〔河北省文物研究所2005〕では、この霊寿城を紀元前380年前後から、滅亡した紀元前296年までの中山国の国都であるとしている。

　本章では、青銅器、副葬土器、鉄器などに関して、主にこの中山国との比較をおこないながら、春秋戦国時代における燕文化の特徴を総合的に考えていくこととする。

第1節　墓と副葬土器、青銅製礼器における燕文化の特質

（1）　中山国との比較

　第3章において、燕国の副葬土器の編年と副葬土器にあらわれている階層差の問題を検討した。筆者は以前に燕国とその南西に隣接していた中山国の墓の副葬品と埋葬施設にあらわれた相違について論じたことがあるが〔石川2001〕、ここではそれをもとにしながら、燕国と中山国の墓の様相をさらに比較したい。

　中山国に関しては、1995年に王墓である河北省平山県に存在する譽墓の正式報告が刊行され、国王墓（譽墓）とともに、その周囲から発見された夫人墓とされる陪葬墓の報告がなされている

第6章　燕文化の独自性をめぐって

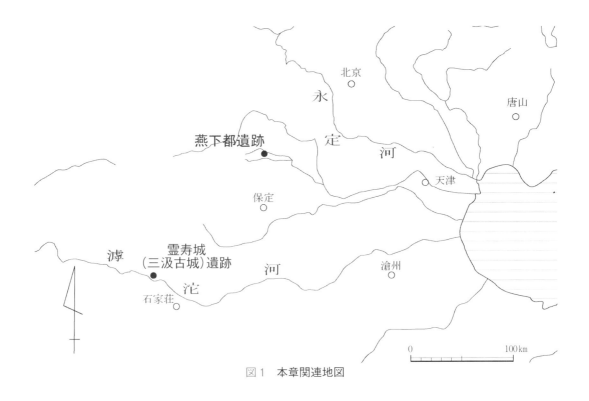

図1　本章関連地図

〔河北省文物研究所1995〕。これらの墓については、嚳墓については青銅器に刻された銘文によって被葬者の名が明らかになり、紀元前4世紀後半に葬られたことが判明している。そして、嚳墓の周囲に存在している陪葬墓の年代も嚳墓の年代に大差ないものと考えられる。よって、これらの墓とその出土品は実年代についてかなり確実なものとして検討しうる資料であるといえる。また、嚳墓に隣接し、中山国の国都であると推定されている河北省平山県霊寿城遺跡の調査によって、中小型墓も数多く調査され、報告されている〔河北省文物研究所1987b〕。ここではこれらの墓を分析し、燕国との比較をおこないたい。

(2)　中山国の墓について

中山国は、北方に居住していた「狄」や「鮮虞」という名で文献史料にみえる民族が河北省南部の山地で建国した国であるとされる。

領土は燕国などの「戦国の七雄」と呼ばれる国々に比べれば小さく、河北省南部の霊寿城遺跡や嚳墓の存在する平山県一帯であったと考えられる。中山国は建国後、紀元前407年にいったん、魏国の攻撃によって滅亡した。しかし、その後、紀元前4世紀前半に国を再建したものの、紀元前296年に趙国によって攻められて、再び滅亡したとされている〔白編1994〕。

中山国は文献史料では北方民族が建国した国であると記載されているが、考古資料によってもそのことを濃厚に確認することができる。

河北省新楽県中同村2号墓からは甗や鼎、壺、豆など、中原諸国にみられるような形態の青銅

器が出土している一方、金製の腕輪や青銅製の環頭刀子といった、北方系の遺物が共伴している〔石家荘地区文物研究所 1984・河北省文物研究所 1985b〕。この墓を報告者は、出土した鼎などの青銅器から戦国時代前期と編年している。その年代はおおよそ妥当なものであるといえる。また、この墓は竪穴積石墓であり、このような構造の墓は竪穴土壙墓が主体の中原諸国においては一般的でなく、北方地域によくみられる墓に近い。

また、同様の墓は河北省平山県霊寿城遺跡周辺でも調査されている(1)。三汲古城（霊寿城）8001号墓や8102号墓、8003号墓などは、上述の中同村2号墓のように石を積んで墓壙を構築し、副葬品として中原にみられる形態の青銅器と北方的な青銅器が共伴している〔河北省文物研究所 1987b〕。報告ではこのような墓を春秋時代末から戦国時代前期の墓としているが、鼎や壺、甗などといった中原的な青銅器の形態や文様は中同村2号墓出土の青銅器に類似しており、妥当な年代であるといえるだろう。このように、中山国の戦国時代前期までの墓は中原的な青銅器を出土するものの、墓の形態や遺物に北方的な様相を強くみせる独特なものである。

一方、霊寿城遺跡の周辺では中山国の土器副葬墓なども調査されている。これらの墓を分析するためには、実年代の確定が必要である。よって、まず実年代のわかる譽墓の分析からはじめたい。

中山国王譽墓は、霊寿城遺跡の西に存在する大型墓群中の一つの墓である。この墓は墓室から出土した青銅製の墓の兆域図や墳丘の調査によって、墳丘上に寝殿を有する墓であり、国王譽及びその近親者の墓上建築が造営される予定であったことも明らかになった〔河北省文物管理処 1979、河北省文物研究所 1995〕。

譽墓は墓室に積石がみられ、上述の戦国時代前期の墓を思い起させるが、これも北方的なものであると考えられる。墓は墓道と墓室全体の形状が中字形をなす。墓室には、中央に遺体をおさめた槨室が存在し、その周囲に副葬品をおさめるスペースである東庫、西庫、東北庫がある。譽墓は中央の墓室は盗掘されていたものの、副葬品をおさめていた東庫、西庫、東北庫は未盗掘で、ここから青銅器や鉄器、土器などの大量の副葬品が出土した。

ここではこれらの遺物のうち、青銅製礼器と副葬土器を主に分析し、墓にみられる中山国の特徴を明らかにしたい（図2・3）。

西庫からは9点の青銅製の升鼎が出土している。そのうちの1点は足部が鉄で作られている。この鉄足銅鼎の胴部には「惟十四年王譽作鼎於銘曰…」〔河北省文物管理処 1979、河北省文物研究所 1995〕という銘文が刻されており、この銘文からこの墓が中山国王譽墓であることが明らかとなった（図2-1）(2)。升鼎が9点出土していることは、九鼎をもつことができる王にのみ許されたという礼制にのっとるものであり、この墓が王墓であることを裏づける。報告では、中山国王譽の埋葬年代を中山国に関する文献の記載などをもとにしながら紀元前310年前後としている。

西庫からはそのほかに青銅製の豆、方壺、円壺、小円壺、勺、編鐘、盤、匜（い）、甑、鳥柱盆などが出土している（図2）。ほかに副葬土器（図3）では4点の鼎、豆、円壺、球腹壺、鴨形器、碗、甗、盤、匜、鳥柱盆、筒形器などが出土している。

第6章　燕文化の独自性をめぐって

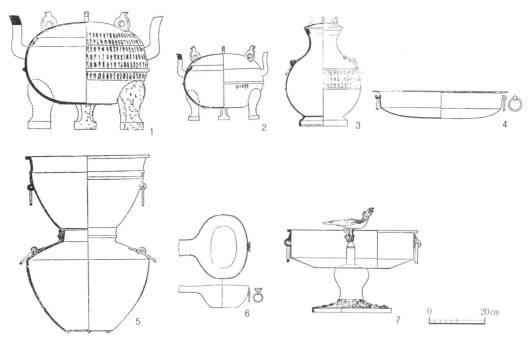

1：鉄足銅鼎　2：鼎　3：壺　4：盤　5：甗　6：匜　7：鳥柱盆
図2　中山国王譽墓出土青銅製礼器

　東庫からは青銅製の鼎、方壺、甗、筒形器、鳥柱盆、盆、盤、匜などが出土したほか、土器では釜、碗などが出土した。

　中山王譽墓から出土した遺物のうち、青銅製礼器は鼎、豆、壺などがみられ、この墓の副葬礼器の基本的器種構成が、東周王室や三晋諸国、そして第3章でみた燕国などの土器副葬墓と同様であることがわかる。一方で青銅製の方壺、球腹壺、盤（図2-4）、匜（図2-6）、勺、編鐘、筒形器なども出土している。これらを燕国の墓の副葬品と比較した場合、盤、匜、勺、編鐘などは、燕国の墓、とくに最上位クラスのⅱ-b-3組でもみられる器種である。また、土器についても鼎、豆、壺、球腹壺(3)などで対応する器種が存在する。しかし、器形や文様を比較した際には燕国と大きく異なっている。例えば副葬土器（図3）を同じ時期である燕国副葬土器編年第Ⅳ期の燕国の副葬土器と比較した場合、例えば鼎（図3-1）は燕国のものに比べ、胴部の形態がかなり下膨れで、描かれる文様も大きく異なっている。また豆は燕国のものに比べ脚部が短い（図3-10）。また壺についても頸部が短く、燕国のものに比べて胴長な印象をあたえる（図3-7）。球腹壺も燕国の小口壺に比べて頸部が長い（図3-8）。描かれる文様は、渦文とそれらを組合せて三角形を形作る文様や獣文であり、燕国の鼎D2類、壺A類などにみられる文様とは大きく異なっている。

　また、燕国の墓にはみられない器種も存在する。それは鴨形器（図3-9）や筒形器（図3-5）、鳥柱盆（図3-6）、甗（図3-2）などといった土器である。これらはこの墓から同様の器種の青銅器も出土していることから同時期の青銅製礼器を模倣して製作された副葬土器であるといえる。こ

第1節　墓と副葬土器、青銅製礼器における燕文化の特質

1：鼎　2：甗　3：盤　4：匜　5：筒形器　6：鳥柱盆　7：壺　8：球腹壺（小口壺）　9：鴨形器　10：豆　11：碗
図3　中山国王䶮墓出土副葬土器

れらの燕国においてみられない副葬土器や青銅製礼器と同様のものは、韓国、趙国、魏国のいわゆる三晋諸国でみられる器種である。

　三晋諸国の副葬土器に関しては、葉小燕や宮本一夫、張辛の論考がある〔葉1985、宮本1992、張1994〕。宮本は、東周王室の所在地であった河南省洛陽市中州路遺跡の墓群の副葬土器編年をおこなうとともに、三晋諸国の副葬土器を編年し、このうち山西省東南部の長治地区分水嶺戦国墓〔山西省文物管理委員会・山西省考古研究所1964〕についてふれ、分水嶺35号墓から鳥柱盆や小口壺が出土していること、21号墓から筒形器などが出土していることを述べ、これらを戦国時代の三晋諸国における新出の副葬土器とし、その年代を紀元前4世紀前半としている。また、葉小燕も同様に中原（三晋諸国および東周王室）の副葬土器を分析、編年しているが、鳥柱盆や筒形器の出現の時期を紀元前4世紀頃と考えている。これらの副葬土器は器形においても、中山国王䶮墓出土の副葬土器との類似性が確かめられる。

　一方、䶮墓の周辺からは夫人の墓とされている陪葬墓が発見されている（図4）。陪葬墓は1号墓

157

第6章　燕文化の独自性をめぐって

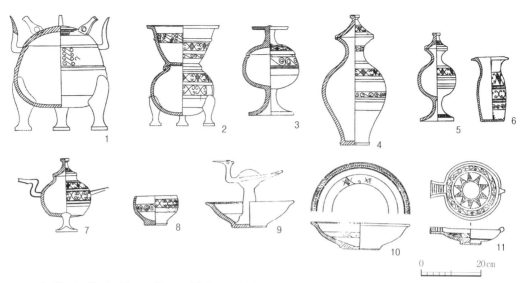

1：鼎　2：甗　3：豆　4：壺　5：球腹壺　6：筒形器　7：鴨形器　8：碗　9：鳥柱盆　10：盤　11：匜
図4　中山国王䓨墓4号陪葬墓出土副葬土器

から6号墓まで存在し、このうち3号墓は激しい盗掘を受けているが、このほかの墓からは多くの副葬品が出土した。このうち6号墓は日用土器のみ出土したため、報告では夫人ではなく、身分の低い人物の墓ではないかとしている〔河北省文物研究所1995〕。

陪葬墓からは青銅製礼器は出土しておらず、副葬土器のみ出土している。これらの墓から出土した副葬土器の器種はほぼ一致しており、鼎、豆、壺、盤、匜、球腹壺、甗、鳥柱盆、鴨形器、筒形器、碗、盤豆などである（図4・表1）。

陪葬墓から出土した副葬土器は器形や文様において䓨墓出土の副葬土器とほとんど同じである。これらの陪葬墓は調査の際の層位学的分析から、国王の䓨と同時に埋葬されたものではないことが明らかになっている。しかし、副葬土器からみた場合には、ほとんど時期差をみいだすことができないため、ほぼ同時期とみとめてもよいものと考えられる。

なお、これらの陪葬墓は棺・槨をもつ。墓の規模は表2の通りである。これらの墓はほとんどが盗掘を受けているが、出土している鼎の数は1号墓が1点、2号墓が4点である。そして4、5号墓からは10点ずつ出土している。このことについて報告では、盗掘は受けているものの、4、5号墓にはもともと5点または6点の鼎が2セット副葬されたのではないかと推定している。

ところで、これらの墓は副葬土器からみた場合には、副葬土器の器種については䓨墓と大きく変わるところがない。しかし、䓨墓のように青銅製礼器がセットとして副葬されていない。よって、これらの陪葬墓は規模や副葬品の比較からは䓨墓に次ぐ階層の墓と考えることができよう。また、これらの墓は夫人墓と報告されており、女性墓もまた当時の礼制にもとづく副葬土器の組合せの規制から外れるということがなかったということがわかる。

一方、霊寿城遺跡の周辺では、このほかにも土器副葬墓が調査されている〔河北省文物研究所

第1節　墓と副葬土器、青銅製礼器における燕文化の特質

表1　中山国墓出土青銅礼器・副葬土器一覧

組	墓名	青銅製礼器	青銅編鐘	編磬	陶鼎	陶豆	陶壺	球腹壺	盤	匜	盤豆	鴨形器	烏柱盆	碗	甗	筒形器
第1組	嚳墓	○	○	○	4	4	4	2	2	2		2	1	2	1	1
第2組	嚳墓1号陪葬墓				1		2	2	1	1	5	1	1	1	1	1
	嚳墓2号陪葬墓				4	4	4	2	1		10	1	1	1	1	1
	嚳墓3号陪葬墓							1	1	1			1	1		1
	嚳墓4号陪葬墓				10	4	4	2	1	1	12	1	1	1	1	1
	嚳墓5号陪葬墓				10	4	4	2	1	1	12	1	1	1	1	1
第3組	三汲古城8011号墓				○	○	○	○	○	○			○			
	三汲古城8207号墓				○	○	○	○	○	○			○			○
第4組	三汲古城8012号墓				○	○	○	○	○							

墓葬施設

■ 大型槨室をもつ

▨ 槨・棺をもつ

□ 棺のみをもつ

表2　中山国における墓の規模一覧

	墓の規模（墓口：長辺×短辺）（メートル）
嚳墓	14.9 × 13.55（5槨室）
嚳墓1号陪葬墓	7.48 × 6.94
嚳墓2号陪葬墓	6.04 × 4.86
嚳墓3号陪葬墓	5.5 × 4.7
嚳墓4号陪葬墓	7.1 × 6.1
嚳墓5号陪葬墓	7.46 × 6.22
三汲古城8011号墓	4.8 × 3.94
三汲古城8207号墓	3.72 × 2.66
三汲古城8012号墓	3 × 1.87

1987b〕。これらの墓はすべて竪穴土壙墓で内部に棺や槨を設けている。このうち、三汲古城（霊寿城）8011号墓（図5）は尚北村西墓区に位置し、墓壙の規模は長辺4.8m、短辺3.94mである。この墓は棺と槨をもつ。この墓からは土器の鼎、豆（図5-2）、壺（図5-5）、球腹壺（小口壺）（図5-1）、盤（図5-7）、匜（図5-4）、烏柱盆（図5-6）、盤豆（図5-3）などが出土した。これらの出土点数は不明である。報告ではこの墓の年代を副葬土器の器形が嚳墓出土の副葬土器に類似するとして、ほぼ同時期としている。報告で図示されている鼎や豆の器形は嚳墓出土の土器に確かに類似しており、報告に記載されている年代の推定はほぼ妥当といえよう。

　三汲古城（霊寿城）8207号墓は尚北村東墓区に位置し、墓壙の規模は長辺3.72m、短辺2.66mで棺・槨をもつ。この墓からは鼎、豆（図5-8）、壺、球腹壺、盤（図5-12）、匜（図5-9）、烏柱盆（図5-11）、鴨形器、筒形器（図5-10）、盤豆が出土した。これらの副葬土器の出土点数は不明である。この墓の年代も報告では嚳墓とほぼ同じ時期であるとされている。

　三汲古城（霊寿城）8012号墓は尚北村西北墓区に位置し、墓壙の規模は縦3m、横1.87mである。この墓には槨がなく、棺のみをもつ。この墓からは鼎（図5-15）、豆、壺、球腹壺（図

第6章　燕文化の独自性をめぐって

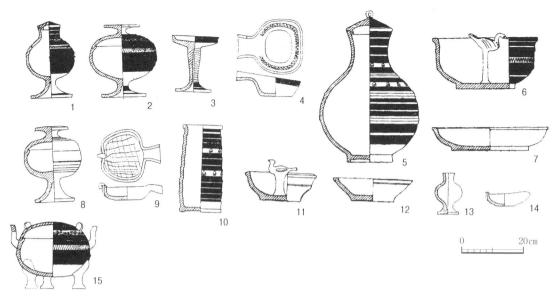

1・13：球腹壺　2・8：豆　3：平盤豆　4・9・14：匜　5：壺　6・11：鳥柱盆　7・12：盤
10：筒形器　15：鼎　(1～7：8011号墓　8～12：8207号墓　13～15：8012号墓)

図5　三汲古城遺跡周辺の墓から出土した副葬土器

5-13)、盤、匜（図5-14）が出土した。これらの副葬土器の出土点数は不明である。報告ではこの墓が上述した8011号墓や8207号墓に比べて副葬土器の器種が少ないことを根拠にして、中山国がしだいに衰亡していく時期の墓としてとらえ、8012号墓が8011号墓や8207号墓よりも時期が遅れるとしている〔河北省文物研究所1987b〕。

しかし、8012号墓から出土した鼎（図5-15）は報告で鼎Ⅰ式とされ、この鼎と同様のものが8011号墓からも出土しており、8011号墓との間に時期差を考えることは難しい。また報告に図示された鼎も腹部などの形態が譽墓出土の土器の鼎と類似しており、ほぼ同時期と考えて問題ないだろう。

(3)　小結

ここまで中山国の墓についてその都城であった三汲古城遺跡周辺で調査されたものを中心にみてきた。土器副葬墓は出土土器の形態の類似から、銘文によって紀元前4世紀末に年代が位置づけられる中山国王譽墓とほぼ同時期とすることができる。これらの墓の時期は燕国の副葬土器の編年では東斗城村29号墓や燕下都九女台墓区第16号墓などの時期である第Ⅳ期に併行する。これらの墓について各墓の副葬土器、及び青銅器の器種についてまとめたのが表1である。この表で示したように中山国の墓は副葬土器と青銅器の有無によって大きく四つの組にグループわけされる。

第1組は、青銅製礼器のセットをもち、さらにそれを模倣した副葬土器を保持する。このグループには中山国王譽墓が属する。

第2組は、青銅製礼器をセットとしてもたず、青銅製礼器を模倣した副葬土器のみを保持する。

副葬土器の器種は第1組がもつ副葬土器とほとんど同じである。この組に属する墓は響墓の陪葬墓である1号～5号の各陪葬墓である。なお、3号陪葬墓は激しい盗掘を受けているため、土器の器種がほかの墓より少ないが、墓の規模や土器の文様や器種の共通性をもとに、本来の副葬品はほかの陪葬墓とほぼ同じと想定して第2組に入れている。

第3組は、青銅製礼器をもたず、青銅製礼器を模倣した副葬土器をもつ。ただ、副葬土器の器種は第1組と第2組にはあった甗と碗がない。第3組に属するのは三汲古城8011、8207号墓である。これらの墓から出土する副葬土器の表面には第1組、第2組の副葬土器でみられた沈線による文様のほかに、暗文による文様が多くみられる。また無文に近い土器も存在している。

第4組は、青銅製礼器をもたず、青銅製礼器を模倣した副葬土器を副葬する。副葬土器の器種は最も少なく、鼎、豆、壺、球腹壺、盤、匜のみである。この組に属する墓は三汲古城8012号墓である。第4組も第3組と同様、副葬土器の表面には沈線文のほかに暗文による文様が多用されるほか、無文のものなども存在する。

中山国の墓は紀元前4世紀後半に上のような四つの副葬土器及び青銅製礼器の器種構成のグループにわけることができる。このような4グループの差異はいったい何に起因するのであろうか。この4グループそれぞれに関して、墓壙の規模を示したのが表2であり、それをグラフ化したのが図6である。これらによると、第1組から第4組へとしだいに墓が小型化していることが明瞭にわかる。

また、墓の施設についても、小型化に対応するように簡単な構造になっている。また、出土する副葬土器の文様という点でも、第3組、第4組の副葬土器にみられる文様と、第1組、第2組にみられる文様には違いがみられる。第1組と第2組では、器体全体を磨き、沈線文によって幾何学文や動物文を描く。一方、第3組、第4組の副葬土器は沈線文のほかにミガキ痕によって文様的効果をみせる暗文が多用されている。これらの副葬土器の器形は、すべてのグループにおいてかなり類似しており、同じ時期に文様の種類や繁寡に差がいくつかの系統の副葬土器が同一器種のなかに存在した可能性が高い。それはちょうど、第3章でみた燕国の状況と一致し、燕国ではこのことが被葬者の階層差と大きく関わっていることについてはすでに述べた。

ここまでみてきた中山国における墓の副葬品について、とくに本章の分析対象である青銅器や

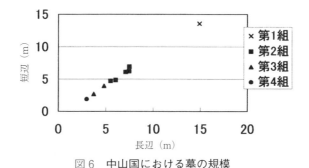

図6　中山国における墓の規模

土器を同じ時期の燕国墓と比較した場合、次のようなことが指摘できよう。

①中山国では王墓クラスの墓には青銅製礼器が副葬される。とくに愈偉超〔愈1985〕が指摘した上位の身分であることをあらわす升鼎が中山国では青銅製であるのに対し、燕国では土器である。

②燕国と中山国においては、紀元前4世紀後半の基本的な副葬土器や青銅器の組合せは、ともに東周王室や三晋諸国と同様に鼎、豆、壺（盤、匜、球腹壺（小口壺））である。

③燕国と中山国において共通して存在する器種の副葬土器も、器形や文様では、ほぼ同時期のものであっても大きな違いがみられる。

④燕国の墓、特に上位階層者の墓（ii‐b‐3組）にみられる方鼎などといった「復古形態」の副葬土器は中山国には存在していない。

⑤一方、中山国墓においてみられ、燕国墓においてはみられない鳥柱盆や筒形器などの器種がある。これらの器種は同様の形態のものが三晋諸国に存在する。

⑥燕国と中山国の二国間の墓にみられる副葬品の器種的な差異は上位階層の墓ほど大きくなる。一方で下層階級の墓では鼎、豆、壺、小口壺、盤、匜といった器種が共通にみられる。だだ、これらの副葬土器の器形や文様は二国間で異なる部分が多い。

⑦中山国の墓の構造や出土遺物のなかには三晋諸国や燕国にみられない北方的な要素が多く存在する。

　副葬品をもとにした中山国の階層制のモデルを示すと図7の左のようになる。燕国と同様に被葬者の階層ごとに墓への副葬品についての中山国独自の規制が働いていたことが確かめられる。

　上でも述べたように、中山国においては現在までの墓の調査例がまだ多くはなく、燕国のように詳細な副葬土器の編年をもとに階層差について論じることはできない。

　しかし、上述したように中山国におけるある程度の墓の変遷観を論じることは可能である。春秋時代末から戦国時代前期にかけては中原系の青銅器と北方的な青銅器を副葬する墓である。墓壙は石で構築され、北方的な様相を強く帯びる。これらの墓は燕国の副葬土器編年でいえば、第Ⅰ期から第Ⅱ期頃を中心とする年代であるといえよう。

　一方、紀元前4世紀後半にあたる𨮭墓の段階は燕国副葬土器編年の第Ⅳ期にあたる。この時期の墓は霊寿城遺跡の周辺にもみられ、その様相に関しては上述した通りである。この時期の墓でも北方的要素がみられ、𨮭墓では墓室の構築に石を用いるほかに、北方的な様相をみせる天幕の骨組みであったと考えられる青銅製の棒なども出土している〔河北省文物研究所1995〕。しかし、この時期の墓を総合的に検討した場合、副葬土器や青銅製礼器のありかたは三晋諸国に一致し、戦国時代前期とは大きく異なっているといえる。

　𨮭墓段階の中山国において上位階層者の墓にみられる鳥柱盆、鴨形器、筒形器といった副葬土器の器種は当時の三晋諸国においてもみられたものである。また、これらの器種が三晋諸国においても上位階層者の墓に副葬されるという指摘がある〔葉1985、宮本1992〕。このことも中山国と三晋

第1節　墓と副葬土器、青銅製礼器における燕文化の特質

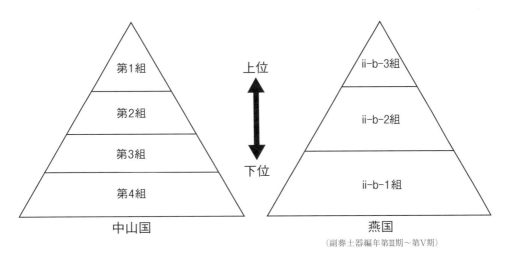

図7　墓からみた中山国と燕国の階層制モデルの比較

諸国が一致している点である。ここで分析した墓に関しては副葬土器の器形がどの墓もほぼ一致しているため、ほぼ同時期として考えたが、中山国は紀元前3世紀初めに滅亡しているため、分析した墓が中山国滅亡後、三晋諸国の一国である趙国のものであるおそれがあるかもしれない。しかし、中山国王墓である響墓からは三晋諸国と共通する器種の青銅器が出土していること、そしてそれを模倣した副葬土器が共伴して出土していることを考えても、中山国における副葬土器や青銅製礼器の器種は三晋諸国と一致していたと考えることができる。

　一方、燕国の墓においては第3章で分析したように、中山国の上位階層者にみられるような副葬土器の器種（鳥柱盆・鴨形器・筒形器）は存在せず、かわりに「復古形態」の副葬土器が存在する。また、青銅製礼器を確実に副葬した上位階層者の大型墓が存在しない。

　このことに関しては、盗掘によって本来は副葬されていた青銅製礼器が発掘時には無くなってしまっていたという指摘〔河北省文化局文物工作隊1965b〕があるほか、秋山進午は、燕下都九女台墓区第16号墓が燕下都造営の際に過去の燕国の君主を祀るために副葬土器を埋納した祭廟的な施設であったという可能性を指摘している〔秋山1982〕。しかし、この燕下都九女台墓区第16号墓から出土したような副葬土器は燕国のほかの墓においてもみられ、燕下都辛荘頭墓区第30号墓のような大型墓においても同様に、副葬土器のみが出土している。そして第3章における副葬土器編年によって示されたように、辛荘頭墓区第30号墓は九女台墓区第16号墓に遅れる時期のものである。よって、これらの燕国の大規模な土器副葬墓が、一時期に造営されたものではないことは明らかである。

　また、中山国において王墓クラスの響墓のみに副葬された器種として編鐘があるが、この器種は燕国においても九女台墓区第16号墓や辛荘頭墓区第30号墓などといったii-b-3組のなかでも最上層の墓の副葬品にみられるものである。燕国においてはこの器種も青銅器ではなく土器である。このようなことからも、燕国においては他国で副葬される青銅器が基本的に土器であったと考える

163

のが自然である。

　その一方、燕国と中山国において同様の様相もみいだすことが可能である。燕国と中山国は基本的な副葬土器の組合せが紀元前4世紀後半段階では鼎、豆、壺である。このため器種というレヴェルでみた場合、とくに規模の小さい下級墓において副葬土器の組合せが同じものになる。しかし、器形や文様という点から比較した場合、燕国と中山国の墓の副葬土器は大きく異なったものである。

　特に器形で大きな差異をみせる器種が豆である。燕国において、豆は第3章で述べたように豆A類、豆B類が存在するが、これらの豆は第1章でみた青銅製の豆A類（第1章図2-5）や豆B類（第1章図2-6）といった燕国独自の形態の青銅製礼器を模倣したものである。

　一方、中山国においては副葬土器の豆は脚が短い。この中山国の豆との関連で注目される青銅器が、譽墓で出土している同様の形態の脚部の短い豆である。同様の脚の短い青銅製豆は中山国をはじめ三晋諸国、燕国においても出土しているものである（第1章図2-7）。中山国や三晋諸国で出土する副葬土器の豆はこのような脚部の短い青銅製豆を模倣して製作されたと考えることができるであろう。

　このように、燕国と中山国の墓においてみられる特徴の比較を通して、墓と副葬土器、そして青銅器とそのあり方についての燕国の独自性とともに、ほかの中原諸国との共通性もみえてくる。

第2節　鉄器と青銅器生産における燕国と中山国の比較

　中山国の鉄器に関しては、2005年に刊行された『戦国中山国霊寿城—1975-1993年考古発掘報告』〔河北省文物研究所 2005〕によって、多くの出土遺物についての情報を知ることができるようになった。

　この報告書は、中山国の都城遺跡である河北省平山県霊寿城（三汲古城）遺跡の発掘報告であり、この遺跡からは、燕国の燕下都遺跡同様、宮殿、工房、居住地区などの遺構が多数検出され、関連する遺物も発見された。鉄器関連遺物としては、鉄器のほか、鉄器を製作する際に使用された鋳型なども出土しており、春秋戦国時代における中山国の鉄器文化の実態を把握するための大きな手がかりとなるものである。

　三汲古城遺跡出土の鉄器については、中村大介が鋳型を中心に燕国の鉄器文化との比較をおこなっている〔中村 2012〕。中村によれば、三汲古城遺跡出土の钁（斧）を鋳造する鋳型は単合笵で、同様の単合笵は燕下都遺跡でも出土しているという。このことから中村は、単合笵による鉄器製作技術が燕国や中山国を含め、中原の広い範囲で共有されていたと指摘している。

　また、三汲古城遺跡では、燕国でもよくみられる弧状の刃をもつ鎌（図8-1）のほか、実物は発見されていないものの、燕国でも河北省北部から遼寧省、内蒙古自治区、そして朝鮮半島北部を中

心に出土例の多い鉄製の石包丁形収穫具（第7章図5-10）の鋳型が鉄器製作工房遺跡から発見されている[4]（図8-2）。燕国の限られた地域で数多く出土する石包丁形収穫具が中山国でも使用されていた可能性も含めて、燕国との鉄器鋳造技術における相互交渉の可能性をより深く示す例といえるだろう。

このように鉄器については、製作技術において当時の国家の枠を越えた技術の共有があった可能性が高い。青銅器生産に関しても、貨幣鋳造関連遺物で中山国と燕国の興味深い比較が可能である。中山国の都城である三汲古城遺跡からは、燕国で流通した明刀銭が多数出土しているが〔河北省文物研究所 2005〕（第4章第2節参照）、このほかに明刀銭の鋳型が複数出土している（図9）。報告によれば、この鋳型は中山国で燕国の貨幣である明刀銭の偽銭を鋳造するのに使用されたという〔河北省文物研究所 2005〕。

三汲古城遺跡で発見された明刀銭の鋳型は、土製の双合范で、正面范、背面范それぞれ2点ず

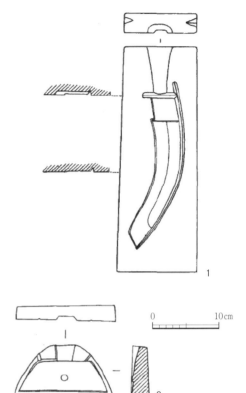

1：鉄鎌鋳型　2：鉄製石包丁形収穫具鋳型
図8　三汲古城遺跡出土鉄製収穫具の土製鋳型

つの計4点が9号遺跡の土壙T4H3から出土している。湯口が鋳型の上部に設けられ、ここから湯道が彫られており、一度の鋳造で計4点の明刀銭を鋳造することができる。

この鋳型は第4章でふれた燕下都郎井村10号工房遺跡で発見された明刀銭の鋳型〔石・石 1996〕と比べると、燕下都郎井村10号工房遺跡例は一度に計5点の明刀銭を鋳造できるという点に違いはあるものの、ともに土製であることや、鋳型の形状、湯道などの構造がきわめて類似している。このことは偽銭を鋳造する鋳型であるとはいえ、貨幣の鋳造技術についての情報が燕国から中山国に何らかの形で流入していたことをものがたっている。それは単なる鋳造技術情報の移動であるのか、鋳造技術を保持した工人の移動であるのか、現在のところではまだ判断するのが難しい。しかし、青銅器の鋳造技術情報が当時、国家間で比較的容易なかたちで共有されていたことを示す一つの事例であることは間違いないといえるだろう。また、第5章でも述べたように、燕下都郎井村10号工房遺跡では、2期（紀元前4世紀半ばから後半）には、工房遺跡内で鉄器と青銅器の鋳造が未分化であったという指摘がなされている〔河北省文物研究所 1996〕。ほぼ同じ時期の三汲古城遺跡においても、同様の状況であったことが、発掘調査の結果判明している〔河北省文物研究所 2005〕。このことも鉄器と青銅器の生産体制における共通点として興味深い。

第 6 章　燕文化の独自性をめぐって

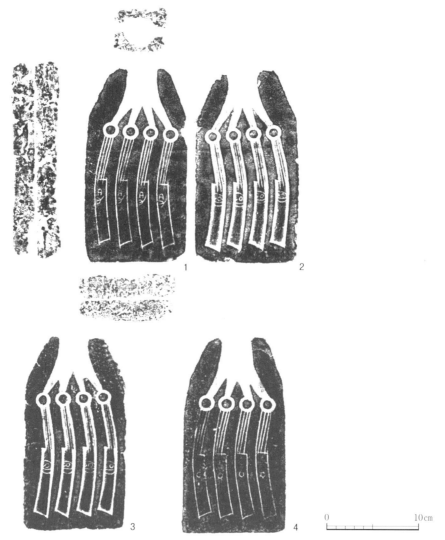

1：背面范　2：正面范　3：正面范　4 背面范　（1～4：E9T4H3 出土）
図 9　三汲古城遺跡出土の明刀銭鋳型

　このように、鉄器や青銅器の製作といった技術的な部分については国家の間で情報の共有がかなりの程度でおこなわれていたと推定される。

第 3 節　小　結

　ここまで、墓の副葬品、鉄器や貨幣（青銅器）の鋳造技術などについて、燕国と燕国の隣国である中山国の比較をおこなってきた。これらの比較からは春秋戦国時代における燕国独自の特徴のほかに、他国との共通点もみえてきた。以下で簡単にまとめてみる。

第3節 小 結

　燕国独自の特徴としては、墓の副葬品においては副葬土器の器種における「復古形態」の土器の存在があげられる。また、燕国は上位階層者の墓には、中山国とは異なり青銅器は副葬されず、土器のみが副葬される点も大きな特徴である⁽⁵⁾。これは中山国のみならず、燕国と三晋諸国との相違点でもある。

　一方で共通点も指摘できる。墓の副葬品では、副葬土器の基本的な器種構成が、燕国、中山国、三晋諸国、東周王室においては「鼎・豆・壺」であり、国を越えての共通性が確認できる。また、鉄器や青銅器については、製作される製品に違いはあるものの、鋳型の特徴から相互の国の間での製作技術の共通性がみとめられた。

　このように春秋戦国時代においては各国で文化の様々な面で独自性がある一方、各国で共通した文化的基盤もあったことが指摘できるだろう。独自性は、上位階層者の墓の副葬品や通貨といった、政治性の強くあらわれる要素において強い。一方、共通性は基本的な副葬土器の器種構成、青銅器や鉄器の製作技術といった部分において強い傾向が指摘できるだろう。このような各国の独自性と広範囲での共通性は、春秋戦国時代という中原各地に多くの国家が分立し、一見、没交渉的に捉えられがちなこの時代を再考する際に新たな一つの視座を与えるものである。

　〔註〕
（１）　本章で中山国の墓を分析する際に使用した一部の報告〔河北省文物研究所 1987b〕では、霊寿城を所在地の地名にちなんで「三汲古城」と記している。そのため墓の名称も報告書の記載にしたがって「三汲古城○○○○墓」としている。
（２）　このほかにも同じ西庫からは、「惟十四年王嚳命相邦…」〔河北省文物管理処 1979・河北省文物研究所 1995〕という銘文が刻まれた方壺が出土しており、鉄足銅鼎同様、この方壺が中山国王嚳の命によって作られたことがわかる。
（３）　中山国の球腹壺は、同様の器形が燕国の副葬土器にも存在し、燕国の小口壺に対応すると推定される。
（４）　この石包丁形収穫具は、燕国では燕下都遺跡でも表採品〔河北省文物研究所 1996〕や河北省唐山市東歓坨遺跡での出土例〔河北省文物研究所・唐山市文物管理処 1998〕はあるが、多くが燕山山脈以北の遼寧地域で出土する。そして燕国の石包丁形収穫具は孔が二つあるものが一般的であるのに対して、霊寿城遺跡で発見された鋳型は孔が一つであるという違いがある。ただ、遼寧省大連市習家屯遺跡では孔が一つの鉄製石包丁形収穫具が出土している〔村上 2014〕。
（５）　戦国時代における国ごとの青銅器副葬の有無は、国力との関係よりもむしろ、各国における階層制のあらわれ方と関わる問題であると考えられる。

第 II 部
燕国の遼寧地域への拡大

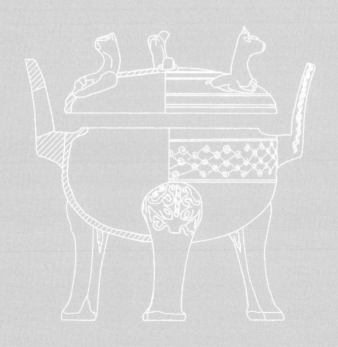

鼎（副葬土器）
東大杖子 40 号墓出土
（遼寧省文物考古研究所・吉林大学辺疆考古研究中心・葫蘆島市博物館・建昌県文物管理所 2014a より引用）

第7章

遼西における燕国の進出の年代とその様相

はじめに

　日本列島の弥生時代は一般に青銅器、鉄器といった金属器が使用されるようなった時代として知られている。なかでも日本列島での鉄器使用の開始をめぐっては、かつては弥生時代の開始年代との関わりのなかで言及されることが多かった。しかし、2000年代に入ってからの国立歴史民俗博物館によるAMS炭素14年代測定法をもとにした新たな弥生時代の実年代論の提起をきっかけに、鉄器使用の開始は最近では弥生時代中期の開始年代との関わりから注目されるようになっている。それは、これまで弥生時代早期から前期にかけてのものとされてきた鉄器について、出土状況などの再検討を通して、早期や前期前半の鉄器として考えうる資料は存在していないことが確認されたことによる〔春成2003〕。このため日本列島における最古の鉄器資料は現在のところでは弥生時代前期末から中期初めのものであるとされる。一方、青銅器の普及という点からも弥生時代の中期初頭から前半は吉田広が示すように〔吉田2008〕、日本列島において武器形青銅器の鋳造が始まる時期にあたっている。

　このように、弥生時代中期の開始は鉄器の日本列島への流入と青銅器文化の新たな展開という点で一つの画期である。その年代と背景を考える際に重要なのは、日本列島への金属器文化の流入に大きな影響を与えた東北アジアの金属器文化の様相である。とくに、春秋戦国時代の燕国の遼寧地域への拡大は、朝鮮半島そして日本列島も含めた東北アジアへの鉄器文化の流入と、青銅器文化変容の契機になったと考えられてきた〔潮見1982など〕。

　そこで、第Ⅱ部では朝鮮半島や日本列島の青銅器と鉄器普及の歴史的な背景として大きな意義を有し、遼寧地域への鉄器文化の流入に大きな役割を果たした春秋戦国時代の燕国の東方への拡大、そしてそれに伴う遼寧地域の青銅器文化変容の様相を最新の考古資料を用いながら再検討したい。

　まず本章では、遼西における状況を考察していく。第1節では、これから第Ⅱ部であつかっていく遼寧地域の地理的特徴をまとめる。第2節では、かつておこなった考察〔石川2011、石川・小林2012〕をもとに、現在までに調査されている当該時期の遺跡やその出土遺物から、遼西の在地的青銅器文化の終末期における燕国のこの地域への拡大をマクロ的視点から考察する。第3節では、最近報告書が刊行された遼寧省朝陽市袁台子遺跡王墳山墓群〔遼寧省文物考古研究所・朝陽市博物館2010〕のこの時期の墓の分析を通して、燕国の遼西への拡大がもたらしたミクロな地域社会の変化について読み解く。そして第4節では、前節までの考察をもとに、遼西への燕国拡大の年代

171

第 7 章　遼西における燕国の進出の年代とその様相

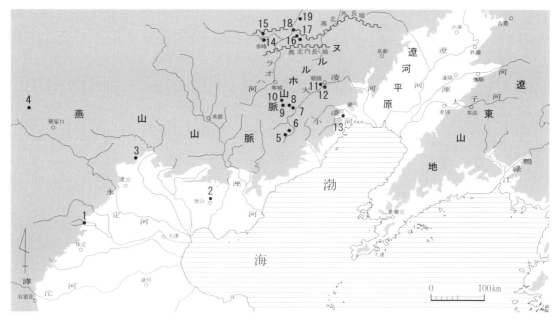

1：燕下都　2：賈各荘　3：懐柔城北　4：小白陽　5：東大杖子　6：于道溝　7：南洞溝
8：大城子眉眼溝　9：安杖子　10：三官甸　11：十二台営子　12：袁台子　13：小荒地
14：蜘蛛山・紅山区　15：夏家店　16：烏蘭宝拉格　17：水泉　18：老虎山　19：周家地

図 1　本章関連地図

とその様相を総合的に考える。

第 1 節　遼寧地域の地理的位置づけ

　遼寧地域は、現在の中華人民共和国の東北地方南部に位置し、燕国の中心地域の北東に広がる地域である。
　まず、本章と次章であつかっていくことになるこの地域の地理的概要を簡単に述べることにする。遼寧地域は、今日の行政区分でいえば、中国遼寧省を中心とするが、地理的、歴史的一体性からみた場合には、西は内蒙古自治区赤峰周辺、北は吉林省南部をも含む地域である。この地域は、南は黄河流域を中心とする華北に接し、西はモンゴル高原、北は松花江、黒龍江（アムール川）流域、さらに東は朝鮮半島から日本列島へと通じ、周辺地域との接点となっている。
　遼寧地域は、中央部の遼河平原を南へ流れる遼河によって大きく東西にわけられる。遼河をはさんで、その西側の地域を遼西、東側の地域を遼東と呼ぶ。
　遼西は、東側は平野であるが、西に行くほど山がちとなり、南は燕山山脈によって華北平原と、西は大興安嶺山脈によってモンゴル高原と隔てられる。また、遼西の山地部のほぼ中央には、ヌルルホ山脈が北東から南西に走る。この山脈の西側には、シラムレン河・ラオハ河・英金河が流れ、

これらは合流し、西遼河となって、ヌルルホ山脈の北側を迂回して、遼河に流れ込む。ラオハ河や英金河の流域は比較的平坦な平野部となっており、現在の内蒙古自治区赤峰市や寧城県はこの地域にある。一方、ヌルルホ山脈の東側はその西側に比べ、急峻な地形が続き、そのなかを大凌河や小凌河が流れ、渤海へと注いでいる。

　一方、遼東は、西側は遼河の氾濫によって形成された平野であるが、東側は急斜面の山地である。この山地は千山山地とも呼ばれるが、ここでは遼東山地と呼ぶこととする。遼東山地は、南は遼東半島の山地部へ連なる。東は朝鮮半島北部の山岳地帯にまで続き、鴨緑江や豆満江（図們江）が、現在の中華人民共和国と朝鮮民主主義人民共和国の国境となっている。遼東山地の西側は、渾河や太子河が西へと流れ、遼河に注ぐ。渾河流域には瀋陽や撫順、太子河流域には遼陽があり、これらの都市は、ちょうど遼河平原と遼東山地の境界付近に営まれている。

　この地域における地域性が明確にみとめられるようになるのは、新石器時代からである。

　この時期の土器文化は、中国中原とは異なる東北アジアの土器文化の基調となる「極東平底土器文化」に属し、表面に連続弧線文を施す〔大貫1998〕。この連続弧線文については、遼西と遼東における地域的相違が指摘されている〔宮本1985a〕。また、遼寧地域は、南の華北、中原地域から断続的な影響を受けてきた。新石器時代には、遼西は燕山山脈の南の現在の河北省や北京市周辺から、遼東半島を中心とする遼東は渤海をはさんだ山東半島からの影響を主に受けた。他方で、この時期の遼寧地域の文化はさらに東の朝鮮半島の先史文化に大きな影響を与えている。

　新石器時代に形作られた遼寧地域の独自性は、青銅器時代にも受け継がれ、遼寧式銅剣をはじめとする独特な青銅器をもつ文化が形成された。そして、この地域の青銅器文化が朝鮮半島から日本列島の青銅器文化に多大な影響を与えていることは、今日までの数多くの研究により、誰しもがみとめるところである。

　本章と次章で考察するのは、その在地的な青銅器文化が終焉を迎える契機となった燕国のこの地域への進出についてであり、本章では遼西を対象地域とする。

第**2**節　遼西における青銅器文化終末期の様相

（1）　東北アジア南部青銅器文化の終末期と燕国青銅器文化の流入

　ここでは、遼西をヌルルホ山脈の東側の大凌河及び小凌河の流域（大・小凌河流域）と西側のラオハ河及び英金河の流域（ラオハ河・英金河流域）に分けて、それぞれの地域における在地的な青銅器文化の終末と燕国の青銅器文化流入の様相を墓からの出土品を中心にみていくこととする。

❶　大・小凌河流域

❶-1　大・小凌河流域の東北アジア南部青銅器文化の終末期の概要

　遼西の大凌河と小凌河流域における青銅器時代の代表的な遺跡としては遼寧省朝陽市十二台営子遺跡〔朱 1960〕や、それに後続する時期の遼寧省喀喇沁左翼蒙古族自治県南洞溝遺跡〔遼寧省博物館・朝陽地区博物館 1977〕、遼寧省凌源市三官甸遺跡〔遼寧省博物館 1985〕があげられる。これらの遺跡で出土した遼寧式銅剣をはじめとする青銅器は、この地域の青銅器文化の特徴をよく示し、かねてから有名である。南洞溝遺跡や三官甸遺跡は、ともに十二台営子遺跡と同様に墓地遺跡であると考えられ、遼寧式銅剣をはじめとする青銅器は副葬品としておさめられたものである。これらの墓から出土する遼寧式銅剣は宮本一夫が遼寧式銅剣 2 式とするもので〔宮本 2008〕、十二台営子遺跡で出土した銅剣に比べ、刃部が直線的になり、脊の突起が消失する傾向が顕著であるために、十二台営子遺跡より時期が下り、この地域の在地的な青銅器文化の終末期段階のものとされる。また、南洞溝遺跡や三官甸遺跡の出土遺物において重要なのは、遼寧式銅剣をはじめとする在地の青銅器文化の遺物のほか、燕国系統の青銅製礼器や銅戈といった青銅製武器がこの段階の墓から出土することである。それまでにはなかった燕国系の中原青銅器が副葬品としてみられるようになることは、これらの墓の時期にこの地域にモノの流入としてあらわれるような燕国の影響がすでに及んでいたことを示している。

　大・小凌河流域におけるこのような変化の実年代を考えるために、まずこれらの墓から出土する青銅器を第 1 章で示した燕国の青銅器編年をもとにして考察する。

　南洞溝遺跡からは鍑 A 類（図 2-1）と銅戈（図 2-2）が出土している。南洞溝遺跡の鍑 A 類は報告では河北省唐山市賈各荘 18 号墓〔安 1953〕から出土した鍑 A 類（第 1 章図 3-4）に類似するとされている。賈各荘遺跡は燕国の集団墓地遺跡で、18 号墓から出土した青銅器のなかで鼎は、河南省洛陽市中州路遺跡で第 3 期に編年される 2729 号墓出土の鼎に形態や文様が類似し、紀元前 6 世紀後半の実年代を与えることのできる代表的な青銅器とされ、筆者の青銅器編年では第 I 期にあたる。しかし南洞溝遺跡出土の鍑を詳細にみると、胴部につく一対の環状の耳部の形態は獣面形で、賈各荘 18 号墓よりも青銅器編年第Ⅲ期前半の河北省三河市大唐廻 1 号墓出土の鍑（第 1 章図 3-15）に近く、賈各荘 18 号墓の時期より若干下る可能性がある。

　一方、三官甸遺跡（第 1 章図 10）から出土した中原系青銅器には鼎や銅戈があり、報告ではこれらの青銅器の年代を戦国時代中期頃としている。とくに、この遺跡の銅戈については「郾侯載」銘をもつ銅戈との形態の類似をもとにした年代比定がこれまでなされてきた。

　この銅戈の銘にある「郾侯載」は郭沫若が指摘しているように『竹書紀年』に記される燕国の成公とされる〔郭 1952〕。しかし、その在位年については陳夢家の『六國紀年』〔陳 1955〕に依拠して紀元前 4 世紀後半であるとし、「郾侯載」銘銅戈に形態が類似する銅戈をはじめとする三官甸遺跡出土の青銅器の年代も戦国時代中期、紀元前 4 世紀後半まで下るとする研究者も多い〔林澐 1980、王 1999 など〕。しかし、第 1 章で考察したように、三官甸遺跡出土の銅鼎はその文様などを燕国

第2節　遼西における青銅器文化終末期の様相

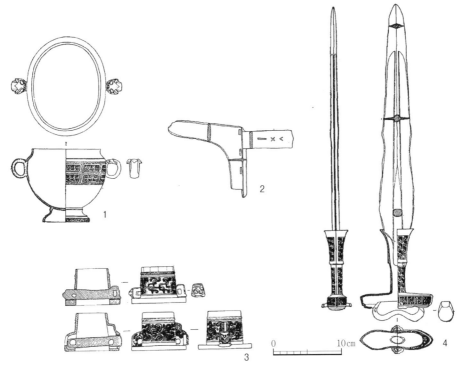

1：鋓A類　2：戈　3：車軸頭　4：遼寧式銅剣
図2　南洞溝遺跡出土青銅器

の青銅器と比較すると、紀元前5世紀にまで遡るものである。また、形態が類似するとされる「郾侯載」銘銅戈の年代も紀元前5世紀である可能性が高い。これらのことから、三官甸遺跡出土の青銅器の年代は紀元前4世紀までは下らず、紀元前5世紀に落ちつくと考えることができるだろう。

また、これらの遺跡のほかに、近年調査されたこの時期の大規模な墓群として遼寧省建昌県東大杖子遺跡がある。

この遺跡については、近年次々と報告がなされている〔中国国家文物局2000、遼寧省文物考古研究所・葫蘆島市博物館・建昌県文物管理所2014aほか〕。とくに、青銅器時代終末期に関連する注目すべき墓としては11号墓があげられる〔中国国家文物局2000、遼寧省文物考古研究所・葫蘆島市博物館・建昌県文物局2015〕。11号墓は、墓壙の長軸方向が東西方向で、墓壙上面の長辺が4.45m、短辺が2.65〜2.8m、深さは1.8mの規模である。上に石を積んで墓壙を塞ぎ、墓壙内部には木槨および頭廂が設置されていた。また、墓壙内の東側と東南側の三層台上からは、それぞれ牛の下顎骨の堆積が検出されている。

11号墓では、槨や頭廂内から青銅器を中心とする副葬品が多数出土した。これらの副葬品は在地系のものと燕国系のものから構成されている。そのうち、燕国系の遺物が図3-1〜22である。青銅製の鼎は、鼎A類で文様や器形が青銅器編年第Ⅱ期の北京市通県中趙甫出土例（第1章図

175

第 7 章　遼西における燕国の進出の年代とその様相

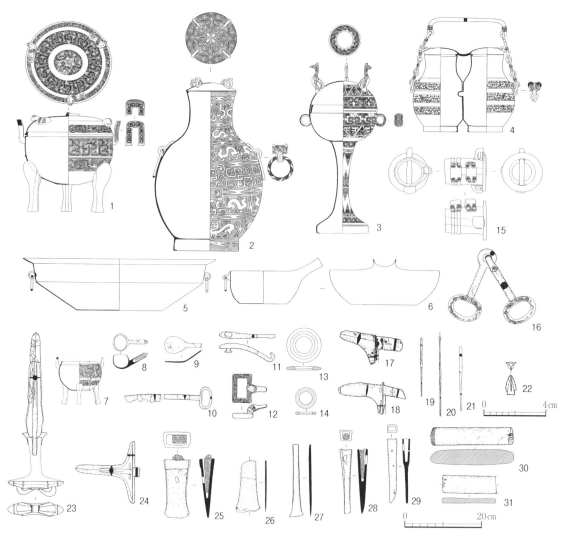

1・7：銅鼎　2・4：銅壺　3：銅豆　5：銅盤　6：銅匜　8・9：銅勺　10：銅刀子　11：銅帯鉤　12：銅方策　13：玉環　14：瑪瑙環　15：銅車軸頭　16：銅銜　17・18：銅戈　19〜22：銅鏃　23：遼寧式銅剣　24：遼寧式銅戈　25・26：銅斧　27：銅鑿状工具　28・29：銅鑿　30・31：砥石

図 3　東大杖子 11 号墓出土遺物

3-8・9）に類似する。ただ、銅銜に描かれている渦文は第 1 章でみた中趙甫例（第 1 章図 5-2）よりも青銅器編年第Ⅲ期前半の大唐廻 1 号墓例（第 1 章図 5-3）に近い。よって、11 号墓の年代は青銅器編年第Ⅱ期から第Ⅲ期前半、紀元前 5 世紀前半から中頃と考えられるだろう。なお、11 号墓から出土している銅豆（図 3-3）は豆 B 類であるが、蓋につく突起が鳥形をしており、燕国の中心地域で出土する豆 B 類の蓋の上部の突起とは形態が異なっている。豆 B 類におけるこのような突起の形状が中趙甫例（第 1 章図 3-12）に後続する可能性もあるが、地域的特色としてとらえられる可能性もある。突起が鳥形をしている豆 B 類はそのほかの出土例がないため、今後の出土例の増加を待ちたい。

176

一方、在地的な副葬品が図3-23〜31である。遼寧式銅剣（図3-23）は宮本一夫の編年による2式にあたる。剣柄は金製であり、このような豪華な装飾の遼寧式銅剣はこれまで発見例はない。そのほかにも遼寧式銅戈（遼西タイプ）（図3-24）や銅斧（図3-25・26）などが副葬されていた。

11号墓は、燕国の青銅製礼器、遼寧式銅剣、遼西タイプの遼寧式銅戈がともに副葬され、これらの遺物の同時期性が確認できる貴重な発見例である。そして、この墓の重要性は、実年代を知ることができることだけではない。副葬品や墓の構造から被葬者の性格をも推定できるのである。11号墓の副葬品は、燕国系のものだけをみれば、この時期の燕国の墓ではないかと思われるほどの豊富な内容である。しかし、金製の剣柄をもつ遼寧式銅剣、遼寧式銅戈、銅斧といった在地の青銅器をも副葬している。また、墓壙を塞ぐために石積をしたり、墓壙内に牛の下顎骨の堆積が検出されるなど、燕国ではみられない北方的要素がみとめられる。これらを総合すれば、この墓の被葬者は、燕国の上位階層者ではなく、在地の上位階層者であると考えられるだろう。

❶-2　遼寧式銅戈（遼西タイプ）とその年代

ところで、遼西では近年、朝鮮半島や日本列島の青銅器との関係で非常に注目すべき遺物が発見されている。それは、第1章で述べた遼寧式銅戈である。この銅戈は中原の銅戈とは異なり、上下に二つの胡があり、援には遼寧式銅剣や、朝鮮半島や日本列島の銅剣と銅戈にみられるような樋（血槽）を有する。この銅戈は2006年以降の筆者らの調査によって、遼西でこの地域に特徴的な遼西タイプが現在までに10点近く存在していることが確認されている。この遼寧式銅戈は日本列島の弥生時代の細形銅戈へとつながる朝鮮式銅戈に最も形態や特徴が近く、分布地域も近接することから、筆者らはこの銅戈が朝鮮式銅戈の起源であると考えている〔春成2006、小林・石川・宮本・春成2007、小林2008〕。この遼寧式銅戈（遼西タイプ[1]）は先に述べた遼寧省建昌県東大杖子11号墓〔遼寧省文物考古研究所・葫蘆島市博物館・建昌県文物局2015〕のほか、遼寧省建昌県于道溝遺跡〔遼寧省文物考古研究所・葫蘆島市博物館・建昌県文管所2006〕の墓である90M1からも、遼寧式銅剣や燕国系の副葬土器、中原の銅戈とともに出土している（図4）。燕国系の豆（図4-13）[2]は、蓋部と杯部を組み合わせた際の楕円形に近い側視観や、杯部と蓋部に施された多条の鋸歯文から、筆者の副葬土器編年第Ⅱ期のものであり、銅戈（図4-4）は河北省遷西県大黒汀1号墓例（第1章図8-3）や河北省三河市双村1号墓出土例（第1章図8-7）に近く、筆者の青銅器編年第Ⅱ期からⅢ期前半に相当する。これらのことから、于道溝90M1出土の遼寧式銅戈（遼西タイプ）（図4-5）を含む遺物の実年代はやはり東大杖子11号墓と同じく、紀元前5世紀初めから中葉頃と考えられるだろう。

このように遼寧式銅戈（遼西タイプ）は紀元前5世紀前半を中心とする、この地域において前代からの在地的な青銅器を有する文化が継続しつつも、燕国の青銅器や土器などが流入し始めた時期の所産であるといえよう。

❶-3　小結

以上のように、燕国の青銅製礼器や副葬土器の実年代観をもとにすると、紀元前6世紀後半か

第7章　遼西における燕国の進出の年代とその様相

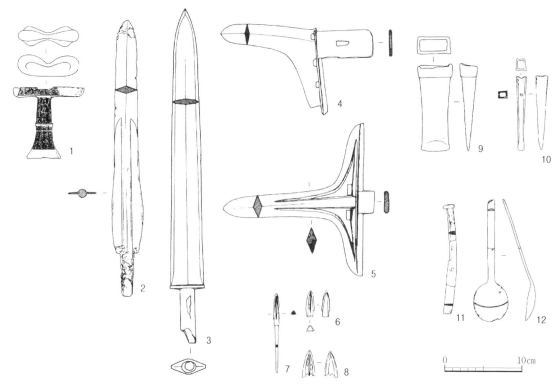

1：青銅剣柄　2：遼寧式銅剣剣身　3：中原式銅剣　4：中原式銅戈
10：銅鑿　11：銅刀子　12：銅匙　13：豆（土器）

図4　于道溝 90M1

ら紀元前5世紀にかけての遼西の大・小凌河流域では、墓に燕国系の青銅製礼器や銅戈などの武器、一部には燕国の副葬土器がみられ、燕文化の流入が確かめられる。しかし、一方では遼寧式銅剣が引きつづき存在しており、遼寧式銅戈（遼西タイプ）といった在地的な青銅器も新たに登場する。そして、燕国の青銅製礼器が、東大杖子11号墓のような副葬品が多数発見される上位階層者のものと推定される墓から遼寧式銅剣などの在地的な青銅器とともに集中して出土する。この状態は遼西のこの時期の社会が南の燕国と関係をもちながらも、在地的な独自性を強固に保持し続けていることを如実に示している。

❷　ラオハ河・英金河流域

　一方、大・小凌河流域とヌルルホ山脈をはさんで西側の地域にあたるラオハ河・英金河流域では西周時代末から春秋時代初めにかけて、内蒙古自治区寧城県南山根遺跡〔中国科学院考古研究所内蒙古工作隊 1975〕や内蒙古自治区寧城県小黒石溝遺跡〔内蒙古自治区文物考古研究所・寧城県遼中京博物館 2009〕など夏家店上層文化の遺跡が広がっていたが、春秋時代に入ると東の大・小凌河流域とは対照的に考古学的な様相がしだいにとらえにくくなる。

　そのなかで内蒙古自治区敖漢旗周家地遺跡〔中国社会科学院考古研究所内蒙古工作隊 1984〕では複

第2節　遼西における青銅器文化終末期の様相

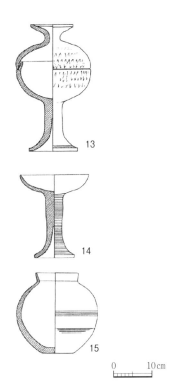

5：遼寧式銅戈　6〜8：銅鏃　9：銅斧
14：浅盤豆（土器）　15：短頸壺（土器）
出土遺物

数の墓が調査されており、装飾品や刀子などの青銅器が出土している。これらの青銅器から遺跡の実年代を考えることは難しいが、副葬された土器は器形が河北省宣化県小白陽遺跡〔張家口市文物事業管理所・宣化県文化館1987〕など燕山地域の墓に副葬された土器に類似するのが、年代を考える手がかりとなる。小白陽遺跡の出土遺物の年代は共伴する青銅短剣の型式から春秋時代中期頃を中心とするものと推定されるので、周家地遺跡の墓もほぼその時期に併行すると考えられる。

また劉国祥によるこの地域の青銅器文化の編年研究においても周家地遺跡の年代は、出土している青銅刀子と装飾品の編年からやはり春秋時代中期頃とされている〔劉2000〕。なお、この時期には燕国をはじめとする中原系の青銅器はこの地域ではまだみられない。

一方で最近、ラオハ河・英金河流域では、春秋時代後半から戦国時代のものとされる墓の調査がしだいに増加している。なかでも比較的大規模な墓群としては、内蒙古自治区敖漢旗水泉遺跡があげられる。水泉遺跡の詳細な報告はまだなされていないが、郭治中が自身の論文のなかで調査された墓および出土遺物の特徴について記述している〔郭2000〕。

それによると、水泉遺跡は出土土器や被葬者の頭位、一部の墓同士の切り合い関係などによって、北区と南区に大別することができ、北区はさらに出土土器や墓の位置関係などから三つの小区に分割できるとされる。北区の墓では副葬土器としておもに夾砂陶が出土しており、胴部に一対または一つの円形の把手（耳）をもつ罐が特徴的にみられるという。

一方、南区では北区の墓でみられる把手つきの罐はほとんど出土せず、北区では出土例がきわめて少ない泥質灰陶が一定の割合を占めている。郭治中は出土遺物の形態の変化を根拠に墓群はおおむね北区から南区へ向かって形成され、さらに北区と南区には被葬者集団の文化的な違いが存在するのではないかと推定している。そして、いくつかの墓からは中原（燕国）系の遺物が出土しており、それをもとに郭治中は墓群の年代を春秋時代後半から戦国時代前期としている。

水泉遺跡についてはそれぞれの墓の出土遺物がすべて紹介されているわけではないため、郭治中の見解を詳細に検証することは今のところできないが、郭治中の記述や遺物の図をみる限りでは、墓域間における出土土器の相違がたしかに大きいことをうかがうことができる。ここでは郭治中の論文をもとに、水泉遺跡の出土遺物について、その年代を中心に簡単に検討したい。

水泉遺跡の一部の墓からは上でも述べたように燕国系統の遺物が出土しており、実年代を考察する際の手がかりとなる。79号墓からは中原系の銅戈が出土している。この銅戈は胡と内がほぼ直

179

第 7 章　遼西における燕国の進出の年代とその様相

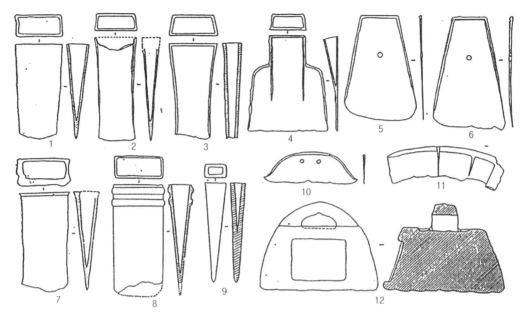

1～3・7・8：钁〔斧〕　4：鋤　5・6：板状鋤　9：鑿　10：石包丁形収穫具　11：鎌　12：秦時代の鉄権（縮尺不同）
図 5　老虎山遺跡出土鉄器

角で援から胡にかけての刃部の屈曲が比較的緩く、筆者の燕国青銅器編年第Ⅰ期、紀元前 6 世紀後半頃のものと考えられ（第 1 章参照）、この墓群の年代の一端を示す。

　また、水泉遺跡では中原系遺物のほかにも、82 号墓や 20 号墓からは遼寧式銅剣やその青銅剣柄、加重器が出土している。これらの銅剣や剣柄は上述の大・小凌河流域の南洞溝遺跡や三官甸遺跡などで出土しているものに類似し、これらの遺跡から出土した遺物の年代を参考にすれば、紀元前 6 世紀後半から紀元前 5 世紀の実年代が考えられる。

　また、出土例の多い把手（耳）を有する耳罐や、口縁端部が肥厚し屈曲する罐は、類似の土器が同じ時期の大・小凌河流域の于道溝遺跡の墓からも出土しており、水泉遺跡の実年代比定の傍証となる。

　一方、郭治中によれば、水泉遺跡の南区で出土する土器と類似する在地系土器が水泉遺跡に近い内蒙古自治区敖漢旗烏蘭宝拉格遺跡の墓群でも出土しているという。この墓群では 1 号墓から、刃部の突起がほどんどみられず、鋒部がかなり長くなった遼寧式銅剣が、8 号墓からは燕国の副葬土器である鼎、盤、匜が、10 号墓からは豆がそれぞれ出土している。このうち 8 号墓から出土した鼎や盤、匜は形態や文様において地域的な変形が著しく、燕国で普遍的にみられる副葬土器との比較はきわめてむずかしい。しかし、盤と匜がセットとして燕国の墓に一般的に副葬されるのは筆者の副葬土器編年（第 3 章）の第Ⅱ期（紀元前 5 世紀）以降であり、8 号墓の実年代を考える際の参考にすることができる。また、10 号墓出土の豆は杯部と蓋部を組み合わせた際の側視観が楕円形であり、筆者の燕国副葬土器編年第Ⅰ期から第Ⅲ期前半の特徴を有し、その実年代は紀元前 6 世

180

紀後半から下ったとしても紀元前4世紀初め頃のものである。これらの燕国の副葬土器が出土している8号墓などは一般的な燕国の副葬土器構成の規制にしたがった墓ではない。あくまで在地の青銅器文化の土器とともに燕国の副葬土器の一部が副葬されたものであり、その点ではまだ完全な燕国墓とはいえない。

このように水泉遺跡や烏蘭宝拉格遺跡の墓から出土する遺物は、現在検証できる限りでは、紀元前6世紀後半から下っても紀元前4世紀初めにかけてのものが多いと推定される。

しかし、郭治中が指摘するような墓群内、および墓群間における明瞭な時期差は今のところ見出しにくく、墓域内の墓同士でみられる土器をはじめとする副葬品の違いがいかなる背景によるものなのか、今後の検討課題である。

ただ、これらの遺跡がラオハ河・英金河流域の在地的な青銅器文化に燕国の文化が流入していく様相を示すものであることは間違いない。そして、この地域も大・小凌河流域と同じように、紀元前6世紀後半から紀元前4世紀初めにかけては、まだ燕国の文化と完全に一体化していないことがうかがわれる。

なお郭治中によれば、水泉遺跡北区には鉄製の刀子と鑸（斧）が出土した墓があるという。鉄鑸（斧）が燕国では紀元前5世紀には存在し、最初期に出現する器種であることは、第5章において述べた。燕国から東方への鉄器の流入を考える上でたいへん興味深く、その年代や具体的な内容を検討するためにも詳報が待たれる。

（2）　燕文化の浸透

紀元前6世紀から遼西には、燕国の青銅器が流入する。ただ、紀元前5世紀ごろまでは、在地の青銅器文化が継続していたことは、先にみたとおりである。ここでは、この地域で在地の青銅器がみられなくなり、本格的に燕国の勢力が及ぶことになる時期の様相を各種の遺跡から概括したい。

遼西における戦国時代の燕国の遺跡としては、城砦遺跡や長城、墓などがこれまでに調査されている。城砦遺跡は内蒙古自治区赤峰市蜘蛛山遺跡〔中国社会科学院考古研究所内蒙古工作隊1979〕や内蒙古自治区赤峰市夏家店遺跡〔中国科学院考古研究所内蒙古工作隊1974〕などのほか、大・小凌河流域の遼寧省凌源市安杖子遺跡〔遼寧省文物考古研究所1996〕、遼寧省葫蘆島市小荒地遺跡〔吉林大学考古学系・遼寧省文物考古研究所1997〕など、遼寧省西部から内蒙古自治区東南部にわたって広範囲に分布している。

また、燕国の長城は内蒙古自治区喀喇沁旗から遼寧省建平県を経て、内蒙古自治区敖漢旗にわたって築かれた燕北内長城と英金河北岸から東へ築かれた燕北外長城などが確認されており、当時の石積み列が現在も断続的に残っている。城砦遺跡はほぼ外長城の南側に位置しており、戦国時代の燕国の遼西におけるおおよその勢力範囲を示しているといえるだろう。ただ、長城遺跡から出土している遺物については、今日まで報告例があまり多くはなく、築造時期などを考古学的に考察す

るのは難しい。一方、上記の城砦遺跡から出土している戦国時代の遺物のうち、鉄器や土器は燕下都遺跡など燕国の中核地の遺物に大変に類似している。

　多くの鉄器が出土した代表的な遺跡として老虎山遺跡〔敖漢旗文化館1976〕をあげることができる。この遺跡は遼西の内蒙古自治区敖漢旗にあり、1974年秋から1975年秋にかけて発掘調査された。鉄器は钁（斧）が14点出土し（図5-1〜3・7・8）、このうち1点は装着部付近に二条の突帯のめぐるタイプ（図5-8）である。鎌は6点出土し、うち5点は刃部が弧状（図5-11）のもので、1点は半月形の石包丁形のもの（図5-10）である。また板状のものを含む鋤（図5-4〜6）、鑿（図5-9）が出土している。武器としては鉄鋌銅鏃の鉄製茎部が600点余りも出土している。また、秦時代の鉄権が1点（図5-12）出土している。報告によればこの遺跡は戦国時代末から前漢時代初期の城砦であったのではないかと推定されている。

　これらの城砦遺跡から出土している土器と燕下都遺跡の出土遺物と比較すると、郎井村10号工房遺跡3期、つまり紀元前3世紀ごろの遺物が多い。これらの長城や城砦遺跡のほか、燕国の墓も発掘調査されている。ここではそれらの墓から出土した副葬品をもとにその年代と特徴を分析したい。

　遼寧省喀喇沁左翼蒙古族自治県大城子眉眼溝〔朝陽地区博物館・喀左県文化館1985〕で発見された1号墓からは鼎、壺（第3章図4-18）、豆、さらに盤という燕国の墓における副葬土器の器種構成と同じ土器が出土している。鼎や壺、豆などは地域的な特徴がみられ燕国の中心地における土器とはやや異なるところはあるものの、形態的な特徴からは筆者の燕国副葬土器編年第Ⅲ期前半の土器と考えられ、紀元前4世紀初めの実年代が考えられよう。上述した遼西における遼寧式銅剣などをもつ在地的な青銅器文化の終末段階の遺跡である東大杖子遺跡や南洞溝遺跡、三官甸遺跡などに後続する時期の墓であると想定できる。

　また、ヌルルホ山脈の西側、ラオハ河・英金河流域の内蒙古自治区赤峰市紅山区では複数の戦国墓が発見されており、燕国の副葬土器が出土している。その報告〔張1996〕によると、出土した副葬土器は器種構成が燕国的なものである。ただ、出土している土器は鼎や豆の蓋のつまみなどがかなりデフォルメされており、地域的な特色が強い。一方で壺などに施されている沈線で描かれた文様は、燕国で一般的にみられる魚などの動物文や渦状の三角形などの幾何学文様で、その特徴から筆者の燕国副葬土器編年第Ⅲ期から第Ⅳ期、つまり紀元前4世紀のものであるといえるだろう。また、燕国の副葬土器をセットとしてもつ墓は内蒙古自治区寧城県小黒石溝遺跡でも3基発見されており、紅山区の燕国墓と同様に蓋のつまみなどがデフォルメされ、地域色が強い〔内蒙古自治区文物考古研究所・寧城県遼中京博物館2009〕。

　このように墓からみると、遼西では紀元前4世紀初め頃からは、その前段階である紀元前6世紀後半から紀元前5世紀にかけての東大杖子遺跡や于道溝遺跡のような在地の青銅器文化の遺物を主にし、個別的に燕国の青銅製礼器や土器が副葬される状況とは異なり、燕国中核地と全く同じ器種構成の土器の出土する墓が出現する。これらの墓では、出土した土器の形態などに地域的な特

色がみられるものの、もはや遼寧式銅剣などの在地的な青銅器は副葬されていない。このことは、これらの墓の年代が完全に燕国の副葬土器構成の規制に従う段階に属することを示している。戦国時代の燕国領域内においては社会的階層の違いにもとづいて、墓に副葬される土器の器種構成における規制がきわめて厳格に守られていることについては、第3章ですでに述べた。また、その器種構成もほかの中原諸国とは異なる、きわめて燕国の独自性の強いものであることは第6章で検証したとおりである。そのため、このような燕国墓の存在の有無は、燕国の支配領域の内と外を画する重要な判断材料であるといえるだろう。よって、この地域における燕国墓の出現は、燕国の支配拡大を考古学的に考える際の一つの大きな画期として位置づけることができるだろう。そして、その時期は従来、文献の記載をもとにして考えられてきた燕国の進出年代である紀元前300年頃を少なくとも数十年以上は遡ると推定できるのである。

　次節では、近年調査報告書が刊行された遼寧省朝陽市袁台子遺跡王墳山墓群〔遼寧省文物考古研究所・朝陽市博物館 2010〕のなかで、戦国時代の墓として報告されている墓を取り上げて、遼西における燕文化浸透の様相について、よりミクロな観点から考察したい。

第3節　遼寧省朝陽市袁台子遺跡王墳山墓群の分析

（1）　袁台子遺跡とその調査研究

　袁台子遺跡は遼寧省朝陽市にある遺跡である。第2節でみた地域区分では、大・小凌河流域にあたる。この遺跡は朝陽市の市街地の南東、大凌河の南にある大柏山の北斜面にあり、王墳山墓群とよばれる墓地遺跡のほか、生活遺跡も調査されている。遼寧式銅剣が出土したことで有名な朝陽市十二台営子遺跡は、袁台子遺跡の西に近接する。

　袁台子遺跡は1979年8月に発見され、同年11月から12月にかけて、遼寧省文物考古研究所と朝陽市博物館によって調査がおこなわれた。2010年には報告書が刊行されている〔遼寧省文物考古研究所・朝陽市博物館 2010〕。報告によると、王墳山墓群は総数162基の墓が調査され、墓や副葬品の型式を基準にして分類できるという。

　この墓群を形成しているのは青銅器時代から五胡十六国時代にかけての墓であり、計4期に大別されている [3]。報告書では遼寧式銅剣文化である凌河文化から五胡十六国時代までの墓を「甲類」から「癸類」、そしてその他の種類の11種類に分けて詳細に報告している。

　なお、生活遺跡は955㎡が調査され、戦国時代から前漢時代にかけての土器や鉄器などの遺物が出土しており、報告書では戦国時代の燕国の西城および、前漢時代の遼西郡柳城県の故城址であると推定している。

　本節で分析するのは報告書で第2期とされている戦国時代の墓である。この時期に該当する墓は、図6に示した西区と東区に集中し、「丁類墓」、「戊類墓」、「庚類墓」、「己類墓」である。まず、

第7章 遼西における燕国の進出の年代とその様相

これらの墓の特徴を報告書の記載をもとに簡単に紹介する。

「丁類墓」は、計35基調査された。長軸が南北方向の土壙木棺墓または木槨墓で、長方形の小石板が副葬される墓が多い。また副葬される土器は夾砂陶や泥質陶の深鉢形の罐や壺である。罐には把手のつくものもある。これらの土器は形態や製作技法などから、在地的伝統を汲む日用土器であると考えられる。報告では、これらの墓からは、燕国の明刀銭や帯鉤のほか、燕国の墓でもよく出土する長方形の小石板が発見されることから、「丁類墓」の年代を3期にわけ、戦国時代前期から後期としている。

「戊類墓」は、計19基が調査された。長軸が南北方向の土壙木槨墓である。「戊類墓」からは燕国の副葬土器が出土する。一部の墓は、一緒に日用土器も副葬し、長方形小石板が出土する墓も多い。報告では副葬土器の型式分類によって「戊類墓」の年代を3期にわけ、戦国時代中期から後期としている。

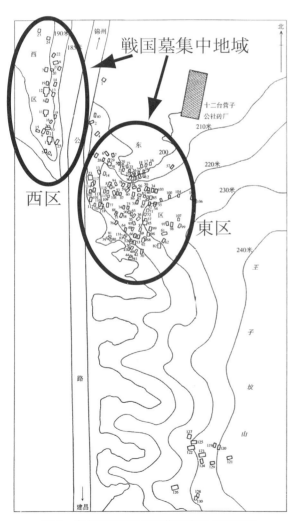

図6　袁台子遺跡王墳山墓群地図（縮尺不明）

「己類墓」は、計3基が調査された。土壙木棺墓、または土壙木槨墓で、土器の壺と豆のほか、鼎や量が出土している。報告では年代を戦国時代後期から秦時代としている。これらの土器は河北省や北京市などでこの時期の遺跡で発見されていることから年代比定は問題ないといえるだろう。

「庚類墓」は、計4基調査された。これらの墓は第2章で編年した燕国の釜を組み合わせた土器棺墓である。報告では年代を戦国時代から前漢時代初めとしている。

以上が報告における袁台子遺跡王墳山墓群の戦国時代の墓の分類と分析である。調査された墓の多くは、在地的な伝統を汲む日用土器を副葬した「丁類墓」と燕国の副葬土器をもつ「戊類墓」であり、数は「戊類墓」が「丁類墓」の半数強である。

報告では、これらの4種類の墓が戦国時代に併存したと推定している。また燕国の副葬土器をもつ「戊類墓」の年代について、土器の特徴を河北省や北京市の燕国墓出土副葬土器と比較しながら、第1期を紀元前5世紀から紀元前4世紀中葉とし

た。この年代は秦開によって燕国の東方進出がなされたとされた紀元前300年頃を遡って、この地域に燕国の副葬土器をもつ墓が存在することを述べたものであり、報告では秦開による東方攻略の年代を紀元前300年頃としてきた従来の考えへの疑義も呈されている。これらの結論は、この報告書における極めて重要な論点である。

この報告書の分析と年代については最近、付琳と王立新によって修正案が示されている〔付・王2012〕。「戊類墓」をめぐって彼らは陳光による燕国の副葬土器編年〔陳1997・1998〕をもとにした土器編年を新たに提示した。そのうえで、紀元前300年を遡る時期の燕国系墓の存在を改めて確認したが、従来の秦開の東方進出以前の燕国の副葬土器墓については、燕国中心地ではなく、鄭君雷〔鄭2001〕がかつて副葬土器についての地域性を指摘した河北省北部の燕国墓から出土する副葬土器との類似から、これらの墓はこの地域からの移民の墓であるとし、政治的な支配としての燕国の拡大には慎重な姿勢を示している。

このように袁台子遺跡王墳山墓群の戦国時代の燕国系墓の年代は、紀元前4世紀以前に遡ると考える研究者は多いが、それらの燕国系墓の被葬者の性格をめぐっては、いまだ議論の一致をみていない。

本節では、報告以降のこれらの研究成果も踏まえ、袁台子遺跡王墳山墓群の戦国時代の墓の編年を試み、燕国系と在地系の副葬品をもつ墓の関係を分析するとともに、それぞれの被葬者の性格についても考えたい。そして、この地域における燕国の拡大と燕文化の浸透の様相をよりミクロな地域的視点から明らかにしたい。

(2)　袁台子遺跡王墳山墓群の分析

ここでは、袁台子遺跡王墳山墓群の戦国時代の墓（報告で「丁類墓」、「戊類墓」、「己類墓」、「庚類墓」とされる墓など）の分析をおこなう。この時期の墓は（1）で述べたように、各種の土器が副葬され、それらの土器は、青銅器時代以来の在地的要素の強いものや新たに入ってきた燕国的要素の強い土器があるなど、複雑な様相をみせる。そこで本節では分析のための整理として、土器と墓の名称について、次のように定義する。

まず、燕国中心地域の副葬土器と共通属性（器種・土器形態・文様・装飾など）をもちながらも、地域色の強い副葬土器を「燕国系副葬土器」と呼ぶ。これらの土器を副葬し、第3章や第6章で指摘した燕国の副葬土器規制（器種および副葬数の規則）にしたがう墓を「燕国系墓」と呼ぶ。これらは報告書で「戊類墓」とされている墓に該当する。

一方、「燕国系副葬土器」を副葬しない墓を「在地系墓」と呼ぶ。これらの墓に副葬される土器は、ほとんどが「在地土器」であり、これらの土器が副葬されるのは、報告書で「丁類墓」とされる墓がほとんどである。以下では、これらの大きく二つの種類の墓の関係について考察していきたい。

第 7 章　遼西における燕国の進出の年代とその様相

❶　燕国系墓の分類

❶-1　燕国系副葬土器の分類

燕国系副葬土器の各器種の分類をおこなう。主な器種は第 3 章でもあつかった鼎、豆、壺、盤、匜などであり、基本的な形態は燕国の中心地域と同じである。

鼎　鼎は以下の 3 類に分類することができる。

Ⅰ類　胴部の深さが深く、蓋の中央につまみが一つつく（図 7 - 1）。

Ⅱ類　胴部の深さが深く、蓋に動物形（主に鳥など）のつまみが三つつく（図 7 - 2）。

Ⅲ類　Ⅰ類やⅡ類に比べて胴部の深さが浅く、蓋には三つまたは一つのつまみがつく（図 7 - 3）。

豆　豆は、蓋付きである。蓋のつまみに注目し、以下の 3 類に分類することができる。

Ⅰ類　蓋部が高杯をひっくりかえしたような形状をしており、第 3 章の豆 A 類に該当する（図 8 - 1）。

Ⅱ類　蓋に動物形（主に鳥など）のつまみが三つつく（図 8 - 2）。

Ⅲ類　蓋に細長いつまみが三つつき、一見、第 3 章の豆 B 類に類似する（図 8 - 3）。

壺　壺は、蓋のつまみに注目し、以下の 4 類に分類することができる。

Ⅰ類　蓋に環状のつまみがつく（図 9 - 1）。

Ⅱ類　蓋に動物形のつまみがつく（図 9 - 2）。

Ⅲ類　蓋に細長いつまみが三つつく（図 9 - 3）。

Ⅳ類　蓋につまみがつかない（図 9 - 4）。

盤　盤は以下の 2 類にわけることができる。

Ⅰ類　底に三足の脚がつく。なお、このような形態の盤は燕国の中心地域ではみられない（図 10 - 1）。

Ⅱ類　底に三足の脚がつかず、低い圏足がつくものも多い（図 10 - 2）。

小口壺　小口壺は以下の 3 類にわけることができる。

Ⅰ類　蓋は丸みをもち、小型のつまみが付く、もしくはつまみは無い（図 11 - 1）。

Ⅱ類　蓋は丸みをもち、動物形（主に鳥）のつまみがつく（図 11 - 2）。

Ⅲ類　蓋は上部が平坦で、つまみはない（図 11 - 3）。

このほかに、複数の墓に副葬される器種としては匜（図 13 - 2）がある。

以上が第 3 章でみた燕国の中心地域でも普遍的にみられる副葬土器の器種であるが、そのほかに袁台子遺跡王墳山墓群では、以下のような燕国の中心地域ではあまり一般的ではない器種もある。

浅盤豆　杯部は浅く、蓋は無い。脚部は比較的長い。燕国の中心地域では日用土器としてみられる豆もある。以下の 3 類にわけることができる。

Ⅰ類　脚部が竹節状になっている（図 12 - 1）。

Ⅱ類　脚部に複数の横走沈線文が施される（図 12 - 2）。

Ⅲ類　脚部は無文で、杯部は直線的に屈曲して立ち上がる（図 12 - 3）。

第3節　遼寧省朝陽市袁台子遺跡王墳山墓群の分析

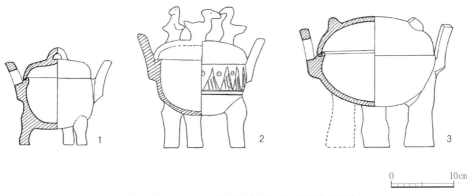

1：鼎Ⅰ類（M35）　2：鼎Ⅱ類（M1）　3：鼎Ⅲ類（M14）
図7　燕国系副葬土器の分類（1）

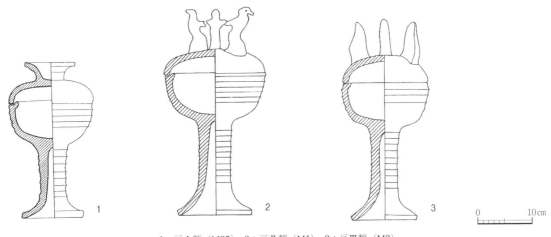

1：豆Ⅰ類（M35）　2：豆Ⅱ類（M1）　3：豆Ⅲ類（M3）
図8　燕国系副葬土器の分類（2）

1：壺Ⅰ類（M35）　2：壺Ⅱ類（M1）　3：壺Ⅲ類（M3）　4：壺Ⅳ類（M14）
図9　燕国系副葬土器の分類（3）

187

第7章　遼西における燕国の進出の年代とその様相

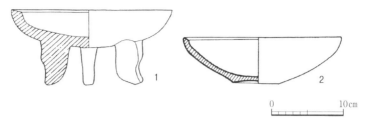

1：盤Ⅰ類（M1）　2：盤Ⅱ類（M14）
図10　燕国系副葬土器の分類（4）

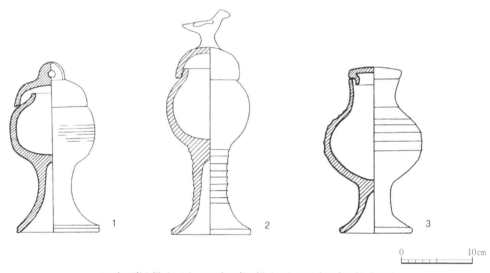

1：小口壺Ⅰ類（M35）　2：小口壺Ⅱ類（M1）　3：小口壺Ⅲ類（M14）
図11　燕国系副葬土器の分類（5）

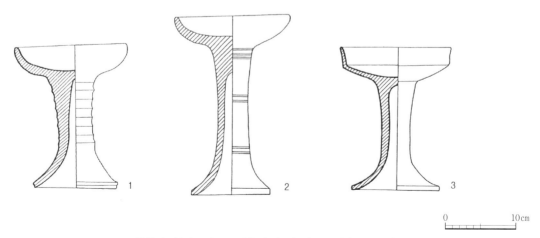

1：浅盤豆Ⅰ類（M35）　2：浅盤豆Ⅱ類（M1）　3：浅盤豆Ⅲ類（M14）
図12　燕国系副葬土器の分類（6）

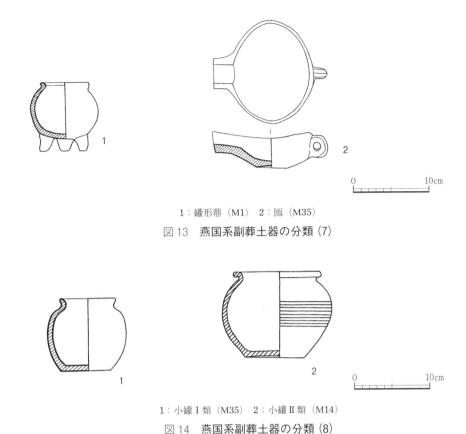

1：罐形鼎（M1）　2：匜（M35）
図13　燕国系副葬土器の分類（7）

1：小罐Ⅰ類（M35）　2：小罐Ⅱ類（M14）
図14　燕国系副葬土器の分類（8）

小罐　小型の短頸の土器で、燕国の中心地域ではみられない器種であるが、泥質陶で轆轤を使用して製作しているものも多く、燕国系の土器製作技術で製作された器種であると考えられる。以下の2類に分けることができる。

Ⅰ類　口縁部の屈曲が弱い（図14-1）。
Ⅱ類　口縁部の屈曲が強い（図14-2）。

このほかに、燕国の中心地域ではみられない器種として罐形鼎がある（図13-1）。三足がついた罐で、燕国中心地域の燕式鬲が在地化した器種である可能性もある。

以上が燕国系副葬土器の分類だが、袁台子遺跡王墳山墓群では、これらの土器について以下のような特徴を見出すことができる。まず、鼎・豆・壺・盤・匜など器種は、燕国の中心地域である河北省や北京市、天津市の燕国墓と同じである。ただ、鼎・豆・壺のつまみの装飾や盤の足など、装飾を中心に燕国中心地域とは異なるものが多数存在する。

また、小罐や罐形鼎などのように、燕国の中心地域にはみられない器種も一部で存在している。これらの器種は後でふれる在地系の墓には副葬されることなく、燕国系墓のみにみられる。

以下では、上記の分類をもとにして、さらに燕国系墓の分析を進める。

❶-2　燕国系墓のグループ分け（表1・表2）

　袁台子遺跡王墳山墓群の燕国系墓ごとの出土土器の一覧を表1に示した。出土土器は❶-1をもとに分類している。副葬土器の種類により、それぞれの墓をかなり明瞭に4グループにわけることが可能である。それぞれのグループをYⅠ群からYⅣ群とする。

　YⅠ群　YⅠ群は豆Ⅰ類と壺Ⅰ類、小口壺Ⅰ類を副葬することが最大の特徴である。そのほかの器種も鼎Ⅰ類、盤Ⅰ類、浅盤豆Ⅰ類、小罐Ⅰ類が副葬されるほか、複数の墓で図15のような在地的な夾砂陶がみられる。

　YⅡ群　YⅡ群は壺Ⅱ類を副葬することが最大の特徴である。そのほかの器種も鼎Ⅱ類、豆Ⅱ類、小口壺Ⅱ類、盤Ⅰ類、小罐Ⅰ類を共伴する例がほとんどである。在地的な夾砂陶の副葬例は西区の墓で1例のみ存在する。

　YⅢ群　YⅢ群は豆Ⅲ類を副葬することが最大の特徴である。そのほかの器種も鼎Ⅱ類、壺Ⅲ類、小口壺Ⅱ類、盤Ⅰ類、小罐Ⅰ類を共伴する例がほとんどである。在地的な夾砂陶の副葬例は無い。

　YⅣ群　YⅣ群は鼎Ⅲ類と盤Ⅱ類を副葬することが最大の特徴である。そのほかの器種も浅盤豆Ⅲ類と小罐Ⅱ類を副葬するのはこのグループの墓である。在地的な夾砂陶の副葬例は無い。

　以上のグループがそれぞれどのような意味を有しているのかについて、以下で考えたい。

❶-3　燕国系墓の各グループについての考察

　❶-2で示した各グループがどのような意味を有しているのかについて、グループを特徴づける土器を中心に、燕国の中心地域の副葬土器との比較から考察する。

　YⅠ群　YⅠ群を特徴づける土器の一つが、壺Ⅰ類である。壺Ⅰ類は蓋部に環状のつまみをもち、燕国中心地域でみられた、壺A類に近い。第3章で示した副葬土器編年の第Ⅱ期から第Ⅳ期にかけては、壺A類をはじめ、壺のつまみが時期を追うごとに小さなものから細長く伸びる傾向が顕著である。燕国中心地域において、つまみが顕著に縦に伸びるのは第Ⅲ期後半以降であることから、壺Ⅰ類は燕国中心地域の副葬土器編年第Ⅲ期前半（紀元前4世紀初め）の壺にもっとも近いといえるだろう。

　また、鼎Ⅰ類は、第3章でふれた副葬土器編年第Ⅲ期前半の大城子眉眼溝1号墓出土の土器に

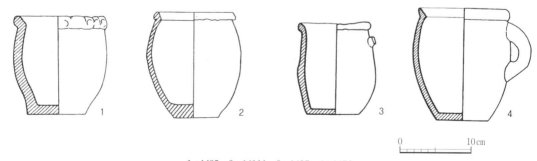

1：M35　2：M111　3：M37　4：M76
図15　燕国系墓出土の在地系夾砂陶

第 3 節　遼寧省朝陽市袁台子遺跡王墳山墓群の分析

もっとも類似する。

　このように Y I 群は副葬土器から紀元前 4 世紀初めごろの時期の一群の墓ではないかと推測されるが、副葬土器以外でもその傍証が可能である。35 号墓からは明刀銭が出土しており、この明刀銭は、「匽」字全体が三角形に近く、石永士らの分類〔石・石 1996〕の匽字刀 I 式にあたり、第 4 章で考察したように実年代は紀元前 4 世紀前半以前である（図 16）。

　これらのことを総合すると、Y I 群は一つの時期的なグループとして考えられるだろう。

　Y II 群　このグループを最も特徴づけるのが壺 II 類である。また、Y I 群にはない鼎 II 類がこのグループにみられる。鼎 II 類は蓋部に動物形のつまみがつくのが最大の特徴である。

　燕国の中心地域にも動物形のつまみがつく鼎や壺が存在し、それらは副葬土器編年の第 III 期から第 IV 期、とくに第 III 期後半以降に集中的にみられる。袁台子遺跡での壺や鼎への動物形つまみ導入もこの燕国における副葬土器の様式的な変遷の一環としてとらえることができると考えられる。これらのことから、Y II 群の墓は第 3 章で

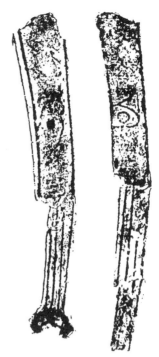

図 16　袁台子遺跡王墳山墓群 35 号墓出土明刀銭

みた副葬土器編年第 III 期後半以降のものとすることができるだろう。また、燕国中心地域には存在しない動物形つまみをもつ豆 II 類については、鼎や壺への動物形つまみ導入が豆にまで及ぶ遼西の地域的な特徴としてとらえられる。また、この豆 II 類が東大杖子 11 号墓で出土した青銅豆に形態が近いことも注目される。

　なお、土器以外では Y II 群の M1 から石製装飾品が出土しており、類例が燕下都郎井村 10 号工房遺跡 1 期の出土品にある。郎井村 10 号工房遺跡 1 期は副葬土器編年第 II 期から第 III 期にあたる。このことから Y II 群は時期的なまとまりとしてとらえられ、燕国中心地域の副葬土器編年第 III 期後半（紀元前 4 世紀前半から半ば）に併行する時期の墓であると考えられるだろう。

　Y III 群　Y III 群の最大の特徴は、豆 III 類が存在することである。豆 III 類の最大の特徴は長い板状のつまみである。同様のつまみは Y III 群の墓で多数出土する壺 III 類にもみられる。燕国の中心地域で、副葬土器編年の第 III 期後半から第 IV 期にかけて動物形のつまみが盛行することは上述した。第 IV 期に入ると燕下都九女台墓区第 16 号墓のような大型墓から出土する壺 A 類では引き続き写実的な動物形つまみがつくが、壺 B 類などの小型墓に副葬される壺では、細長い板状のつまみへと退化、変形している。袁台子遺跡王墳山墓群の燕国系墓はいずれも小型墓であり、Y III 群の豆 III 類や壺 III 類にみられる細長い板状のつまみは、それぞれ豆 II 類や壺 II 類の動物形のつまみからの変形としてとらえるのが妥当である。また壺 III 類の頸部が壺 I 類や II 類に比べて細くなるのも、燕国中心地域における第 IV 期の壺の形態変化と対応しており、壺に描かれる文様は第 V 期の文様のように退

第7章　遼西における燕国の進出の年代とその様相

表1　袁台子遺跡王墳山墓群

			泥質陶														
			鼎				豆			壺					盤		匜
			I類	II類	III類	不明	I類	II類	III類	I類	II類	III類	IV類	不明	I類	II類	
東区	YI群	M35	1				2			2					1		1
		M37	1				2			2					1		1
		M76	1				2			2					1		1
		M111	1				2			2					1		1
		M60	1				2			2					1		1
		M11				1	2			2					1		1
	YII群	M8	1						2		2				1		1
		M1		2					2		2				1		1
		M6		1					2		2				1		1
	YIII群	M3		1					2			2					
		M4		1					2			2			1		1
		M31		1					2			2			1		1
	YIV群	M14			1		2							1		1	
西区	YII群	XM22		2			2				2				1		1
	YIII群	XM25		1					1		1						1
		XM14		1					1		1						
		XM21			2				2					2			
	YIV群	XM9			1		1					1	1			1	
		XM13			1		1							1		1	1

表2　袁台子遺跡王墳山墓群燕国系墓規模・埋葬施設・被葬者性別一覧

			長辺（m）	短辺（m）	深さ（m）	槨	棺	その他施設	被葬者性別
東区	YI群	M35	3.5	2.15	3.2	○	○		女
		M37	3.36	2	3.75	○	○	二層台	不明
		M76	3.7	2	4.2	○	○	二層台	不明
		M111	4	2.3	3.1	○	○		不明
		M60	2.85	1.6	3.7	○	○		不明
		M11	3.2	1.8	3.5	○	○	二層台	女
	YII群	M8	3.2	2.17	3.6	○	○	二層台	不明
		M1	4	2.6	2.9	○	○	二層台	不明
		M6	3.68	2.32	4.2	○	○	二層台	不明
	YIII群	M3	2.75	1.42	2.6	○	○	二層台	不明
		M4	3.15	1.9	5	○	○	二層台	男
		M31	3.8	2	4.3	○	○	二層台	不明
	YIV群	M14	2.95	1.7	2.6	○	○	二層台	不明
西区	YII群	XM22	3.7	2	2.25	○	○		不明
	YIII群	XM25	3.5	1.75	1.3	○	○		女性
		XM14	3.45	2.2	1.8	○	○		不明
		XM21	2.8	1.44	1.3	○	○		男
	YIV群	XM9	3.65	2.3	2.9	○	○		不明
		XM13	3.1	1.9	1.9	○	○		男

燕国系墓出土遺物一覧

泥質陶										夾砂陶		その他（出土数省略）
小口壺				浅盤豆			小罐		罐形鼎	罐	環状把手付杯	
Ⅰ類	Ⅱ類	Ⅲ類	不明	Ⅰ類	Ⅱ類	Ⅲ類	Ⅰ類	Ⅱ類				
2				2			2			1		青銅帯鉤、小石板、明刀銭
2				2			2		1		1	石器
2				2			1		1		2	
2				2			1		1	1		青銅帯鉤、骨器（墓壙埋土内）
2				2			1		1			青銅帯鉤、獣骨
2				2			1		1			骨鏃、豚骨
	2			2			2					
	2				2				2			玉石飾片
	2				2				2			
	2			2			2					
	2				2		2					
	2			2			2					青銅帯鉤
		1			2		2					小石板
2							1			1	1	（「環状把手付杯」は双耳）
	1			1			1					
						2						青銅帯鉤、小石板
1		1										小石板
	2						1					

化していない。これらを総合すると、このＹⅢ群は時期的に燕国副葬土器編年第Ⅳ期（紀元前4世紀半ばから後半）に併行する墓であると考えられるだろう[4]。

ＹⅣ群　ＹⅣ群の墓にみられる鼎Ⅲ類は、胴部がⅠ類、Ⅱ類に比べて扁平で浅く、脚部も長い。燕国の中心地域では、第Ⅳ期から第Ⅴ期にかけて鼎の側面観の扁平化と脚部が長くなる傾向が顕著である（第3章）。鼎Ⅲ類は燕国におけるこうした鼎の時期的変化に対応したものと考えることができそうである。また、壺Ⅳ類は燕国の副葬土器に一般的にみられる圏足が無く、蓋につまみもない。このような壺は第Ⅴ期の一部の墓（燕下都辛荘頭墓区第30号墓）にもみられる。浅盤豆Ⅲ類の杯部が屈曲しながら立ち上がる形態は、燕下都郎井村10号工房遺跡3期（副葬土器編年第Ⅴ期併行）にみられる。これらのことからＹⅣ群は、副葬土器編年第Ⅴ期（紀元前3世紀を中心とする時期）に併行する時期の一群の墓であると考えられるだろう。

以上のように、袁台子遺跡王墳山墓群の燕国系墓は四つのグループ（ＹⅠ群からＹⅣ群）にわけられ、それらが時期的な変化に対応していることがわかった。

❷　在地系墓の分類

報告で「丁類墓」とされている墓を中心に在地系墓の出土遺物の一覧を表3に示した。在地系

第7章　遼西における燕国の進出の年代とその様相

表3　袁台子遺跡王墳山墓群在地系墓出土遺物・墓規模・埋葬施設・被葬者性別一覧

区	群	墓	夾砂陶 罐	環状把手付杯	角状把手付杯	大口尊	泥質陶 罐	把手付杯	豆	壺	不明 他	その他遺物（（　）カッコ内は破片数）	長辺(m)	短辺(m)	深さ(m)	槨	棺	その他施設	被葬者性別
東区	LI群	M7	2									壁形石製装飾	2.08	0.88	3.5	○	○	二層台	不明
		M29	1	1								小石板1	3	1.7	2.5	○	○	二層台	男（成人）
		M30	1		1							牛骨（二層台上）	3	1.4	3.2	○	○	二層台	記載無し
		M50	1			1						青銅環首刀1、銅帯鈎2、小石板1	3	2	4	○	○		不明
		M67	1	1									3.2	1.7	4.8	○	○		不明
		M85	1	1								銅帯鈎1	3.3	1.9	4.4	○	○	二層台	不明
		M86	1	1								銅帯鈎1、小石板（10）	3	1.4	3.8	○	○	二層台	不明
		M88	2									小石板1	2.55	1.65	3.6	○	○		女
		M103	1	1								獣骨、犬歯（封土内）	2.7	1.8	2.8	○	○		不明
		M91		1									2.4	1.2	3.15	○	○		男
		M57		1	1							小石板1	2.2	1.1	3.5	○	○	二層台	不明
		M113		1							杯1	小石板1	2.9	1.8	3.1	○	○		不明
	LII群	M52							5	1（縄文）			2.75	1.2	1.65	○	○		男
		M53					1（縄文）			2		小石板1	2.5	1.7	2.8	○	○	二層台	女
		M63					1					銅帯鈎1	2.75	1.6	3.4	○	○	二層台	不明
		M68					1（縄文）					小石板（7）	2.8	1.75	3.4	○	○	二層台	男
		M73					1						2.4	1.4	3.8	○	○		男
		M77						1			1		2.6	1.6	3.2	○	○		男
		M96					1					小石板（8）	2.65	1.3	4.1	○	○	二層台	不明
	LIII群	M18										銅環1、銅環形飾1、大銅環1、小銅環1、石管串飾1、石環1、小石板（5）、ガラス珠1	2.5	1.4	4.1	○	○		女（老年）
		M36										紡錘車4、銅帯鈎1、明刀銭数十、小石板（5～6）	3.3	1.9	4.4	○	○	二層台	不明
		M12										小石板2	3	1.8	3.3	○	○	二層台	男
		M20										銅帯鈎1、小石板1	2.2	1.08	2.65	○	○		男
		M58										銅帯鈎1、小石板3	2.95	1.5	3.85	○	○		女
		M64										小石板2	3.6	1.7	3.6	○	○		女
		M66										小石板1、獣骨	3	1.7	2.2	○	○		男
		M82										小石板1	3	1.9	3.3	○	○		不明
		M105										小石板（2）	2.48	1.3	3.05	○	○		不明
		M108										小石板1	3	1.9	3	○	○		男
西区	LI群	XM18	2									銅帯鈎1	3.6	1.6	1.8	○	○	二層台	不明
	LII群	XM8							2	2		銅帯鈎1、小石板（3）	3.35	1.7	2.2	○	○	二層台	男
		XM19					1					小石板3	2.5	1.5	2.3	○	○		不明
	LIII群	XM2										銅帯鈎1、小石板1	2.5	1.1	0.6	○	○		不明
		XM24										小石板1（封土内）	2.8	1.6	1.8	○	○		不明

墓についても、土器の有無や土器の特徴から、次のＬＩ群からＬⅢ群にわけることが可能である。

　ＬＩ群　砂混じりの胎土の夾砂陶のみを副葬する墓。

　ＬⅡ群　きめ細かい粘土を胎土とする泥質陶のみを副葬する墓。

　ＬⅢ群　土器が副葬されず、報告書で燕国の影響とされている長方形の小型石板のみが副葬される墓。

　まずＬＩ群とＬⅡ群の違いについてみていきたい。ＬＩ群は夾砂陶のみを副葬する墓であり、ＬⅡ群は泥質陶のみを副葬する墓である。袁台子遺跡王墳山墓群では、この両者が共伴する在地系墓は存在していない。ＬＩ群の夾砂陶の特徴としては、土器の表面がほぼ無文であることがあげられる。土器の表面にほとんど文様を施さないのは、この地域における青銅器時代の土器の大きな特徴の一つである。一方、ＬⅡ群の泥質陶は無文のものもあるが、成形の際のタタキによる縄文が施される土器が存在する。この縄文は燕国の土器に多数みられる文様で、これらの泥質陶が燕国の土器製作技術を導入して製作されたことを示している。また、泥質陶には燕国の日用土器である豆も存在している。これらのことから、泥質陶は無文の罐や壺など燕国の日用土器にはみられない器種も存在しているものの、燕文化の影響を受けて製作された土器であると考えられる。墓の切りあい関係については１例のみだが、ＬⅡ群の52号墓がＬＩ群の50号墓を切っている。以上のことからＬＩ群とＬⅡ群の土器はおおむね時期差としてとらえられ、ＬＩ群からＬⅡ群に変化したと考えられるだろう。

　ＬＩ群とＬⅡ群の年代　ＬＩ群の年代を考察する。まずＬＩ群の上限年代は、報告でＬＩ群が含まれる「丁類墓」に先立つ時期の墓としての「丙類墓」の年代が参考になる。「丙類墓」の特徴は墓の長軸方向が東西方向であることが、長軸方向が南北方向である「丁類墓」との大きな違いである。一般的にこの地域の青銅器文化の墓の長軸は東西方向であり、長軸が南北方向の中原の墓とは異なっている。このため、報告でも墓の長軸方向の変化を時期差としており、首肯できる。

　「丙類墓」の年代は、2号墓出土の短頸の壺の形態や文様が遼寧式銅戈（遼西タイプ）を出土した遼寧省于道溝遺跡の墓である90M1〔遼寧省文物考古研究所・葫蘆島市博物館・建昌県文管所2006〕の在地系の壺（図4-15）にきわめて類似することから紀元前5世紀に実年代の一点があると考えられる。このことから「丙類墓」に遅れるＬＩ群の年代は紀元前4世紀以降となるだろう。

　また、墓同士の切りあい関係からは、燕国の釜を用いた土器棺墓である75号墓がＬＩ群の88号墓を切っている。75号墓の釜は紀元前4世紀後半の燕下都郎井村10号工房遺跡2期の釜に類似しているため、88号墓の年代は、紀元前4世紀後半より前である。

　一方、ＬⅡ群の年代は出土器のなかに、燕国の日用土器が含まれており、52号墓出土の豆などは、杯部が角張って屈曲し、紀元前3世紀を中心とする時期の燕下都郎井村10号工房遺跡3期の土器とほぼ同じである。

　以上の手がかりから、ＬＩ群の年代は紀元前4世紀前半を中心とする時期であり、ＬⅡ群の年代は紀元前3世紀を中心とする時期であると推定され、両群の画期は紀元前4世紀後半ごろにある

表4　燕国系墓と在地系墓の年代併行関係

年　代	時期	燕国系墓	在地系墓
紀元前4世紀前半	Ⅰ期	ＹⅠ群	ＬⅠ群
	Ⅱ期	ＹⅡ群	
紀元前4世紀後半	Ⅲ期	ＹⅢ群	
紀元前3世紀	Ⅳ期	ＹⅣ群	ＬⅡ群

と考えられる。

❸　燕国系墓と在地系墓の年代の関係

　ここまで、袁台子遺跡王墳山墓群の戦国時代の墓を土器を中心とした出土遺物から分類し、年代を考察した。燕国系墓と在地系墓の併行関係を表4に示した。燕国系墓ではＹⅠ群とＹⅡ群の一部の墓にＬⅠ群の土器に特徴な在地的な夾砂陶が副葬されている。年代の併行関係においても、このことには矛盾がない。なお、土器が出土しないＬⅢ群の年代は、実年代を知ることのできる遺物はほとんどないが、36号墓から明刀銭が出土しており、35号墓出土の明刀銭同様に紀元前4世紀前半以前の型式である。そのほかに帯鈎や小型の長方形石板のようにＬⅠ群やＬⅡ群の墓と出土遺物が共通することも考慮すれば、ＬⅠ群とＬⅡ群に併行するということはいえよう。

　以上の検討から袁台子遺跡王墳山墓群の年代を燕国系墓の時期区分にもとづいて、ＹⅠ群の時期をⅠ期、ＹⅡ群の時期をⅡ期、ＹⅢ群の時期をⅢ期、ＹⅣ群の時期をⅣ期とする。

❹　燕国系墓と在地系墓の分布比較

　燕国系墓と在地系墓の墓域内における分布の比較を試みる。袁台子遺跡王墳山墓群は東区と西区に分けられる（図6）。それぞれの墓区について大きく時期ごとにまとめて以下で考察する（図17〜19）。

　まず、東区各群の分布域をみていく。

　東区ＬⅠ群　ＬⅠ群は、東区内にほぼ偏りなく散在している（図17-1）。

　東区ＬⅡ群　ＬⅡ群は、東区の南半部に偏在している（図17-2）。

　東区ＹⅠ群　ＬⅠ群の時期に併行しながらも、比較的早い時期（Ⅰ期）であると考えられるＹⅠ群は、東区中央に分布する。なかでも、燕国系副葬土器のほかに在地系墓にも副葬されるような在地系夾砂陶を共伴する墓（数字を○で囲む墓）は南側に列をなすように集中している（図18-1）。

東区YⅡ群 LⅠ群の時期の後半（Ⅱ期）に併行するYⅡ群は、東区の北側の北西方向に伸びる尾根上に分布しており、YⅠ群の分布と重ならない（図18-2）。

東区YⅢ群 LⅠ群の時期とLⅡ群の時期の画期（Ⅲ期）に相当するYⅢ群はYⅡ群に比べてやや東に位置するものの、東区の北半部に集中する（図18-3）。

東区YⅣ群 LⅡ群の時期に併行する（Ⅳ期）YⅣ群は1基のみであるが、東区北側の尾根上にあり、分布域はYⅡ、YⅢ群とほぼ同じである（図18-4）。

東区のそれぞれのグループの分布域を比較すると、時期的な変化として以下の特徴が指摘できる。まず、Ⅰ期には燕国系墓と在地系墓の分布域は互いに重なっており、同一の墓域を形成していたものと考えられる。Ⅱ期に入ると、燕国系墓の分布域は東区の北側に移り、Ⅳ期にかけてほぼ同じ区域に墓が作られ、在地系墓の分布域との分離が鮮明である。

とくに北西方向に伸びる尾根上に墓を作る例が多数みられる。Ⅰ期の墓で在地系夾砂陶を副葬する墓が燕国系墓でも最も南に分布しているのは、燕国系墓の形成区域が北へ移っていったことを考えると、在地系土器を副葬するこれらの墓が、燕国系墓で最も古い墓である可能性も考えられよう。

一方、在地系墓はⅠ期からⅢ期頃には、燕国系墓のⅠ群と同じ墓域を形成する。上述したようにⅡ期以降、燕国系墓の分布が北へ移り、二系統の墓の墓域の分離が起こるのと対応して、在地系墓もⅢ期以降は分布域が東区南半部のみとなる。

このように東区では、当初重なっていた燕国

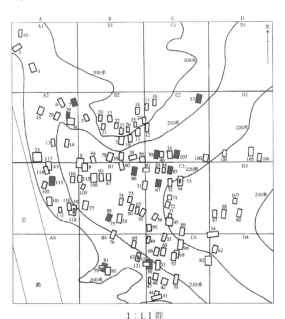

1：LⅠ群

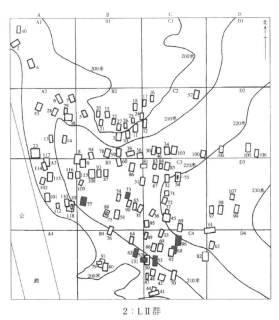

2：LⅡ群

図17　袁台子遺跡王墳山墓群における在地系墓の分布（東区）

（縮尺不明）

第 7 章　遼西における燕国の進出の年代とその様相

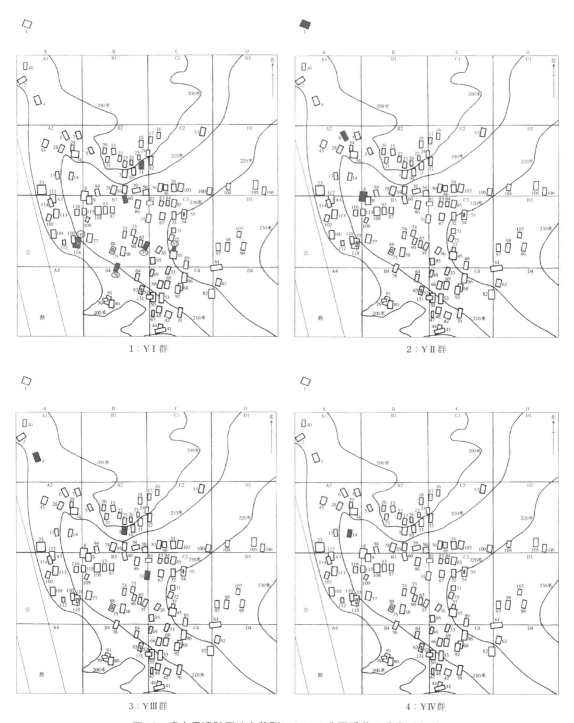

図 18　袁台子遺跡王墳山墓群における燕国系墓の分布（東区）
(縮尺不明)

系墓と在地系墓の分布域が、時期を追うごとに分離し、南北二つの地域に二系統の墓がそれぞれ営まれるようになる様相がきわめて明瞭にとらえられる。そして、燕国系墓と在地系墓の分布域が同じであったⅠ期には、東区ではⅡ期以降の燕国系墓にはみられない在地系夾砂陶を副葬する墓もあることは、両系統の墓の分布域と副葬される土器との関連性という点からみても興味深い。

次に西区の各群についてみていく。

西区 YⅡ群・YⅢ群・YⅣ群 YⅠ群は存在しない。YⅡ群は西区の北側に位置している。YⅢ群

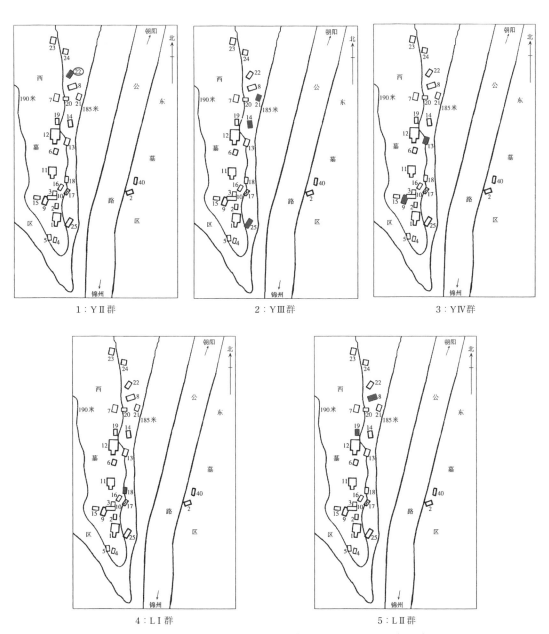

図19 袁台子遺跡王墳山墓群における燕国系墓（1～3）と在地系墓（4・5）の分布（西区）
（縮尺不明）

は西区の中央部から南側に位置する。YIV群は西区南側の尾根上に分布している（図19-1～3）。

西区LI群・LII群　LI群は1基、LII群は2基のみであるが、LI群は西区南側、LII群は西区北側に位置する（図19-4・5）。

西区では当該時期の墓は少ないが、燕国系墓と在地系墓の分布域の相違は以下のようにまとめられる。I期からII期には燕国系墓が西区北側、在地系墓が西区南側に位置するが、墓の数が少ないためにはっきりしない。III期以降になると、在地系墓が西区の北側、燕国系墓が西区の南側に営まれ、二系統の墓の分布域の相違が明確である。

以上の分析から、袁台子遺跡王墳山墓群においては当初、東区を中心にI期（紀元前4世紀初め）には同一の墓域を形成していた燕国系墓、在地系墓の二系統の墓が、紀元前4世紀中盤以降にそれぞれの系統の墓域が明確に分離する状況を知ることができた。

❺　**燕国系墓と在地系墓の墓の規模の比較**

次に、燕国系墓と在地系墓の墓の規模を比較する。燕国系墓と在地系墓の墓の規模と構造を表2と表3に示した。墓の構造では燕国系墓と在地系墓のいずれも棺と槨を有する墓が多く、大きな違いはみられない。

一方、墓壙上面の長辺と短辺の長さをもとに墓の規模を比較すると、一部の墓で規模が重なるものの、燕国系墓が在地系墓に比べて大型であるという傾向がはっきりとみてとれる（図20）。

なお、袁台子遺跡王墳山墓群の燕国系墓の規模を燕国中心地域の墓の規模と比較すると、第3章でみた同時期のii-b-2組の墓の規模とほぼ一致している。袁台子遺跡王墳山墓群の燕国系墓は、III期の西区の墓である西区14号墓（XM14）（ワンランク下のii-b-1組）の1基を除いて副葬土器の器種構成は基本的にii-b-2組と同じであり、器種構成のみならず墓の規模という点でも燕国中心地域の墓の規制にしたがっていると考えられる。

また表2に示したように、燕国系墓の被葬者には男性と女性の両方がいる。これは、第6章で分析した中山国と同様に燕国でも女性の墓も副葬土器の器種規制にしたがっていたことを示す重要な例であるといえるだろう[5]。

（3）　袁台子遺跡王墳山墓群にみる燕国の遼西進出

ここまで、戦国時代の袁台子遺跡王墳山墓群の分析をおこなってきた。分析の結果をもとに燕国の遼西進出の問題にもふれながらまとめる。

袁台子遺跡王墳山墓群に燕国系副葬土器をもつ燕国系墓があらわれるのは、紀元前4世紀初め頃である。当初の燕国系墓は在地系墓と同一墓域内に形成され、在地系墓にみられる夾砂陶も副葬されるなど在地系墓と共通する点が多い。紀元前4世紀半ば頃になると、燕国系墓に在地系夾砂陶が副葬されることはほとんどなくなり、東区では燕国系墓が在地系墓の北側に作られるようになるなど、燕国系墓と在地系墓の墓域の分離が起こる。東区では、紀元前3世紀には在地系墓の墓

第3節　遼寧省朝陽市袁台子遺跡王墳山墓群の分析

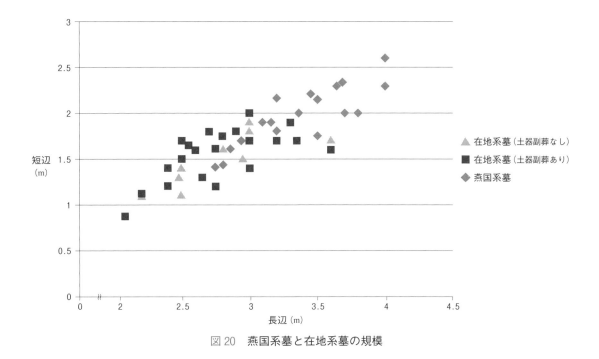

図20　燕国系墓と在地系墓の規模

域がさらに南に移り、二系統の墓の分布は明瞭な違いをみせるようになる。

　これらの墓域の変遷や当初副葬される土器の共通性などをみると、紀元前4世紀から紀元前3世紀にかけて袁台子遺跡王墳山墓群を形成した集団が燕国系墓と在地系墓の被葬者集団に明確に分離していく状況をうかがうことができる。

　では、この二系統の被葬者集団はいかなる性格の違いを有しているのだろうか。この問題について、付琳と王立新が、袁台子遺跡王墳山墓群の燕国系墓の被葬者は燕国からの移民であると考えている〔付・王2012〕。つまり、この二系統の被葬者集団の相違は出身地の違いであるとする。

　しかし、ここまで分析したように、この墓群に燕国系墓があらわれる最初の段階には在地系墓と同一の墓域を形成し、在地系土器を副葬していることや、燕国系副葬土器自体が濃厚な地域色を有していることを考慮すれば、在地の集団内に燕国系墓被葬者集団と在地系墓被葬者集団があらわれ、二系統の被葬者集団の相違がしだいに明瞭になっていったと考えるのが妥当であろう。

　燕国系墓と在地系墓ついては、墓の規模の相違があることもわかった。一部重複しながらも燕国系墓が在地系墓よりも全般に規模が大きい。墓の規模の大小は被葬者集団の社会的階層の違いに関連し、規模の大きい墓の被葬者ほど社会的階層が高いと考えられる。この観点からの考察は第3章でもおこない、春秋戦国時代の燕国における墓からみた被葬者の社会階層の違いを抽出することができた。

　袁台子遺跡王墳山墓群を同様の点からみると、墓群を形成した被葬者集団は、燕国系墓の被葬者のほうが在地系墓の被葬者よりも社会階層上位に位置づけることができそうである。つまり、墓群を形成した集団内において、燕国系墓被葬者集団は支配者的立場、または有力者的な立場にあった

ことを示唆する。

このことは、燕国系墓と燕国中心地の墓との比較からも確かめられる。袁台子遺跡王墳山墓群におけるほぼすべての燕国系墓の規模と副葬土器の器種構成は、燕国中心地域のⅱ-b-2組という、燕国社会で最下層（ⅱ-b-1組）と最上層（ⅱ-b-3組）の中間に位置づけられる社会階層の墓と一致する。つまり、袁台子遺跡王墳山墓群の燕国系墓の被葬者は燕国の社会において決して最下層ではない社会階層に属していることを知ることができるのであり、墓群を形成した集団全体において、有力者もしくは支配者的立場の成員が燕国の副葬土器規制を受け入れて燕国系墓を造営した可能性が高い。

ここまでの考察から、袁台子遺跡王墳山墓群における燕国系墓の出現は、遼西の一地域集団の有力者、支配者層が燕国の副葬土器規制という燕国独自の支配システムの一つを受け入れ、燕国の社会組織に組み入れられたことを示すものであることがわかる。ここまで、副葬土器と墓について地域色の強さから「燕国系副葬土器」とそれらを副葬する「燕国系墓」という語句を用いてきたが、副葬土器は性格的には燕国中心地域と変わらない「燕国副葬土器」であり、それらを副葬する墓は「燕国墓」として位置づけることが可能だろう。

以上のことから「燕国墓」の出現時期である紀元前4世紀初め頃が、この地域における燕国による支配の一つの画期であると結論づけられる。

第4節　遼西への燕国の進出の年代とその地域的特徴

ここまで、春秋戦国時代の燕国の遼西への進出について考古学的資料をもとに検討してきた。

これらをまとめると、紀元前6世紀後半から紀元前5世紀にかけて遼西の遼寧式銅剣文化社会に燕国の青銅製礼器や銅戈、土器などがみられるようになる。一方、遼西の大・小凌河流域では在地的な青銅器として二つの胡と、援に樋をもつ特徴をもつ遼寧式銅戈（遼西タイプ）が出現するなど、青銅器文化に新たな展開が生じる。この時期は、燕国の影響は限られており、東大杖子11号墓のような上位階層者の墓には、燕国の青銅器のほかに遼寧式銅剣が副葬されており、燕国の支配下にあるのではなく、在地系の青銅器文化社会が維持されていたと考えられるだろう。

その後、紀元前4世紀に入ると、遼西で燕国の副葬土器をもち、燕国における副葬土器構成の規制に従った墓が存在するようになる。この時期の燕国墓と在地系墓については、近年発表された朝陽市袁台子遺跡王墳山墓群の検討により、遼西におけるこの時期の地域社会変動を詳細に分析することができた。在地社会の有力者や支配者層が中心となって燕国の墓制を積極的に取り入れていく様相は、燕国の支配が地域社会の有力者、支配者層を取り込むことによって急速に進んだことをものがたっている。そして、この時期の墓からはもはや、遼寧式銅剣などの在地的な青銅器は出土しないことも、燕国による支配が及ぶ画期になったことをよく示しているといえるだろう。

第 4 節　遼西への燕国の進出の年代とその地域的特徴

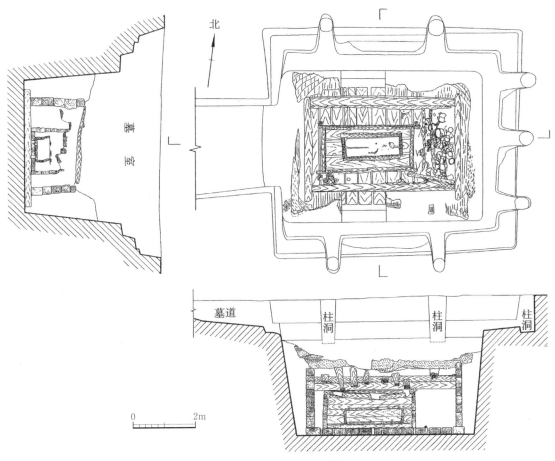

図 21　東大杖子 40 号墓

　さらに 2011 年には遼寧省建昌県東大杖子遺跡で多数の燕国副葬土器をもつ大型墓である 40 号墓が発見された〔中国国家文物局 2012、遼寧省文物考古研究所・吉林大学辺疆考古研究中心・葫蘆島市博物館・建昌県文物管理所 2014a〕。40 号墓の付近では青銅器時代末から戦国時代にかけての墓がこれまでに多数発見されている〔中国国家文物局 2001、遼寧省文物考古研究所・葫蘆島市博物館・建昌県文物管理所 2014a、遼寧省文物考古研究所・葫蘆島市博物館・建昌県文物管理所 2014b、成・孫・邵 2015 など〕。40 号墓は、棺と槨をもち、墓口の長軸長は 9m、短軸長は 8m である（図 21）。内部からは多数の彩絵を施した副葬土器が出土し、簋や方壺といった多数の燕国の「復古形態」の副葬土器も発見されている。この墓の年代は発見された副葬土器のなかで、鼎や壺の形態が燕国副葬土器編年第Ⅳ期（第 3 章図 4 参照）にきわめて近く（図 22 - 1、2）、また鼎（図 22 - 1）の胴部に沈線で描かれた格子文と、格子文と格子文の接点に配置された円文は、燕国副葬土器編年第Ⅳ期前半の河北省易県東斗城村 29 号墓出土の鼎の胴部文様（第 3 章図 4 - 26）とまったく同じである。これらのことから、東大杖子 40 号墓の年代は紀元前 4 世紀後半初め頃と推定される。

　40 号墓は規模からみても、燕国中心地で最上位クラスに位置する ii - b - 3 組に該当する墓で

203

第 7 章　遼西における燕国の進出の年代とその様相

1：鼎　2：壺　3：豆

図 22　東大杖子 40 号墓出土遺物

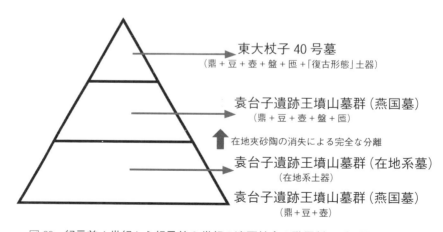

図 23　紀元前 4 世紀から紀元前 3 世紀の遼西社会の階層制モデル図

ある。この墓の副葬土器は形態や文様は燕国中心地域のものとほとんど変わらないものがある一方で、豆などは袁台子遺跡王墳山墓群の燕国系墓（燕国墓）に類似し、遼西の地域性がみられる。また、報告によれば墓には青銅器時代の東大杖子11号墓のように大量の獣骨が副葬され、墓壙の長軸も南北方向ではなく東西方向であることなど、燕国の中心地域にはみられない特徴を有し、北方地域的な特徴がみうけられる。このような地域色は、遼西において在地社会の最上位の支配者層が燕国の支配に取り込まれたのちも、在地的な文化の一部分を維持していたことのあらわれといえるかもしれない。

　以上の墓からみた紀元前4世紀以降成立した遼西における社会階層のモデル図を図23に示した。燕国中心地域の同じ時期の社会階層の模式図と比較すると、基本的な構造は同一である。

　ただ上位から下位に移るにつれて在地色が強くなるのが大きな特徴である。これらの燕国副葬土器の規制に従う社会が形成された紀元前4世紀をもって、遼西が燕国の勢力下に入った時期と考えたい。

　これまで遼寧地域への燕国の進出は紀元前300年頃と推定される燕将秦開の東胡撃退によるものとされてきた。しかし、近年の発掘調査の進展に伴い遼西では袁台子遺跡王墳山墓群など、それ以前に遡る燕国墓が多数発見されている。遼西への燕国の文化の到来については1990年代後半以降、大貫静夫が当時調査されていた資料をもとに、それが上記の文献記載のような紀元前300年頃の一度の軍事行動によるものではない可能性を指摘し〔大貫1998〕、宮本一夫も南洞溝遺跡や三官甸遺跡で遼寧式銅剣とともに出土する燕国青銅器の存在から、紀元前5世紀におけるこの地域の「燕化」の開始についてふれている〔宮本2000〕。また、筆者も2001年の燕国副葬土器に関する論考で、燕国墓である大城子眉眼溝1号墓の年代を副葬土器編年第Ⅲ期（当時は紀元前4世紀前半から紀元前4世紀後半前葉としていた）とし、「文献に見られる昭王期の遼寧進出より早い時期である」と述べたことがある〔石川2001〕。

　このように、従来から燕国の遼西への進出の年代は考古学的に問題とされてきてはいたが、今回の考察の結果、紀元前4世紀初めには、遼西が燕国の勢力下に入るのではないかということが考えられた。袁台子遺跡王墳山墓群の燕国墓の報告書の年代については、従来の燕将秦開に関する文献の記載をもとにして紀元前3世紀とする趙鎮先による批判〔趙2011〕も出されている。しかし、筆者らと同様に、中国側でも先にあげた付琳と王立新の論文〔付・王2012〕にみられるように考古資料をもとにしながら、燕国墓の年代を紀元前4世紀にまで遡らせ、燕文化のこの地域への到来を燕将秦開による東胡撃退の推定年代より古く考える説が急速に広まりつつある〔喬2010〕。

　今後は、調査例がまだ少なく、鉄器を含め、紀元前3世紀代の遺物がほとんどを占めている遼西の城砦遺跡の調査が進むことによって、さらに具体的な戦国時代における遼西への燕文化の流入の様相が明らかとなることが期待されるだろう。

第7章　遼西における燕国の進出の年代とその様相

［註］

（1）　遼東タイプについては、第 8 章を参照。

（2）　図 4 - 13 の豆は、報告では図のように蓋の上部が空いているように表現されているが、筆者による実見観察によると、蓋の上部は塞がっており、一般的な燕国の副葬土器の豆 A 類と同じである。

（3）　第 1 期が遼寧式銅剣文化である青銅器時代中・後期（凌河文化）、第 2 期は戦国時代中・後期の燕国墓、第 3 期は前漢時代、第 4 期は後漢時代から五胡十六国時代にわけられている。

（4）　2014 年 8 月に、あとで述べる遼寧省建昌県東大杖子 40 号墓の副葬土器を遼寧省博物館の「遼海遺珍 遼寧考古六十年展（1954 - 2014）」で実見し、2014 年末にはこの墓の報告も刊行された〔遼寧省文物考古研究所・吉林大学辺疆考古研究中心・葫蘆島市博物館・建昌県文物管理所 2014a〕。壺は第 3 章で分類した副葬土器の壺 A 類で、鼎と同様に副葬土器編年第Ⅳ期前半（紀元前 4 世紀後半初め）のものである。一方、東大杖子 40 号墓出土の豆は蓋部に三つの長い板状になった鳥形のつまみがつき、袁台子王墳山墓群の豆Ⅲ類のなかでも鳥が写実性を残している点は豆Ⅱ類に近い形態である。これらのことから、豆Ⅲ類の時期が副葬土器編年第Ⅳ期（紀元前 4 世紀後半）にあたることが確認できる。また、東大杖子 40 号墓のような大型の燕国墓でも豆Ⅱ類や豆Ⅲ類のような鳥形のつまみの豆がみられるということは、豆につく鳥形のつまみが遼西の副葬土器の地域的特徴であることを明確に示している。

（5）　すなわち、燕国における副葬土器の器種構成の違いが性差にもとづくものではないことを示している。

第**8**章

遼東における燕国の進出の年代とその様相

はじめに

　本章では、前章であつかった遼西の遼河をはさんだ東側の地域である遼東における燕国進出の状況についてみていきたい。この地域については、遼東半島先端部、瀋陽遼陽地域、遼東山地以東に細分し、各々の地域について考察する。

　遼東半島先端部に関しては、戦前におこなわれた遼寧省大連市牧羊城遺跡出土遺物の再整理調査の成果〔石川 2007、大貫・鄭・石川・中村・古澤 2007〕を参考に、牧羊城遺跡の城跡の築造年代について考察する。瀋陽遼陽地域、遼東山地以東の各地域については、中国側による最新の発掘調査の成果についての考察〔石川 2011〕をもとにしながら、この地域への燕国の進出状況と燕文化の浸透に関する問題を考える。

第**1**節　牧羊城遺跡と遼東半島先端部への燕国の進出

（1）　牧羊城遺跡について

　牧羊城遺跡は遼寧省大連市にあり、遼東半島先端部に位置し、西は渤海を臨む。遺跡は南北長約120ｍ、東西長約80ｍの長方形プランの城跡で、現在でも城壁の一部が残っている。

　この遺跡は 1928 年に原田淑人らからなる東亜考古学会によって発掘調査され、先史時代から漢時代にかけての土器や石器、鉄器など多くの遺物が出土し、1931 年には『牧羊城』が発掘調査報告書として刊行された〔東亜考古学会 1931〕。報告書では、出土遺物をもとに、中原王朝の城として機能したのは「周末漢初」から漢時代にかけての時期と考察している。

　牧羊城遺跡出土の土器については『牧羊城』で「第一類土器」、「第二類土器」、「第三類土器」の三種に大別されている。このうち「第一類土器」は城築造以前の先史土器であり、「第二類土器」及び「第三類土器」が城として機能していた時期の土器とされており、おのおのの特徴について報告には以下のように記載されている。

　「第二類土器」は「黝黒色を呈し稍堅緻な焼成を示した瓦器」、「第三類土器」は「黝黒色を呈するもの最多く、白堊を含んだ白色のもの、又滑石末を混じた赤褐色のものもある」とし、ことに「第三類土器」は轆轤の使用による調整が顕著であると述べている。そしてこの二種の土器群の差

第8章　遼東における燕国の進出の年代とその様相

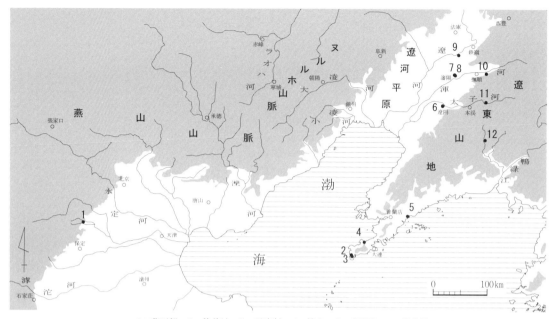

1：燕下都　2：牧羊城　3：尹家村　4：楼上　5：高麗寨　6：徐往子
7：熱鬧路　8：郭七　9：邱台　10：蓮花堡　11：上堡　12：劉家堡

図1　本章関連地図

異は時間差と解釈され、その実年代として「第二類土器」を「戰國時代から漢代に亙って盛行したもの」、「第三類土器」を「主として漢代に入って盛行したと考へられる型式」と結論付けている。

　本節では、東亜考古学会による牧羊城遺跡の発掘調査により出土した土器のなかで、東京大学考古学研究室に所蔵される資料のなかから、かつて「第二類土器」、「第三類土器」と報告された土器のうち、牧羊城造営の上限年代とも関連する戦国時代にまで遡及する燕国系の土器を紹介し、今日までに中国国内で出土している資料との比較をおこないながら、その年代を検討するとともに、遼東半島先端部における在地青銅器文化終末期から中原勢力進出期の様相を考察したい。

（2）　牧羊城遺跡出土の戦国時代燕国系の土器

　現在までに中国河北省から遼寧省にかけて墓や都市、城砦などの戦国時代の燕国の遺跡が相当数調査、報告され、戦国時代の土器の実態が明らかになってきている。なかでも燕国の戦国時代の都城址である燕下都遺跡〔河北省文物研究所 1996〕では広範囲にわたる発掘調査が実施され、その出土土器は燕国内各地の併行する時期の土器との比較資料としてきわめて重要である。

　本節でも牧羊城遺跡出土の土器とおもに燕下都遺跡出土の資料との比較検討をおこなうが、まず東京大学考古学研究室所蔵の牧羊城遺跡出土土器のなかに含まれる燕国系の土器を紹介したい。なお、戦国時代から前漢時代の生活遺跡においては長期にわたって同一の器種が使用される例が多い。また、これまでに中国側の調査によって報告されている資料数の制約から時期による器形や文様の変化を明瞭にみいだすことのできる器種は必ずしも多くない。このような事情により、時期的

第1節　牧羊城遺跡と遼東半島先端部への燕国の進出

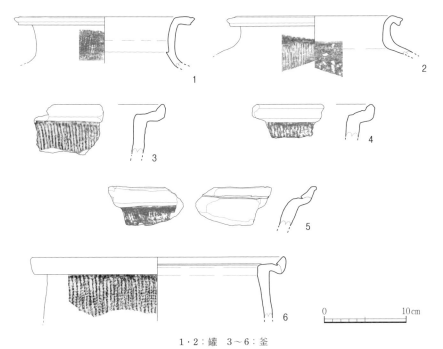

1・2：罐　3〜6：釜
図2　牧羊城遺跡出土戦国時代燕国系土器

変化が明瞭である器種として本節では罐と釜（「鬲」〔河北省文物研究所 1996〕ともよばれるが、以下本文中ではすべて「釜」と記す）を用いて分析をおこなう。また牧羊城遺跡出土の資料のなかで『牧羊城』出版に際しておこなわれた整理作業により土器に墨書の注記が残存するものは出土位置が確認できる良好な資料であり、それらを分析の中心としたい[1]。

図 2-1 は E トレンチ IV 区から出土した罐である。色調は深い黒灰色で、残高 5.6cm、復元した口縁直径は 21.5cm である。口縁部から頸部内面は回転によるミガキ、頸部下・胴部内面にかけては回転ナデ調整が観察される。一方、頸部外面を中心にタタキによる幅 1mm ほどの浅い細縄文がみられる。

図 2-2 は E トレンチ VII 区から出土した罐で、色調は深い黒灰色である。残高 4.5cm、復元した口縁直径は 21cm で、口縁端部の形状が段状となっている。口縁部から頸部の外面は回転ナデ調整、胴部外面にはタタキによる幅 1.5mm 程度の細縄文がみられる。また口縁部から頸部内面は回転ミガキ調整をおこなっており、胴部内面には当て具痕とみられる麻点文が消されずに残っていた。

図 2-3 は N トレンチ V 区から出土した釜の口縁部付近の破片である。色調は内面および口縁部付近の外面は灰褐色を呈し、胴部外面は赤褐色を呈する。胴体部外面には口縁部直下からタタキの際につけられた幅 3mm ほどの縄文が施されている。口縁部から内面にかけては回転ナデをおこなっている。

図 2-4 は E トレンチ V・VI S 区から出土したやはり釜の口縁部付近の破片である。色調は全体に黒灰色を呈する。色調は図 2-3 とは異なるものの、胴体部外面にはやはり幅 3mm 程度のタタキ

209

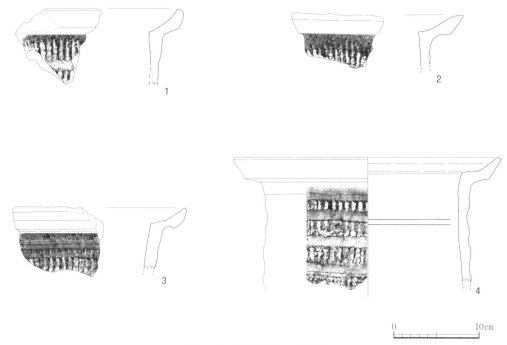

図3　牧羊城遺跡出土釜E類

によってつけられた縄文がみられる。また、ちょうど口縁部内側の上方に向かって屈曲する部位に明瞭な横方向の溝が形成されている。

また、出土遺構等の詳細は不明であるが図2-5と図2-6も釜の口縁部付近の破片である。図2-5は図2-4の個体に、図2-6は図2-3の個体にそれぞれ色調が類似している。

上記4点の釜の破片は色調こそ異なるものの、胎土にはやや大粒の白色砂粒を含んでいるという特徴がある。

(3)　燕下都遺跡出土の戦国時代土器との比較

上述した牧羊城遺跡出土の燕国系土器について、燕下都遺跡から出土している戦国時代の土器との比較をおこなう。

燕下都遺跡ではこれまで広範囲の発掘調査が実施されているが〔河北省文物研究所1996〕、発掘された遺跡内でも比較的長期間にわたる土器の変遷が層位や遺構同士の切りあい関係等により裏づけられる遺跡として、第2章で考察の対象とした郎井村10号工房遺跡をあげることができる。この遺跡から出土した土器は生活・工房関連の遺跡から出土したものであるが、墓から出土する副葬土器との間で年代的な併行関係を追うことのできる資料である。土器の年代を比較・考察する際に非常に有用であることは第2章ですでに論じた。本章では牧羊城遺跡出土土器と第2章の成果をもとにしながら、燕下都郎井村10号工房遺跡2期、3期の罐及び釜との比較をこころみたい。

牧羊城遺跡で出土した黒灰色の罐に関連するものとしては、郎井村10号工房遺跡3期の罐と大

口罐があげられる（第2章図4・図5）。3期の罐は口頸部が比較的短いもの（第2章図4）、と頸部から口縁部にかけて長く、かつ大きく開く「大口罐」と称される器種（第2章図5）に大きく二分される。さらに胴部が丸く膨らむ「鼓腹罐」（第2章図5-4・5）や口縁部が水平に鍔状の形状をなす罐（第2章図4-9）も存在する。

　一方、郎井村10号工房遺跡で3期を遡る時期の2期の罐においては「大口罐」の類例（第2章図5-1）は少なく、また「鼓腹罐」なども出土していない。このような多様な器形の罐の登場が3期の特徴といえよう。さらに、口縁の形態でも3期の罐は段状となる口縁端部の肥厚が2期に比べ比較的弱い傾向がみいだされる。

　牧羊城遺跡出土の罐のなかで図2-1例は黒灰色の色調、またタタキによる縄文が頸部にまで見られる点、そして鍔状の口縁部など、燕下都郎井村10号工房遺跡3期の第2章図4-9の例にきわめて近い。また図2-2例は燕下都郎井村10号工房遺跡3期にみられる鼓腹罐（第2章図5-4）に大きさや形状が類似する。

　一方、釜は燕下都遺跡においては戦国時代を通じてみられる器種である（第2章図12）。この釜の編年についても第2章ですでに示した。

　釜自体は漢時代にも存在しており、牧羊城遺跡と地理的にきわめて近い遼寧省大連市尹家村遺跡では上層（漢時代）から宮本一夫が「遼東型」〔宮本2012〕とよび、筆者が釜E類とする釜が出土している（第2章図12-19・20）。同様の釜は牧羊城遺跡でも出土している（図3）。これらの釜E類を戦国時代に遡る釜と比較した場合のもっとも大きな相違点はタタキ成形の際につけられた胴部の縄文である。燕下都遺跡などで出土する戦国時代の釜では縄文が口縁部のすぐ直下から胴部全面にわたってみられ、口縁部の外側にすら縄文が観察される例も存在する。それに対して尹家村遺跡出土の前漢時代の釜は縄文が口縁部からやや下に離れた位置から胴部にかけて施され、さらに胴部上半には蛇腹状に縄文を横方向になで消した調整が施されることが多い。このような胴体部に蛇腹状の無文帯が存在する釜の例は漢時代の遼寧省東部から出土している釜（釜E類）でも同様であり、釜に関して戦国時代から漢時代への時期的な変化を観察する際の大きなメルクマールとなるものである。

　このような釜の形態、文様の年代的な特徴を考慮すれば、牧羊城遺跡出土の図2-3〜6の例は縄文が口縁部直下から施され、赤みがかった褐色の色調など、郎井村10号工房遺跡3期併行のC類やD類（第2章図12-15〜18）にもっとも近いということができよう。また口縁部形態も上記時期のものに近い。ただし、牧羊城遺跡の出土の釜は、胴部の形態を知ることができるものがほとんど存在しておらず、全体の形状からの比較は容易ではない。

（4）　遼東半島先端部における戦国時代の考古遺跡・遺物

　以上のように牧羊城遺跡出土の土器には戦国時代にまで遡る土器が存在することを戦国時代燕国の遺跡から出土した土器との比較検討をおこなうことにより、改めて確認することができた。牧羊

第 8 章　遼東における燕国の進出の年代とその様相

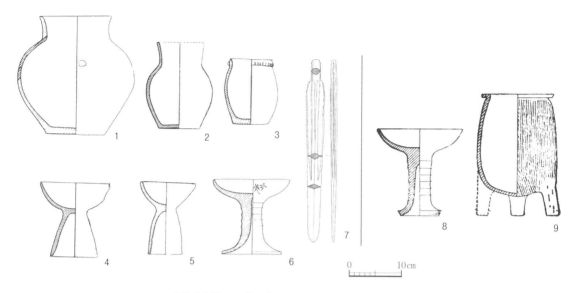

1〜5：在地系土器　6：燕国系豆　7：遼寧式銅剣　8：燕下都郎井村
10号工房遺跡 2 期の豆　9：燕下都郎井村 10 号工房遺跡 2 期の燕式鬲
図 4　尹家村 12 号墓出土遺物と燕下都郎井村 10 号工房遺跡出土土器

城遺跡の年代に関しては中国側でも最近、劉俊勇がその築造時期が戦国時代後期であろうとの認識を示している〔劉 2003〕。そこで牧羊城遺跡築造の歴史的位置づけに関連する遼東半島の青銅器文化終末期、そして燕国進出期における遼東半島先端部の文化様相を考古遺跡・遺物から考察する。

遼東半島先端部の遼寧式銅剣およびその副葬墓の年代の下限は、遼寧省大連市尹家村 12 号墓の段階（尹家村 2 期）である〔中国社会科学院考古研究所 1996〕。この墓からは青銅短剣（図 4-7）のほか、在地系の夾砂陶（図 4-1〜5）、さらに燕国系の豆（高杯）（図 4-6）が出土している。

この豆は蓋が付属せず脚部が節状の形状になっているところに特徴がある。報告では春秋時代後半から戦国時代前期がその主たる年代である河北省唐山市賈各荘遺跡の墓〔安 1953〕出土土器と 12 号墓出土の燕国系の豆が類似するとの判断を示し、尹家村 2 期の年代を「戦国時代早期」としている。しかし、賈各荘遺跡の墓出土の土器と尹家村 12 号墓出土の燕国系豆の間には相違点もかなり大きい。

一方、燕下都遺跡出土の土器のうち、さきにも牧羊城遺跡出土土器との比較で利用した郎井村 10 号工房遺跡から出土している土器のなかに尹家村 12 号墓出土の燕国系の豆に形状や無蓋で節状の脚部という特徴などできわめて類似する例が存在する（図 4-8）〔河北省文物研究所 1996〕。

燕下都郎井村 10 号工房遺跡で出土した豆は報告では「戦国時代中期」の年代が与えられており、筆者の編年観では燕下都郎井村 10 号工房遺跡 2 期に相当し（第 2 章参照）、筆者はこの豆を含むこの時期の実年代を紀元前 4 世紀後半頃であると考えている。このような豆は燕下都遺跡の調査においては、ほかに例をみず、尹家村 12 号墓出土の燕国系の豆との比較に有効であり、この墓の時期を紀元前 4 世紀代に位置づける有力な根拠となりえよう[2]。

212

このように尹家村2期の墓の年代を考えたとき、牧羊城遺跡出土の燕国系土器との年代関係は次のようになるであろう。すでに考察した通り、牧羊城遺跡出土の燕国系土器は尹家村2期すなわち紀元前4世紀後半に併行する燕国系の土器（燕下都郎井村10号工房遺跡2期）に後続する、燕下都郎井村10号工房遺跡3期の土器と比較対照することが可能な資料であった。そのことから牧羊城遺跡出土の「第二類土器」「第三類土器」は尹家村2期に後続する時期以後の遺物である可能性が高いと結論づけられる。なお、尹家村2期の在地土器の一器種である高杯は脚が大変に長いという形態的特徴を有し、同様の形態の高杯は中国東北地方や朝鮮半島北部の広範囲に分布しており、その年代は鉄器が出現する直前段階という点で共通している。

ただ、今回分析することのできた牧羊城遺跡出土の燕国系土器の数量は決して多くはなく、戦国時代の燕国中心地域の土器との比較に耐えうる資料も少ない。今後も牧羊城遺跡における燕国系土器についてはさらに検討を深めていく必要がある。また、牧羊城遺跡の燕国系土器の上限年代と牧羊城築城の時期に関連して、最後に一点問題点を指摘したい。

牧羊城遺跡出土土器の整理調査のなかで、牧羊城遺跡発掘当時の野帳を目にすることができた。このなかに『牧羊城』には報告されていない事実として牧羊城遺跡の城壁土層下遺構から「漢式黝色土器」が出土したとの記載があることを初めて知った。この遺構から出土した「漢式黝色土器」が具体的にいかなるものであったかはすでに現在では知る由もないが、燕国系土器の時期以後のものであることは確実であろう。

このことから燕国系土器の上限年代が城壁をともなう城の築城時期と併行するものではないことがわかる。つまり、燕国系土器を製作、使用した集団が城の築造以前にすでに流入してきていることをこの事実は示唆している。また同様に燕国の城址において城壁下から燕国の土器が出土した例は遼西にある邰集屯小荒地古城址でも報告されている〔吉林大学考古学系・遼寧省文物考古研究所1997〕。このことは、遼寧地域への燕国の拡大とその文化の流入の実態を考えていく際に大変に重要な点であると考えられる。いずれにしろ、尹家村2期と牧羊城遺跡出土燕国系土器の時期は東北アジアにおける中原勢力とその文化の拡大、拡散期としての大きな画期をなすものであるといえよう。

第2節　瀋陽遼陽地域における燕国の城址と墓

遼河平原の東半部は、『史記』匈奴列伝第五十に記載されている燕国の遼東郡の郡治である襄平（現在の遼寧省遼陽市であると推定される）があったことからもわかるように、遼東郡の中心地であったと考えられる。しかし、遼東郡治であったと推定されている遼陽では燕国の城址の存在について、現在のところ詳細がまだはっきりしていない。その一方で最近、その北にある遼寧省瀋陽で燕国の城址の様相が明らかになりつつある〔李2008〕。城址は瀋陽中心部にある瀋陽故宮の地下で

発見されたもので、城砦の継続期間は戦国時代から漢時代にまで及ぶとされる。そしてその城壁壁体の土層からは多数の燕国の半瓦当や平瓦、土器が出土しているとされ、出土した半瓦当の写真も公開された（図5）。その半瓦当は写真で見る限り、燕下都遺跡で数多く発見されている燕国特有の饕餮文半瓦当に文様や形態が酷似しており、調査された城壁がいつ建造されたかははっきりしないものの、この場所には戦国時代の燕国の瓦を用いた建造物が建てられていたこと、そしてここがその当時の城などの拠点であったことが明らかになったといえるだろう。

　一方、瀋陽や遼陽などでは燕国の副葬土器をもつ墓が、これまでに複数例発見されている。瀋陽市熱鬧路で発見された墓（図6）〔瀋陽市文物管理辦公室1993〕から出土した副葬土器は鼎、壺、盤、匜という器種で、燕国における器種構成と同一である（第3章参照）。このうち、鼎は筆者の副葬土器分類で鼎C類に属する。鼎C類は筆者の副葬土器編年第Ⅱ期を中心にみられるものである。一方、壺は壺B類に属し、やや長めの頸部などは第Ⅲ期のものに近い。また副葬土器編年第Ⅰ期から第Ⅱ期にかけて副葬土器の器種構成の一部をなす尊がこの墓ではみられないことはその後の第Ⅲ期の特徴といえるだろう。このように熱鬧路出土の副葬土器は筆者の副葬土器編年の第Ⅱ期と第Ⅲ期の副葬土器の要素をもっており、とりあえず第Ⅱ期末から第Ⅲ期前半頃にあたると推定し、実年代では紀元前4世紀前半、早ければ紀元前400年前後に遡る可能性があると考えておきたい。

　一方、遼東郡の郡治、襄平の比定地である遼陽の徐往子では共伴する燕式鬲をはじめとする副葬土器の観察から、副葬土器編年第Ⅲ期から第Ⅳ期頃に相当する墓が発見されている〔邢編2009〕（図7）。これらの墓は木棺墓もしくは木槨墓という墓制をはじめとして、副葬土器の器種構成においても在地的な要素は全くみられず、燕国の中心部や遼西地域の喀左大城子眉眼溝1号墓〔朝陽地区博物館・喀左県文化館1985〕と同様な完全な燕国墓である。このことは、遼西においてもみられたような燕国の土器副葬規制にしたがう墓の出現という画期が遼河平原東半部では紀元前4世紀初め頃にあることを示しており、紀元前4世紀前半にはこの地域が燕国の支配地域に入っていた可能性がきわめて高い。

　また近年、瀋陽市郭七遺跡で興味深い発見がなされている〔瀋陽市文物考古研究所・吉林大学辺疆考古研究中心2013〕。郭七遺跡からは青銅器時代である新楽上層文化から前漢時代までの遺構と遺物が検出されている。報告によれば層位は時期により明確に分層でき、最上層の第1層は近現代の耕土層、その下の第2層が前漢時代の文化層、そして第3層は新楽文化の文化層であるという。

　このうち第2層からは鉄钁（斧）（図8-4）などのほかに上述の釜E類（図8-3）も出土しており、前漢時代でも前半に遡る時期の遺物が含まれていることがわかる。そのほかにも第2層下には第3層を掘り込んで作られた土壙が存在している。このような土壙のなかのひとつであるIH23からは、尊（図8-1）や瓮（図8-2）のほかに鉄塊が出土している。尊は形態が紀元前5世紀から紀元前4世紀前半の燕下都郎井村10号工房遺跡1期の尊（第2章図4-1）に類似している。また瓮も頸部が長い点で同じく燕下都郎井村10号工房遺跡1期や2期の瓮に近い（第2章図3-1〜3）。よってIH23の年代は紀元前4世紀でも前半に遡る可能性があるといえるだろう。この土壙からは鉄塊も

第2節　瀋陽遼陽地域における燕国の城址と墓

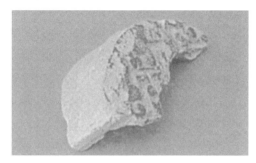

図5　瀋陽故宮地下遺跡発見の燕国の半瓦当

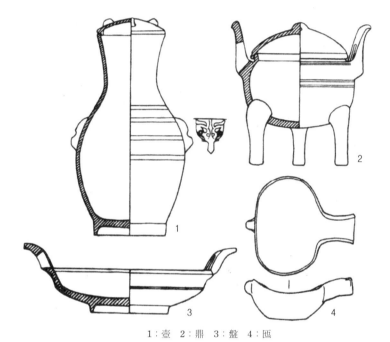

1：壺　2：鼎　3：盤　4：匜
図6　瀋陽熱閙路燕国墓出土副葬土器（縮尺不明）

図7　遼陽徐往子戦国墓出土燕式鬲

215

第 8 章　遼東における燕国の進出の年代とその様相

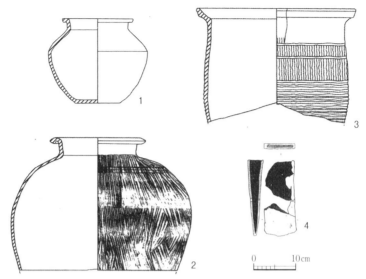

1：尊　2：瓮　3：釜 E 類　4：鉄钁（斧）（1・2：IH23 出土　3・4：第 2 層出土）
図 8　瀋陽郭七遺跡出土遺物

発見されており、瀋陽遼陽地域への燕国の拡大と鉄器流入を考える際に興味深い事例であろう。
　このように遼河平原東半部の瀋陽遼陽地域においては、これまでに紀元前 4 世紀に遡る墓はいくつか発見されていたものの、燕国の進出、支配拠点の様相が不明であった。この点を解明する上で、瀋陽で戦国時代の燕国の城砦が発見されたことや郭七遺跡の出土遺物の意義は大変に大きい。これらの遺跡の年代がどこまで遡るのか、そして出土鉄器についての詳細は、東北アジアへの鉄器文化普及の年代とその様相を考古学的に考察する際に重要なこととなるだろう。今後の詳細な報告が期待される。

第 3 節　遼東山地以東における燕国の進出と鉄器の流入

　遼東への戦国時代における燕国の進出が、この地域の文化要素に与えた大きな影響の一つが鉄器の流入である（図 9）。かねてから遼東山地以東における最初期の鉄器文化類型としては蓮花堡類型〔王 1964〕がひろく知られている。この文化類型と同様の鉄器は朝鮮半島西北部の清川江以北の朝鮮民主主義人民共和国平安北道寧辺郡細竹里遺跡〔金政 1964・金永 1964〕にまで広がっており、この地域における明刀銭の分布地域ともちょうど重なっている（このため、細竹里・蓮花堡類型〔朝鮮民主主義人民共和国社会科学院考古研究所 1977〕ともよばれる）。蓮花堡類型の鉄器は鋳造鉄器が中心で、燕下都遺跡など戦国時代の燕国の遺跡で発見される鉄器と器種およびその形状がきわめて類似しており、年代は遅くとも紀元前 3 世紀に遡る。ちなみに蓮花堡類型の鉄器に関連する資料としては、福岡県福岡市比恵遺跡〔白井編 1996〕の須玖 II 式古段階の土壙から出土した鉄钁（斧）

第3節　遼東山地以東における燕国の進出と鉄器の流入

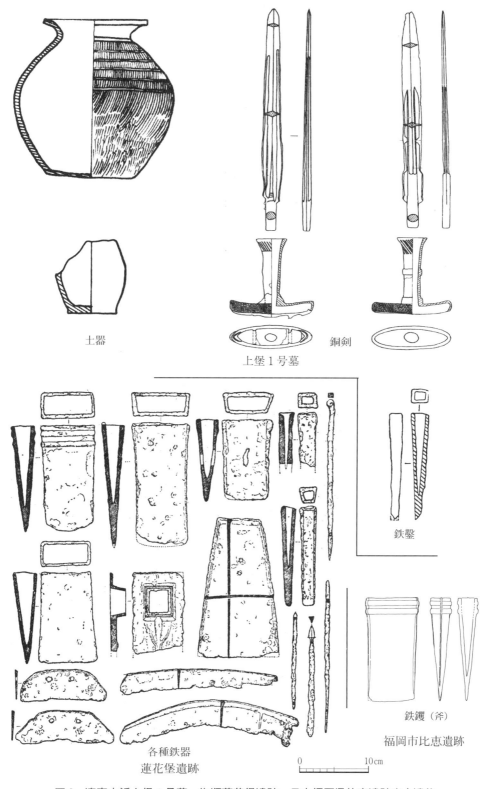

図9　遼寧本渓上堡1号墓、撫順蓮花堡遺跡、日本福岡県比恵遺跡出土遺物

がもっとも良好な状態を保った日本列島における出土例としてあげられる。上部に二条の突帯をめぐらすこの鉄鑿（斧）は、蓮花堡類型の鉄器にきわめて類似し、戦国時代の燕国との関係がうかがわれる好例とされている〔村上 1998・2008〕。

ところで遼東山地の燕国進出期および、鉄器流入期の様相をものがたる遺跡としては、遼寧省本渓満族自治県上堡遺跡〔魏・梁 1998〕があげられる。上堡遺跡の墓である 1 号墓からは遼東山地の地域色が強いものを含む遼寧式銅剣 2 点（宮本一夫の遼寧式銅剣の分類で 2b 式及び 3a 式〔宮本 2008〕）や在地の土器とともに、蓮花堡類型にみられる鉄器（鑿）と燕国のタタキによる縄文が施された土器が一緒に出土した。出土した銅剣の年代からも、この墓の年代は遅くとも紀元前 3 世紀であると考えられる。なお、宮本は上堡 1 号墓の年代を紀元前 300 年を遡ると考えているが〔宮本 2008〕、上述したような紀元前 4 世紀代の遼東の平野部における燕国の進出状況を考えれば、その可能性は十分考えられる。

一方、遼東山地以東では瀋陽や遼陽で発見されているような燕国の副葬土器をもつ墓がこれまで発見されていない点はきわめて興味深い。このことは、この地域が遼河平原以西の地域とは異なり、燕国の支配または影響下にはあったものの、完全に燕国と一体化しなかった可能性が高いことを示している。一部で発見されている山城などにみられるように燕国の進出は拠点的なものにとどまっていたと考えるのが妥当だろう。吉林省梨樹県二龍湖古城遺跡〔四平地区博物館・吉林大学歴史系考古専業 1988〕、遼寧省鉄嶺市邱台遺跡〔鉄嶺市文物管理辦公室 1996〕、遼寧省鳳城市劉家堡古城遺跡〔崔 1996、馮・崔 2010〕といった瀋陽や遼陽の北から東にかけての丘陵部や山地に点在する遺跡はそのような燕国、およびそれに続く前漢王朝の拠点的な城砦遺跡と考えられ、これらの城砦跡からは燕国系の土器や鉄器も出土している[3]。

一方で、邱台遺跡などでは在地の土器もともに出土しており、鉄器文化をはじめとする燕国の文化は、この地域では燕国の面的な強い領域支配を受けた遼河平原部以西の地域とは異なり、それまでの在地文化のなかに鉄器や明刀銭、燕国系の土器といった一部の燕国の文化要素が受け入れられるかたちで広がっていったと推定できるだろう。このことは、鉄器の流入が、必ずしも燕国の領域的支配下でおこるという前提が必要ではないことを示しており、朝鮮半島や日本列島で発見される初期鉄器の流入の経緯を考察するのにも大いに参考になる事象であろう。

第4節　小　結

前章からここまで、紀元前 6 世紀以降、紀元前 3 世紀にかけての春秋戦国時代の燕国の東方への拡大と、遼寧地域の青銅器文化の終焉と変容、鉄器の流入の問題を地域ごとに考察してきた。最後にまとめとして、前章における遼西に関する分析も含めながら、考古学からみた燕国の東方拡大の年代とその様相、そしてこの時期におきた青銅器文化の変容と鉄器文化の流入の問題を朝鮮半

第4節　小結

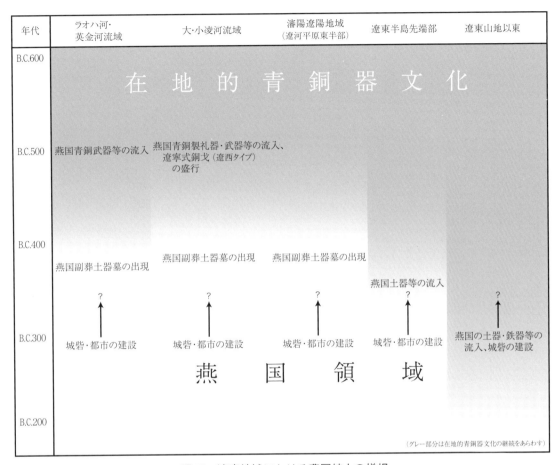

図10　遼寧地域における燕国拡大の様相

島や日本列島の青銅器や鉄器の普及をも視野に入れながら概括したい（図10）。

　まず、遼寧地域への燕国拡大の様相をめぐっては、紀元前6世紀後半から紀元前5世紀にかけて遼西の遼寧式銅剣文化社会で燕国の青銅製礼器や銅戈、土器などがみられるようになる。その一方、遼西の大・小凌河流域では在地的な青銅器として二つの胡と、援に樋をもつという特徴がある遼寧式銅戈（遼西タイプ）が出現するなど、青銅器文化に新たな展開が生じる。

　その後、紀元前400年頃から紀元前4世紀代には、遼西、そして遼東の遼河平原東部の瀋陽遼陽地域で燕国の副葬土器をもち、燕国における副葬土器構成の規制にしたがった墓が存在するようになる。これらの墓からはもはや、遼寧式銅剣などは出土せず、これらの地域における燕国支配の一つの画期といえるだろう。

　また、遼東半島先端部にも遅くとも紀元前4世紀後半頃には燕国の土器などの流入が確認できる。ただ、遼東半島先端部ではこの時期にはまだ、遼寧式銅剣文化が存続していたことは尹家村12号墓出土のこの地域における最末期型式の遼寧式銅剣と燕国系土器の共伴から確かめることができる。そして遼東半島先端部も、紀元前3世紀にはすでに牧羊城遺跡出土の燕国中心部と同一

の特徴を有する土器にみられるように燕国の文化領域に入っていたと考えられる。一方、この時期に遼東山地以東では城砦といった燕国の拠点は築かれていたものの、まだ遼寧式銅剣文化が継続していた。だた、燕国の土器や鉄器などの物質文化が流入していたことは墓から在地的な土器や銅剣とともにこれらが発見されることから確認できる。遼東山地以東における、このような燕文化の流入の開始は遼寧式銅剣の年代からも紀元前4世紀まで遡る可能性があり、周辺地域の状況からみても矛盾はしない。

以上のように、近年の考古学的発見や調査をもとに検討すると、朝鮮半島の青銅器時代や日本列島の弥生時代の青銅器文化に変容をもたらし、鉄器の流入をもたらした背景と考えられてきた燕国の遼寧地域への拡大像は従来の文献の記載をもとにしたものとはかなり異なっていることがわかる。

これまで「秦開による燕国の東方進出の年代」とされた紀元前300年頃を遡って、この地域には燕国の文化が流入し、紀元前300年頃には遼東山地以東を除き、その西側の地域には燕国の領域支配がすでに及んでいたと考えられる。そして第5章でみたように、燕国にはこの時期には鉄器が存在しており、朝鮮半島や日本列島への鉄器流入の上限年代を紀元前300年に置く必要はない。

また、日本列島の弥生時代の前期末、中期初頭の青銅器文化変容の一要素とされる細形銅戈の出現に関連しては、これまで細形銅戈や朝鮮式銅戈の援に樋をもつという特徴から、その起源を燕国の紀元前4世紀に出現する援に樋をもつ中原式の銅戈（Ⅰ′類、第1章図14-6）にもとめてきた〔宮本2004a〕。しかし、遼西に紀元前6世紀後半から紀元前5世紀にかけて存在する遼寧式銅戈（遼西タイプ）こそが双胡で援に樋を有しているなど、燕国の中原的な銅戈に比べて朝鮮式銅戈により形態が近く、地理的にも近い地域の所産である。日本列島の細形銅戈の上限年代を紀元前4世紀後半とする必要はもはやないであろう。

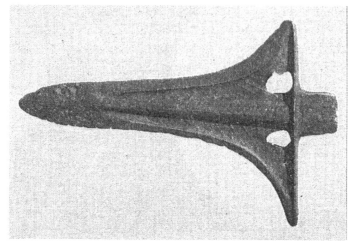

図11　遼寧省寛甸満族自治県八河川鎮発見の遼寧式銅戈

さらに最近、遼東でも遼寧式銅戈の存在が確認されている（図11）。この銅戈は、中朝国境の鴨緑江に近い遼寧省寛甸満族自治県八河川鎮で発見されたものである〔成・孫2009、小林・春成・宮本・宮里・石川・村松・金2011〕。全長は16cmと遼西タイプとほとんど変わらないものの、胡の幅は遼西タイプよりも狭く、より朝鮮半島や日本列島の銅戈に近くなっている。また樋の内側には斜格子文が描かれ、これも遼西タイプにはみられない、朝鮮半島や日本列島の一部の銅戈との共通性である。このような遼寧式銅戈は、遼西タイプに対して遼東タイプと呼ぶべきものであると考える。八河川鎮例は残念ながら採集品で、共伴遺物からの時期推定ができないが、日本列島の弥生文化へと系譜が繋がる銅戈の起源はこれらの遼寧式銅戈にあると考えるのがより適切であり、朝鮮式銅戈の出現や日本列島での細形銅戈の出現年代の上限も従来の紀元前4世紀後半にしばられるものではないと考えられる〔小林・石川・宮本・春成2007〕。

　このように遼寧地域における春秋戦国時代の燕国の拡大と遼寧青銅器文化の終焉、変容をめぐる問題は、近年提起された弥生時代の実年代論問題とも関わって、新たな展開をみせている。前章からの考察によって、この地域における当該時期の文化変容について新たな年代観やその様相をある程度示すことはできたが、東アジアにおける弥生文化の位置づけを考えていく上で、遼寧地域はきわめて重要な地域であり、今後もさらなる調査研究がもとめられるだろう。

［註］
（1）　牧羊城遺跡出土土器の墨書きによる注記は「E.I.3」や「N.Ⅳ.5」などのように記され、最初のアルファベットはトレンチを次のローマ数字がトレンチ内の発掘区域を示すことがわかる。そして最後のアラビア数字はおそらく出土した深さを示すものと推測される。しかしその単位がmなのか尺なのかあるいは層位なのかは現在では判然としない。しかし、層位であるにしろmであるにしろ、アラビア数字の数値が出土位置の深さに比例すると考えたとき、燕国系の土器には「5」などのように大きい数字が注記される例が多く、燕国系土器が比較的深い地点から出土していることを示す可能性が高い。
（2）　尹家村12号墓出土の脚部が竹の節状になっている豆については、同様に脚部が節状になっている豆が第7章で考察した遼寧省朝陽市袁台子遺跡王墳山墓群の燕国系墓から出土している。浅盤豆Ⅰ類として分類した器種で、紀元前4世紀の墓から出土する。尹家村2期の年代とほぼ併行しているが、脚部が竹の節状になっている豆の上限年代は紀元前4世紀初めまで遡る可能性もある。さらなる類例を待ちたい。
（3）　近年、戦国時代から漢時代の鴨緑江の中国側流域の長城城砦遺跡調査が進行している〔李2016〕。

終　章

　ここまでの各章で春秋戦国時代における燕国と燕文化、燕国と遼寧地域との関係を考察してき
た。本章ではこれまでの考察を、「考古学からみた春秋戦国時代における燕国」、「春秋戦国時代の
燕国と遼寧地域の関係」、「燕国の東方拡大と東北アジア」という三つのテーマにそってまとめる。

第1節　考古学からみた春秋戦国時代における燕国

　西周時代の燕国関連の遺跡としては、燕国の最上位層を含む人々を葬った大規模墓群である北京
市房山区琉璃河遺跡〔北京市文物研究所 1995〕が知られる。

　しかし、その後の紀元前 8 世紀から紀元前 7 世紀の燕国関連の遺跡はほとんどなく、考古学的
に燕国の動向をさぐることは難しい。文献史料にも紀元前 8 世紀から紀元前 7 世紀は、燕国の北
方にいたとされる山戎が勢力を拡大し、燕国をはじめとする中原諸国に攻め込んだことが記されて
いる〔陳平 1995〕。北京市と河北省の北部に広がる山地である燕山地域の北京市延慶県軍都山玉皇
廟遺跡〔北京市文物研究所 2007〕や葫蘆溝遺跡〔北京市文物研究所 2010〕、西梁垙遺跡〔北京市文物研
究所 2010〕では、青銅短剣をはじめとする多くの北方系青銅器を副葬する墓が多数発見され、墓が
つくられた中心時期はちょうどこの頃である〔小田木 2012〕。これらの遺跡は文献に記された山戎
の集団墓であるとする説があり〔靳 2001〕、文献の記載や墓の時期を考えると蓋然性が高い。紀元
前 8 世紀から紀元前 7 世紀にかけての燕国はこのような北方地域の勢力からの圧力によってかな
り弱体化していたと考えられる。

　燕国の領域ではその後の春秋時代後半、紀元前 6 世紀以降になると河北省易県燕下都遺跡〔河北
省文物研究所 1996〕に代表されるような燕国関連の遺跡が各地でみられるようになる。とくに墓か
らは第 1 章で考察したように山西省や河南省などの中原の中心地域と器形や文様が同様の青銅製
礼器のほか、燕国独自の器形や文様の青銅製礼器が出土している。春秋戦国時代の燕国の足跡はこ
の時期以降になって考古学的に明確にたどることができるようになる。

　紀元前 6 世紀の青銅器にあらわれたような燕国の文化の独自性は、紀元前 3 世紀末の滅亡まで
一貫して維持されるが、それが最も強くあらわれているのが副葬土器である。第 3 章で考察した
ように、燕国の副葬土器は紀元前 6 世紀からみられる。基本的な器種構成は三晋諸国や東周王室、
第 6 章で比較した中山国と同じであるが、燕国では紀元前 4 世紀に西周時代など前代の青銅器を
模倣した「復古形態」の副葬土器が出現する。このような副葬土器はほかの国では存在せず、燕国

の独自性をきわめて強くあらわすものである。

　この「復古形態」の副葬土器が燕国の最上位階級の被葬者の墓からのみ出土するように、燕国では被葬者の階層によって副葬土器の器種と数は規制されている。これは墓の副葬品に燕国独自の社会的、政治的な規定があったことを示す。そして、副葬品としての青銅製礼器の消失と「復古形態」の副葬土器の出現という燕国独自の様相が確立するのは紀元前4世紀初めであると考えられる。

　燕国においては、紀元前4世紀は鉄器についても一つの画期である。第5章で分析したように燕国では紀元前5世紀から鉄钁（斧）などの使用がみとめられるが、紀元前4世紀に入ると鉄剣といった武器をはじめとした利器に本格的に鉄が利用されるようになる。利器への鉄の利用は燕国の生産力の増大や軍事力の強化につながったと考えられ、燕国の遼寧地域への拡大とも深く関係していたと考えられるだろう。

　このように紀元前4世紀は、燕国において墓にみられるような階層制が確立するとともに、鉄器の急速な普及が進み、国家体制が確立した時期であると考えられるだろう。これまで、春秋戦国時代の燕国における国家体制が整備されたのは史書に強勢ぶりを記された昭王（前311〜279年在位）代に近い時期であるとされてきた〔宮本2000など〕。しかし、本書に記してきたように、燕国における国家体制の整備や鉄器の普及にみられるような国力の充実は紀元前4世紀でも前半期にすでに始まっていたことが明らかになった。

第2節　春秋戦国時代の燕国と遼寧地域の関係

　西周時代以降、独自の青銅器文化が存在していた遼寧地域で春秋戦国時代の燕国の青銅器がみられるようになるのは紀元前6世紀の遼西においてである。遼西では第7章で考察したように、紀元前6世紀から紀元前5世紀にかけて在地の青銅器文化の墓に燕国の青銅製礼器や銅戈などの武器が副葬されるようになる。燕国の青銅器が副葬される墓は遼寧省建昌県東大杖子11号墓〔遼寧省文物考古研究所・葫蘆島市博物館・建昌県文物局2015〕のように遼寧式銅剣など在地の青銅器も出土する大型の墓であり、被葬者は在地勢力の支配者層であると考えられる。紀元前6世紀から紀元前5世紀にかけての遼西では、新たに遼寧式銅戈（遼西タイプ）が出現するなど在地の青銅器文化社会が依然として存続しており、燕国青銅器の流入がこの地域の燕国による支配を示すものとは考えにくい。この時期の燕国の青銅器は遼西の在地支配者層のいわば威信財としての役割を果たしていたと推定される。

　紀元前4世紀にはいると、遼西では遼寧式銅剣などの在地的青銅器はみられなくなり、大・小凌河流域を中心に、第1節でふれたような燕国の副葬土器をもつ墓があらわれるようになる。第7章でおこなった遼寧省朝陽市袁台子遺跡王墳山墓群〔遼寧省文物考古研究所・朝陽市博物館2010〕の分析でもみたように、この地域の墓における燕国の副葬土器の器種や数の規定にしたがった燕国墓

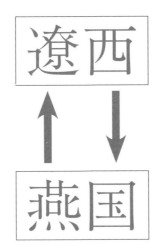

図1　紀元前6世紀から紀元前4世紀にかけての燕国と遼西の相互関係

への変化は地域の上位階層の墓からはじまり、この時期に遼西が燕国社会に取り込まれていったことを示している。

一方で在地の下位層の墓には紀元前3世紀にかけても在地系の土器が副葬され続ける。また、燕国の「復古形態」の副葬土器をもつ紀元前4世紀後半のこの地域最大規模の墓である遼寧省建昌県東大杖子40号墓〔中国国家文物局 2012、遼寧省文物考古研究所・吉林大学辺疆考古研究中心・葫蘆島市博物館・建昌県文物管理所 2014a〕においても、燕国の中心地域の墓ではみられない多数の動物の頭骨が副葬されるなど、北方地域の在地的な要素が残っている。これらの点は燕国進出後の地域性の残存を示すものとして注目される。

他方で、燕国への遼西からの影響も指摘できる。第1章でみたように燕国の銅戈には援に樋をもつ銅戈（I′類）が存在し、年代は紀元前4世紀にまで遡るものである。このような援に樋をもつ銅戈は紀元前5世紀を中心に存在した遼寧式銅戈（遼西タイプ）の影響によってあらわれたと考えられる〔小林 2008〕。燕国で新たにこの援に樋をもつ銅戈（I′類）が出現するのは、まさに遼西で燕国墓が出現する紀元前4世紀である。

このように遼西の「燕化」〔宮本 2000〕は、燕国の進出による一方的なものではなかったと考えられる。図1に示したように紀元前6世紀から紀元前4世紀にかけて、遼西（とくに在地の支配者層）と燕国が相互交渉をもちながら、一体化していくなかで遼西は燕国の領域に組み込まれていったと推定される[1]。

遼東への燕国の進出については第8章でみたように、瀋陽遼陽地域では遼西とほとんど変わらない時期である紀元前4世紀に燕国墓が出現する。これまで発見されている瀋陽遼陽地域の燕国墓の副葬土器は典型的な燕式鬲の存在など、遼西の燕国墓に比べて在地的な要素が少なく、燕国中心部の副葬土器とほぼ変わらない器形や文様である。遼西とは異なり、瀋陽遼陽地域への燕国の拡大には在地支配者層が介在していない可能性も考えられるが、現在までのこの地域での燕国墓の調

査数は遼西に比べて少なく、今後の資料のさらなる蓄積を待ちたい。

　一方、遼東半島の先端部では紀元前4世紀後半に在地の遼寧式銅剣をもつ遼寧省大連市尹家村12号墓〔中国社会科学院考古研究所1996〕で燕国の豆（高杯）が出土するなど、燕文化の流入がみられる。この墓と同じ時期の文化層からは青銅器の鋳型も出土しているが、最近中村大介はこの鋳型について、それ以前の時期の遼寧青銅器文化の鋳型との形状の相違を指摘している。中村は、この鋳型の形状の変化を何らかの新たな文化からの影響によるものと推定しており〔中村2014〕、中原の燕文化の影響とも考えられるだろう。遼東半島の先端部では、その後の紀元前3世紀には、遼寧省大連市牧羊城遺跡のような燕国の城砦の存在が確認される。

　遼東山地以東の地域では、紀元前3世紀にかけても在地の遼寧式銅剣文化が存続するが、燕国系鋳造鉄器や明刀銭の存在などから燕国の文化が流入し、燕国が拠点的に進出していたと考えられ、在地の青銅器文化と中原の鉄器文化が融合する様相を呈した。かつて田村晃一は楽浪郡設置以前の朝鮮半島西北部の状況を漢人と在地人の「雑居地域」としてとらえた〔田村2001〕。遼東山地以東の地域はこのような漢人と在地人との「雑居地域」であったと推定される。ただ、遼東以東の地域は、遼西に比べて紀元前6世紀から紀元前3世紀にかけての遺跡や遺物の調査例がまだ少なく、朝鮮半島北部についても、遺跡やその出土遺物についての情報が少ないこともあり、燕国のこの地域への拡大の様相を知るためには、さらなる資料の増加がもとめられる。

　以上のように考古学的に考察すると、燕国とその文化の遼寧地域への拡大は、序章でふれた断片的な文献の記載とは異なり、第8章図10に示したようにそれぞれの地域ごとに時と様相を異にしながら、紀元前6世紀から徐々に進んでいったものと考えられる。

第3節　燕国の東方拡大と東北アジア

　ここまで春秋戦国時代の燕国と遼寧地域の関係について、複数の観点からみてきた。序章で述べたように、燕国の遼寧地域への拡大は、さらに東の朝鮮半島や日本列島への影響という観点からも重要な画期としてとらえられている。これまではおもに序章にあげた文献史料を重要な材料のひとつとして、その年代と様相が様々に議論されてきた。本書は燕国を考古学的資料からとらえなおすことを主眼として進めたが、ここまでの考古学的考察によって、前節まででまとめたように新たな燕国像が構築できたと考える。とくに燕国の遼寧地域への拡大をめぐっては、文献史料とは異なった年代と様相が明らかとなった。

　これまで紀元前300年頃に燕国の将軍である秦開の遠征によって、一気に拡大したと考えられてきた燕国の東方への領域拡大の認識とは、本書によって示された燕国の拡大の様相は大きく異なっている。今後、新たな認識にもとづく議論が必要であると考える。

　最後に燕国の遼寧地域拡大前後の時期における東北アジア南部と日本列島との関係を考える一例

として、佐賀県唐津市宇木汲田遺跡で出土した銅剣（図2-1）〔唐津市史編纂委員会編1962、小田・韓編1991〕についてふれておきたい〔石川2009〕。この遺跡からは戦国時代の中国式銅剣（中原系）とされている柄部と剣身の一部のみが残存する銅剣が出土している。この銅剣は採集品であり、出土状況や出土遺構、共伴遺物がわからないのは残念である。この銅剣は直刃で柄部と剣身が一鋳であることから、これまでは中国の戦国時代の銅剣であるとするのが一般的であった〔唐津市史編纂委員会編1962、小田・韓編1991、柳田2004〕。しかし形態に着目すると、柄部の長さは10cm足らずで、柄部の断面はかなり扁平である。しかも、柄の端部が内部に向かって空洞になる円盤状で、一般的な戦国時代の中原の銅剣とは明らかに異なる特殊な形状である。

この銅剣の類例をもとめると、第1節でふれた山戎の墓群であるともされる燕山地域の墓から出土する地域的な銅剣に形態や大きさがきわめて類似する例が存在している（図2-2・3）〔北京市文物研究所2007、遼寧省文物考古研究所1989〕。この地域は遼寧式銅剣分布域に接して南西にある。そして、このような銅剣の年代は紀元前8世紀から紀元前6世紀頃と考えられ〔北京市文物研究所2007〕、ちょうど燕国の文化が遼寧地域に及びはじめる直前の時期にあたっている。

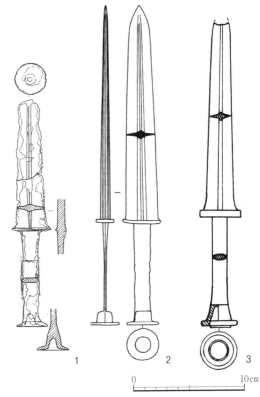

1：佐賀県宇木汲田遺跡　2：北京市玉皇廟YYM199
3：遼寧省凌源五道河子8号墓

図2　宇木汲田遺跡と燕山地域の銅剣

この銅剣は今のところ単独例で、燕山地域という日本列島からはかなり遠方の遺物であり、流入の経緯などもはっきりしないが、燕国の東方への拡大期直前には中国東北地方から朝鮮半島を経由して、日本列島の九州北部にかけて、かなり長距離のモノの移動が可能であった状況をしめす一例といえよう。

実際、朝鮮半島や日本列島で散発的に発見されている燕国の明刀銭はその後の時期にこのような歴史的背景をもつ長距離の移動ルートによってもたらされたと考えられる。そして朝鮮半島西北部で明刀銭とセットで多数発見される燕系の鉄器もまた同様の経路で、朝鮮半島南部や日本列島にまで流入したと推測できる。

本書によって示された新たな春秋戦国時代の燕国像は、燕国の歴史研究に留まらず、中国東北地方や朝鮮半島、日本列島の古代文化研究とも関わる問題であり、今後さらに議論を深めていくべき

終　章

課題であると考えている。

　［註］

（1）　遼寧省中央部の北鎮市では、紀元前3世紀の燕国最後の王である喜の銘をもつ、中原的な直刃で
　　　ありながら遼寧式銅剣と同様の樋をもつ銅剣が採集されている〔遼寧省博物館・遼寧省文物考古研究所
　　　2006〕。この銅剣も遼寧地域からの影響としてとらえることが可能である。

［引用・参考文献］

日本語論文は筆者名を五十音順に並べた。中国語論文、韓国・朝鮮語論文及び著録は、筆者名の漢字の日本語音読み、漢字表記の無い筆者名はその言語の読みによって五十音順に並べた。

【日本語】

青木五郎　2004『新釈漢文大系 第91巻　史記十一（列伝四）』明治書院

秋山進午　1982「中国における王陵の成立と都城」小林行雄博士古稀記念論文集刊行委員会編『考古学論考』903〜929頁、平凡社

東　　潮　1982「東アジアにおける鉄斧の系譜」『森貞次郎博士古稀記念古文化論集』511〜549頁、森貞次郎博士古稀記念論文集刊行会

飯島武次　1980「東周時代周室と秦の副葬陶器」『三上次男博士喜寿記念論文集 考古編』43〜75頁、平凡社

飯島武次　1998『中国周文化考古学研究』同成社

飯島武次　2003『中国考古学概論』同成社

石川岳彦　2001「戦国期における燕の墓葬について」『東京大学考古学研究室研究紀要』第16号、1〜57頁

石川岳彦　2007「『牧羊城二・三類土器』における戦国時代土器」『遼寧を中心とする東北アジア古代史の再構成 平成16年度〜平成18年度科学研究費補助金（基盤研究（B）研究成果報告書：研究代表者・東京大学 大貫静夫）』174〜180頁

石川岳彦　2008「春秋戦国時代の燕国の青銅器─紀元前5・6世紀を中心に─」『新弥生時代のはじまり 第3巻　東アジア青銅器の系譜』114〜128頁、雄山閣

石川岳彦　2009「日本への金属器の渡来」『新弥生時代のはじまり 第4巻　弥生農耕のはじまりとその年代』147〜160頁、雄山閣

石川岳彦　2011「青銅器と鉄器普及の歴史的背景」『弥生時代の考古学3　多様化する弥生文化』195〜215頁、同成社

石川岳彦・小林青樹　2012「春秋戦国期の燕国における初期鉄器と東方への拡散」『国立歴史民俗博物館研究報告』第167集、1〜40頁

上村俊雄　1991「沖縄出土の明刀銭について」『鹿大史学』第39号、1〜17頁

梅原末治　1944『増訂　洛陽金村古墓聚英』小林出版部

梅原末治・藤田亮策　1947『朝鮮古文化綜鑑』第一巻、養徳社

江村治樹　2011『春秋戦国時代青銅貨幣の生成と展開』汲古書院

王　建新　1999『東北アジアの青銅器文化』同成社

大貫静夫　1998『東北アジアの考古学』同成社

大貫静夫　2005「最近の弥生時代年代論について」『Anthropological science. Japanese series』113-2、95〜107頁

大貫静夫・鄭　仁盛・石川岳彦・中村亜希子・古澤義久　2007「牧羊城をめぐる諸問題」『中国考古学』第7号、77〜96頁

岡内三眞　2004「2 東北式銅剣の成立と朝鮮半島への伝播」春成秀爾・今村峯雄編『弥生時代の実年代─炭

素 14 年代をめぐって―』181 ～ 197 頁、学生社

岡村秀典　2013「漢王朝と倭」『柳田康雄古稀記念論文集　弥生時代政治社会構造論』7 ～ 19 頁、雄山閣

小田富士雄・韓　炳三編　1991『日韓交渉の考古学 弥生時代篇』六興出版

小田木治太郎　2012「燕山地域の北方青銅器文化墓の編年」『考古学雑誌』第 96 巻第 2 号、1 ～ 35 頁

唐津市史編纂委員会編　1962『唐津市史』唐津市

黄　暁芬　2000『中国古代葬制の伝統と変革』勉誠出版

古典研究會　1972『和刻本 三國志』汲古書院

小林青樹　2008「東北アジアにおける銅戈の起源と年代―遼西式銅戈の成立と燕・朝鮮への影響―」『新弥
　　　　生時代のはじまり 第 3 巻　東アジア青銅器の系譜』24 ～ 38 頁、雄山閣

小林青樹・石川岳彦・宮本一夫・春成秀爾　2007「遼西式銅戈と朝鮮式銅戈の起源」『中国考古学』第 7 号、
　　　　57 ～ 76 頁

小林青樹・春成秀爾・宮本一夫・宮里　修・石川岳彦・村松洋介・金　想民　2011「遼東における青銅器・
　　　　鉄器の調査と成果」『中国考古学』第 11 号、203 ～ 222 頁

小林青樹・宮本一夫・石川岳彦・李　新全　2012「近年の遼寧地域における青銅器・鉄器研究の現状」『中
　　　　国考古学』第 12 号、213 ～ 229 頁

佐野　元　1993「中国春秋戦国時代の農具鉄器化の諸問題」『潮見浩先生退官記念論文集　考古論集』873
　　　　～ 896 頁、潮見浩先生退官記念事業会

潮見　浩　1982『東アジアの初期鉄器文化』吉川弘文館

志賀和子　1996「洛陽金村出土銀器とその刻銘をめぐって」『日本中国考古学会会報』第六号、40 ～ 68 頁

設楽博己　2013「縄文時代から弥生時代へ」『岩波講座 日本歴史 第 1 巻　原始・古代 I』63 ～ 99 頁、岩波
　　　　書店

柴田昌児・本田智珠・柴田圭子編　2008『大久保遺跡（大久保・竹成地区・E 地区）・大開遺跡・松ノ丁遺
　　　　跡（1 次・2 次）一般国道 11 号小松バイパス埋蔵文化財調査報告 第 2 集』埋蔵文化財発掘調査報
　　　　告書 第 144 集、財団法人愛媛県埋蔵文化財調査センター

白井克也編　1996『比恵遺跡群 21』福岡市埋蔵文化財調査報告書 第 452 集、福岡市教育委員会

関野　雄　1956「中国初期鉄器文化の一考察」『中国考古学研究』159 ～ 221 頁、東京大学東洋文化研究所

高宮廣衞　1987「城嶽貝塚と明刀銭」『岡崎敬先生退官記念論集　東アジアの考古と歴史 中』241 ～ 264 頁、
　　　　同朋舎

田村晃一　2001「第二章 楽浪郡設置前夜の考古学―清川江以北の明刀銭出土遺跡の再検討―」『楽浪と高句
　　　　麗の考古学』25 ～ 58 頁、同成社

東亜考古学会　1929『東方考古學叢刊 甲種第一册　貔子窩 南滿洲碧流河畔の先史時代遺跡』

東亜考古学会　1931『東方考古學叢刊 甲種第二册　牧羊城 南滿洲老鐵山麓漢及漢以前遺蹟』

當眞嗣一　1997「具志頭城北東崖下洞窟内で発見された明刀銭について」『沖縄県立博物館紀要』第 23 号、
　　　　97 ～ 110 頁

中村大介　2012「燕鉄器の東方展開」『埼玉大学紀要 教養学部』第 48 巻第 1 号、169 ～ 190 頁

中村大介　2014「北方青銅器の鋳型と技術系統」高濱秀先生退職記念論文集編集委員会編『ユーラシアの
　　　　考古学　高濱秀先生退職記念論文集』97 ～ 115 頁、六一書房

野島　永　2008『弥生時代における初期鉄器の舶載時期とその流通構造の解明 科学研究費基盤研究（C）
　　　　研究成果報告書』

白　雲翔（槙林啓介訳）　2010「中国古代鉄器の起源と初期の発展」松井和幸編『シンポジウム 東アジアの古代鉄文化』23〜45頁、雄山閣

林巳奈夫　1972『中國殷周時代の武器』京都大學人文科學研究所

林巳奈夫　1980「『周禮』の六尊六彝と考古學遺物」『東方學報』京都 第52冊、1〜62頁

林巳奈夫　1989『春秋戰國時代青銅器の研究』吉川弘文館

春成秀爾　2003「弥生早・前期の鉄器問題」『考古学研究』第50巻第1号、11〜17頁

春成秀爾　2006「弥生時代の年代問題」西本豊弘編『弥生時代のはじまり 第1巻　弥生時代の新年代』65〜89頁、雄山閣

春成秀爾・今村峯雄編　2004『弥生時代の実年代―炭素14年代をめぐって―』学生社

平勢隆郎　1995『新編 史記東周年表―中國古代紀年の研究序章―』東京大学出版会

福田襄之介・森　熊男　1988『新釈漢文大系 第49巻　戦国策（下）』明治書院

藤田亮策　1938「朝鮮発見の明刀銭と其遺蹟」『京城帝國大學文學會論纂 史学論叢』1〜88頁、岩波書店

宮本一夫　1985a「中国東北地方における先史土器の編年と地域性」『史林』68巻2号、1〜51頁

宮本一夫　1985b「七国武器考―戈・戟・矛を中心にして―」『古史春秋』第二號、75〜109頁

宮本一夫　1991「戦国時代燕国副葬陶器考」『愛媛大学人文学会創立十五周年記念論集』179〜195頁、愛媛大学人文学会

宮本一夫　1992「戦国時代三晋地域の副葬陶器の編年」『出土文物による中国古代社会の地域的研究（平成2・3年度科学研究費補助金一般研究（B）研究成果報告書：研究代表者 牧野修二）』7〜23頁

宮本一夫　2000「第7章　戦国燕とその拡大」『中国古代北疆史の考古学的研究』205〜235頁、中国書店

宮本一夫　2004a「3 青銅器と弥生時代の実年代」春成秀爾・今村峯雄編『弥生時代の実年代―炭素14年代をめぐって―』198〜218頁、学生社

宮本一夫　2004b「中国の戦国・漢代の甕棺墓と朝鮮半島の甕棺墓」『考古学論集―河瀬正利先生退官記念論文集―』1003〜1018頁、河瀬正利先生退官記念事業会

宮本一夫　2008「遼東の遼寧式銅剣から弥生の年代を考える」『史淵』第145号、155〜190頁

宮本一夫　2012「楽浪土器の成立と拡散―花盆形土器を中心として―」『史淵』第149号、1〜30頁

村上恭通　1987「東北アジアの初期鉄器時代」『古代文化』第39巻第9号、1〜25頁

村上恭通　1988「東アジアの二種の鋳造鉄斧をめぐって」『たたら研究』第29号、1〜20頁

村上恭通　1998『倭人と鉄の考古学』青木書店

村上恭通　2003「中国・朝鮮半島における鉄器の普及と弥生時代の年代」『考古学ジャーナル』第510号、17〜20頁

村上恭通　2008「東アジアにおける鉄器の起源」春成秀爾・西本豊弘編『東アジア青銅器の系譜　新弥生時代のはじまり 第3巻』148〜154頁、雄山閣

村上恭通　2014「第4章 中国の鉄文化発達史と西南地域」『第7回東アジア古代鉄文化研究センター国際学術シンポジウム　蜀地の鉄―分岐するアイアンロード― 予稿集』63〜74頁

柳田康雄　2004「日本・朝鮮半島の中国式銅剣と実年代論」『九州歴史資料館研究論集』第29号、1〜44頁

吉田　広　2008「日本列島における武器形青銅器の鋳造開始年代」春成秀爾・西本豊弘編『新弥生時代のはじまり　第3巻　東アジア青銅器の系譜』39〜54頁、雄山閣

吉本道雅　2006「史記匈奴列伝疏証―上古から冒頓単于まで―」『京都大學文學部紀要』45、33〜83頁

遼寧省博物館編　1989『中国の器展　遼寧省博物館所蔵 青銅と陶磁』遼寧省博物館

【中国語】

安徽省文物管理委員会・安徽省博物館　1956『考古学専刊 乙種第五号　寿県蔡侯墓出土遺物』科学出版社

安　志敏　1953「河北省唐山市賈各荘発掘報告」『考古学報』第 6 冊、57 ～ 116 頁

王　毓銓　1957『我国古代貨幣的起源和発展』科学出版社

甌　燕　1988「試論燕下都城址的年代」『考古』1988 年第 7 期、645 ～ 649 頁

王　巍　1999『東亜地区古代鉄器及冶鉄術的伝播与交流』中国社会科学出版社

王　素芳　1996「燕下都文物考古文献目録」『燕下都』923 ～ 931 頁、文物出版社

王　増新　1964「遼寧撫順市蓮花堡遺址発掘簡報」『考古』1964 年第 6 期、286 ～ 293 頁

郭　大順・張　星徳　2005『東北文化與幽燕文明』江蘇教育出版社

郭　治中　2000「水泉墓地及相関問題之探索」『中国考古学跨世紀的回顧与前瞻（1999 年西陵国際学術研討会文集）』297 ～ 309 頁、科学出版社

郭　沫若　1952「釈車」『金文叢考』211 ～ 212 頁（郭沫若著作編輯出版委員会編　2002『郭沫若全集 考古編 第五巻』447 ～ 450 頁、文物出版社 所収）

河北省文化局文物工作隊　1965a「河北易県燕下都故城勘察和試掘」『考古学報』1965 年第 1 期、83 ～ 106 頁

河北省文化局文物工作隊　1965b「河北省燕下都第 16 号墓発掘」『考古学報』1965 年第 2 期、79 ～ 102 頁

河北省文化局文物工作隊　1965c「1964‐1965 年燕下都墓葬発掘報告」『考古』1965 年第 11 期、548 ～ 561・598 頁

河北省文化局文物工作隊　1965d「燕下都 22 号遺址発掘報告」『考古』1965 年第 11 期、562 ～ 570 頁

河北省文化局文物工作隊　1965e「燕下都遺址外囲発現戦国墓葬群」『文物』1965 年第 9 期、60 ～ 61 頁

河北省文物管理処　1975「河北易県燕下都 44 号墓発掘報告」『考古』1975 年第 4 期、228 ～ 240 頁・243 頁

河北省文物管理処　1979「河北省平山県戦国時期中山国墓葬発掘簡報」『文物』1979 年第 1 期、1 ～ 31 頁

河北省文物研究所　1985a「河北易県燕下都第 16 号墓車馬坑」『考古』1985 年第 11 期、1042 ～ 1043 頁

河北省文物研究所　1985b「河北新楽中同村発現戦国墓」『文物』1985 年第 6 期、16 ～ 21 頁

河北省文物研究所　1987a「河北易県燕下都第 13 号遺址第一次発掘」『考古』1987 年第 5 期、414 ～ 428 頁

河北省文物研究所　1987b「河北平山三汲古城調査與墓葬発掘」『考古学集刊』5、157 ～ 193 頁、中国社会科学出版社

河北省文物研究所　1989「中山国霊寿城第四、五号遺址発掘簡報」『文物春秋』1989 年創刊号、52 ～ 69 頁

河北省文物研究所　1995『響墓―戦国中山国国王之墓』文物出版社

河北省文物研究所　1996『燕下都』文物出版社

河北省文物研究所　2005『戦国中山国霊寿城―1975‐1993 年考古発掘報告』文物出版社

河北省文物研究所・唐山市文物管理処　1998「唐山市東歓坨戦国遺址発掘報告」河北省文物研究所編『河北省考古文集』179 ～ 198 頁、東方出版社

河北省文物研究所・保定地区文物管理所・徐水県文物管理所　1990「河北大馬各荘春秋墓」『文物』1990 年第 3 期、32 ～ 41 頁

賀　勇　1989「試論燕国墓葬陶器分期」『考古』1989 年第 7 期、635 頁・642 ～ 648 頁

韓　冰編　1996『中国音楽文物大系 北京巻』大象出版社

魏　海波・梁　志龍　1998「遼寧本渓県上堡青銅短剣墓」『文物』1998 年第 6 期、18 ～ 22 頁・30 頁

吉林大学考古学系・遼寧省文物考古研究所　1997「遼寧錦西市邰集屯小荒地秦漢古城址試掘簡報」『考古学

集刊』11、130～153 頁

喬　梁　2010「燕文化進入前的遼西」『内蒙古文物考古』2010 年第 2 期、63～75 頁

金　殿士　1959「瀋陽市南市区発現戦国墓」『文物』1959 年第 4 期、73～74 頁

靳　楓毅　2001「軍都山玉皇廟墓地的特征及其族属問題」『蘇秉琦與当代中国考古学』194～214 頁、科学
　　出版社

邢　愛文編　2009『遼陽博物館館蔵精品図集』遼寧大学出版社

顧　鉄山・郭　景斌　1996「河北省遷西県大黒汀戦国墓」『文物』1996 年第 3 期、4～17 頁

黄　錫全　2001『先秦貨幣通論』紫禁城出版社

敖漢旗文化館　1976「敖漢旗老虎山遺址出土秦鉄権和戦国鉄器」『考古』1976 年第 5 期、218～219 頁

崔　玉寛　1996『鳳城市文物志』遼寧民族出版社

山西省考古研究所　1993『侯馬鋳銅遺址』文物出版社

山西省考古研究所・太原市文物管理委員会　1996『太原晋国趙卿墓』文物出版社

山西省文物管理委員会・山西省考古研究所　1964「山西長治分水嶺戦国墓第二次発掘」『考古』1964 年第 3
　　期、111～137 頁

四平地区博物館・吉林大学歴史系考古専業　1988「吉林省梨樹県二龍湖古城址調査簡報」『考古』1988 年第
　　6 期、507～512 頁

上海博物館編　1964『上海博物館蔵青銅器』上海人民美術出版社

朱　活　1984「匽幣管窺―略談匽国貨幣的幾個有関問題」『古銭新探』142～171 頁、斉魯書社

朱　貴　1960「遼寧朝陽十二台営子青銅短剣墓」『考古学報』1960 年第 1 期、63～71 頁

朱　鳳瀚　1995『古代中国青銅器』南開大学出版社

周　海峰　2011『燕文化研究』吉林大学博士学位論文

周　暁陸　1988「盱眙所出重金絡鑷・陳璋円壺読考」『考古』1988 年第 3 期、258～263 頁

承徳離宮博物館　1961「承徳市灤河鎮的一座戦国墓」『考古』1961 年第 5 期、244 頁

常　恵　1929『易県燕都故址調査報告』国立北平研究院出版部

瀋陽市文物管理辦公室　1993『瀋陽市文物志』瀋陽出版社

瀋陽市文物考古研究所・吉林大学辺疆考古研究中心　2013「瀋陽市道義鎮郭七遺址発掘簡報」『考古』2013
　　年第 4 期、7～19 頁

成　璟瑭・孫　建軍・邵　希奇　2015「葫蘆島市博物館蔵東大杖子墓地出土器物研究」『文物』2015 年第
　　11 期、85～95 頁

石　永士　1996「初論燕下都大中型墓葬的分期―兼談人頭骨叢葬的年代及其性質」『遼海文物学刊』1996 年
　　第 2 期、23～44 頁

石　永士　1998「姫燕国号的由来及其都城的変遷」河北省文物研究所編『河北省考古文集』408～421 頁、
　　東方出版社

石　永士・王　素芳　1992「燕国貨幣的発現與研究」『中国銭幣論文集』第 2 輯、38～68 頁、中国金融出版
　　社

石　永士・石　磊　1996『燕下都東周貨幣聚珍』文物出版社

石家荘地区文物研究所　1984「河北新楽県中同村戦国墓」『考古』1984 年第 11 期、971～973 頁

蘇　天鈞　1959「北京昌平区松園村戦国墓墓葬発掘記略」『文物』1959 年第 9 期、53～55 頁

孫　継安・徐　明甫　1982「河北容城県出土戦国銅器」『文物』1982 年第 3 期、91～92 頁

戴　志強・戴　越　2014a「橋足布和鋭角布―続先秦布幣（二）」『中国銭幣』2014 年第 2 期、3 〜 9 頁

戴　志強・戴　越　2014b「三晋両周的方足布―続先秦布幣（五）」『中国銭幣』2014 年第 5 期、3 〜 7 頁

大葆台漢墓発掘組・中国社会科学院考古研究所　1989『中国田野考古報告集 考古学専刊 丁種第三十五号
　　　　北京大葆台漢墓』科学出版社

譚　其驤編　1982『中国歴史地図集 第 1 冊　夏・商・西周・春秋・戦国時期』新華書店上海発行所

中華書局版　1959a『史記』中華書局

中華書局版　1959b『三國志』中華書局

中国国家文物局　2000「遼寧建昌東大杖子戦国墓地的勘探与試掘」『2000 中国重要考古発現』57 〜 61 頁、
　　　　文物出版社

中国国家文物局　2012「遼寧建昌東大杖子墓地 M40」『2011 中国重要考古発現』72 〜 78 頁、文物出版社

中国科学院考古研究所　1959『中国田野考古報告集　考古学専刊　丁種第四号　洛陽中州路（西工段）』科
　　　　学出版社

中国科学院考古研究所内蒙古工作隊　1974「赤峰葯王廟夏家店遺址試掘報告」『考古学報』1974 年第 1 期、
　　　　111 〜 144 頁

中国科学院考古研究所内蒙古工作隊　1975「寧城南山根遺址発掘報告」『考古学報』1975 年第 1 期、117 〜
　　　　140 頁

中国社会科学院考古研究所　1996『中国田野考古報告集 考古学専刊 丁種第四十九号　双砣子與崗上―遼東
　　　　史前文化的発現和研究』科学出版社

中国社会科学院考古研究所内蒙古工作隊　1979「赤峰蜘蛛山遺址的発掘」『考古学報』1979 年第 2 期、215
　　　　〜 243 頁

中国社会科学院考古研究所内蒙古工作隊　1984「内蒙古敖漢旗周家地墓地発掘簡報」『考古』1984 年第 5 期、
　　　　417 〜 426 頁

中国社会科学院考古研究所・河北省文物管理処　1980『満城漢墓発掘報告』文物出版社

中国青銅器全集編輯委員会編　1995『中国青銅器全集 8　東周 2』文物出版社

中国青銅器全集編輯委員会編　1997『中国青銅器全集 9　東周 3』文物出版社

中国歴史博物館考古組　1962「燕下都城址調査報告」『考古』1962 年第 1 期、10 〜 19 頁・54 頁

趙　化成　1993「東周燕代青銅容器的初歩分析」『考古與文物』1993 年第 2 期、60 〜 68 頁

張　松柏　1996「赤峰市紅山区戦国墓清理簡報」『内蒙古文物考古』1996 年第 1 期・第 2 期合刊号、60 〜
　　　　63 頁・54 頁

張　辛　1994「侯馬附近地区的東周陶器墓」山西省考古研究所編『三晋考古』第一輯、30 〜 54 頁、山西省
　　　　人民出版社

張　先得　1978「北京豊台区出土戦国銅器」『文物』1978 年第 3 期、88 〜 90 頁

張　博泉　1984「従東北出土殷周銅器説起」『遼寧文物』6、1 〜 7 頁

趙　賓福　2009『中国東北地区夏至戦国時期的考古学文化研究』科学出版社

張家口市文管所・下花園区文教局　1988「張家口市下花園区発現的戦国墓」『考古』1988 年第 12 期、1138
　　　　〜 1140 頁

張家口市文物事業管理所・宣化県文化館　1987「河北宣化県小白陽墓地発掘報告」『文物』1987 年第 5 期、
　　　　41 〜 51 頁

朝陽地区博物館・喀左県文化館　1985「遼寧喀左大城子眉眼溝戦国墓」『考古』1985 年第 1 期、7 〜 13 頁

陳　応祺　1995「中山国霊寿城址出土貨幣研究」『中国銭幣』1995 年第 2 期、12 〜 23 頁

陳　光　1997・1998「東周燕文化分期論」『北京文博』1997 年第 4 期、5 〜 17 頁・1998 年第 1 期、18 〜 31 頁・1998 年第 2 期、19 〜 28 頁

陳　平　1995『燕史記事編年会按』北京大学出版社

陳　平　2006『燕文化』文物出版社

陳　夢家　1955『六國紀年』(陳　夢家　2005『陳夢家著作集　西周年代考・六國紀年』中華書局 所収)

鄭　君雷　2001「戦国時期燕墓陶器的初歩研究」『考古学報』2001 年第 3 期、275 〜 304 頁

程　長新　1985a「北京市通県中趙甫出土一組戦国青銅器」『考古』1985 年第 8 期、694 〜 700 頁・720 頁

程　長新　1985b「北京市順義県龍湾屯出土一組戦国青銅器」『考古』1985 年第 8 期、701 〜 703 頁

鉄嶺市文物管理辦公室　1996「遼寧鉄嶺市邱台遺址試掘簡報」『考古』1996 年第 2 期、36 〜 51 頁

天津市文化局考古発掘隊　1965「天津東郊張貴荘戦国墓第二次発掘」『考古』1965 年第 2 期、96 〜 98 頁

唐山市文物管理所　1992「河北遷西県大黒汀戦国墓出土銅器」『文物』1992 年第 5 期、76 〜 78 頁・87 頁

内蒙古自治区文物考古研究所・寧城県遼中京博物館　2009『小黒石溝―夏家店上層文化遺址発掘報告』科学出版社

寧夏回族自治区博物館・同心県文管所・中国社会科学院考古研究所寧夏考古組　1987「寧夏同心県倒墩子漢代匈奴墓地発掘簡報」『考古』1987 年第 1 期、33 〜 37 頁

寧夏文物考古研究所・中国社会科学院考古所寧夏考古組・同心県文物管理所　1988「寧夏同心県倒墩子漢代匈奴墓地」『考古学報』1988 年第 3 期、333 〜 356 頁

裘　炫俊　2016「東周燕国銅敦、豆之年代辨微」『考古與文物』2016 年第 2 期、61 〜 66 頁

白　雲翔　2005『先秦両漢鉄器的考古学研究』科学出版社〔日本語訳：白　雲翔（佐々木正治訳）　2009『中国古代の鉄器研究』同成社〕

白　寿彝編　1994『中国通史 第四巻 上古時代』上冊・下冊、上海人民出版社

馮　永謙・崔　玉寬　2010「鳳城劉家堡子西漢遺址発掘報告―兼論漢代東部都尉武次県址之地望」『遼寧考古文集』(二)、101 〜 122 頁、科学出版社

付　琳・王　立新　2012「朝陽袁台子周代墓葬的再分析」『北方文物』2012 年第 3 期、23 〜 31 頁

北京市文物研究所　1995『琉璃河西周燕国墓地 1973 - 1977』文物出版社

北京市文物研究所　2007『軍都山墓地―玉皇廟』文物出版社

北京市文物研究所　2008『房山南正遺址―拒馬河流域戦国以降時期遺址発掘報告』科学出版社

北京市文物研究所　2010『軍都山墓地―葫蘆溝・西梁垙』文物出版社

北京市文物研究所　2015『延慶胡家営―延懐盆地東周聚落遺址発掘報告』科学出版社

北京市文物工作隊　1962「北京懐柔城北東周両漢墓葬」『考古』1962 年第 5 期、219 〜 239 頁

愈　偉超　1985「周代用鼎制度研究」『先秦両漢考古学論集』62 〜 112 頁、文物出版社

楊　寛　1982『中国古代冶鉄技術発展史』上海人民出版社

容　庚　1941『商周彝器通考』燕京大学

葉　小燕　1985「中原地区戦国墓初探」『考古』1985 年第 2 期、161 〜 172 頁

姚　遷　1982「江蘇盱眙南窰荘楚漢文物窖蔵」『文物』1982 年第 11 期、5 〜 12 頁

李　学勤　1959「戦国題銘概述（上）・（中）・（下）」『文物』1959 年第 7 期、50 〜 54 頁・1959 年第 8 期、60 〜 63 頁・1959 年第 9 期、58 〜 61 頁

李　学勤・祝　敏申　1989「盱眙壺銘與齊破燕年代」『文物春秋』1989 年第 1 期、13 〜 17 頁

李　暁鍾　2008「瀋陽地区戦國秦漢考古初歩研究」徐　光輝編『東北アジア古代文化論叢』153〜165頁、北九州中国書店

李　樹林　2016「鴨緑江中上游早期長城遺迹考古調査研究」『辺疆考古研究』第20輯、13〜39頁、科学出版社

劉　国祥　2000「夏家店上層文化青銅器研究」『考古学報』2000年第4期、451〜500頁

劉　俊勇　2003『大連考古研究』哈爾濱出版社

遼寧省博物館　1985「遼寧凌源県三官甸青銅短剣墓」『考古』1985年第2期、125〜130頁

遼寧省博物館・朝陽地区博物館　1977「遼寧喀左南洞溝石槨墓」『考古』1977年第6期、373〜375頁

遼寧省博物館・遼寧省文物考古研究所　2006『遼河文明展文物集萃』

遼寧省文物考古研究所　1989「遼寧凌源県五道河子戦国墓発掘簡報」『文物』1989年第2期、52〜61頁

遼寧省文物考古研究所　1996「遼寧凌源安杖子古城址発掘報告」『考古学報』1996年第2期、199〜236頁

遼寧省文物考古研究所・吉林大学辺疆考古研究中心・葫蘆島市博物館・建昌県文物管理所　2014a「遼寧建昌県東大杖子墓地M40的発掘」『考古』2014年第12期、33〜48頁

遼寧省文物考古研究所・吉林大学辺疆考古研究中心・葫蘆島市博物館・建昌県文物管理所　2014b「遼寧建昌県東大杖子墓地M47的発掘」『考古』2014年第12期、49〜60頁

遼寧省文物考古研究所・葫蘆島市博物館・建昌県文管所　2006「遼寧建昌于道溝戦国墓地調査発掘簡報」『遼寧省博物館館刊』第1輯、27〜36頁、遼海出版社

遼寧省文物考古研究所・葫蘆島市博物館・建昌県文物管理所　2014a「遼寧建昌県東大杖子墓地2001年発掘簡報」『考古』2014年第12期、3〜17頁

遼寧省文物考古研究所・葫蘆島市博物館・建昌県文物管理所　2014b「遼寧建昌県東大杖子墓地2002年発掘簡報」『考古』2014年第12期、18〜32頁

遼寧省文物考古研究所・葫蘆島市博物館・建昌県文物局　2015「遼寧建昌東大杖子墓地2000年発掘簡報」『文物』2015年第11期、4〜25頁

遼寧省文物考古研究所・朝陽市博物館　2010『袁台子戦国西漢遺址和西周至十六国時期墓葬』文物出版社

遼寧日報社　2011「為何国内只有遼寧発現了異形戈」『遼寧日報』2011年5月5日、B11頁

林　澐　1980「中国東北系銅剣初論」『考古学報』1980年第2期、139〜161頁

林　澐　1997「中国東北系銅剣再論」『考古学文化論集』四、234〜250頁、文物出版社

廊坊地区文物管理所・三河県文化館　1987「河北三河大唐廻、双村戦国墓」『考古』1987年第4期、318〜322頁

【韓国・朝鮮語】

金　一圭　2015「戦国燕鉄器文化の中国東北地方流入時点」『考古広場』第17号、31〜53頁〔日本語訳：金　一圭（村松洋介訳）　2016「戦国燕鉄器文化の中国東北地方流入時期」『古文化談叢』第76集、171〜188頁〕

金　一圭　2016「燕下都辛荘頭墓区30号墓の編年小考」『韓国考古学報』第99輯、78〜107頁

金　永祐　1964「細竹里遺跡発掘中間報告（2）」『考古民俗』1964年第4期、40〜50頁

金　政文　1964「細竹里遺跡発掘中間報告」『考古民俗』1964年第2期、44〜54頁

呉　江原　2011「紀元前3世紀遼寧地域の燕国遺物共伴遺蹟の諸類型と燕文化との関係」『韓国上古史学報』第71号、5〜32頁

成　璟瑭・孫　建軍　2009「于道溝遺跡出土青銅武器に対して」『考古学探究』5、97〜107頁

ソンリャング　1990「遼東地方と西北朝鮮で出土した明刀銭について」『考古民俗論文集』12、28〜47頁、科学百科事典総合出版社

趙　鎭先　2011「書評 東北アジア青銅器時代〜初期鉄器時代編年の鍵」『袁台子—戦国西漢遺址和西周至十六国時期墓葬』(遼寧省文物考古研究所・朝陽市博物館編 文物出版社)」『韓国考古学報』第80輯、129〜145頁

趙　鎭先　2012「燕下都辛荘頭30号墓の年代と性格」『韓国考古学報』第84輯、62〜97頁

趙　鎭先　2015「燕下都の造営と都城機能の変遷」『韓国考古学報』第96輯、66〜103頁

朝鮮民主主義人民共和国社会科学院考古研究所　1977『朝鮮考古学概要』科学・百科事典出版社

鄭　仁盛　2012「戦国時代燕国の土器と瓦」『韓・中鉄器資料集Ⅱ』208〜232頁、大韓民国国立文化財研究所

鄭　仁盛　2014「燕式土器文化の拡散と後期古朝鮮の土器文化—細竹里・蓮花堡類型の理解をもとに—」『白山学報』第100号、193〜242頁

鄭　仁盛　2016「燕系鉄器文化の拡散とその背景」『嶺南考古学』74号、4〜33頁

白　雲翔　2012「戦国から西漢にかけての燕地域の鉄器文化とその特色」『韓・中鉄器資料集Ⅱ』170〜206頁、大韓民国国立文化財研究所

【著録等】

鄒　安　『周金文存』(1978 台聯國風出版社版)

羅　振玉　『三代吉金文存』(1983 中華書局版)

梁　詩正　『西清古鑑』(1991 上海古籍出版社版)

［図表出典］

序　章

図1：筆者作成。

表1：『史記』燕召公世家第四、十二諸侯年表第二、六国年表第三をもとに筆者作成。

第1章

図1：筆者作成。

図2-1・4・6・8：程1985a、2・3・5：程1985b、7：廊坊地区文物管理所・三河県文化館1987より引用。

図3-1・6：安1953、2・3・5：程1985b、4・7：中国青銅器全集編輯委員会編1997、8・9・10・12・13：程1985a、11：顧・郭1996、14・15・16：廊坊地区文物管理所・三河県文化館1987、17・21：河北省文物研究所1996、18・19・20：河北省文化局文物工作隊1965c、22：孫・徐1982、23・24・25：張1978より引用。

図4-1：安1953、2：程1985aより引用。

図5-1：安1953、2：程1985aより引用、3：中国青銅器全集編輯委員会編1997をもとに作成。

図6-1：程1985bより引用、2・3：中国青銅器全集編輯委員会編1997をもとに作成。

図7：河北省文物研究所1996をもとに作成。

図8-1：安1953、2：程1985b、3・4：顧・郭1996、5・6：程1985a、7：廊坊地区文物管理所・三河県文化館1987、8：河北省文化局文物工作隊1965cより引用。

図9-1：『周金文存』巻六,十九、2：『三代吉金文存』巻二十,三十六、3：『西清古鑑』巻二十九,五十四より引用。

図10-1：遼寧省博物館・遼寧省文物考古研究所2006、2：遼寧省博物館編1989、3・4：遼寧省博物館1985より引用。

図11-1：韓1996、2：上海博物館編1964より引用。

図12：中国青銅器全集編輯委員会編1995より引用。

図13：中国青銅器全集編輯委員会編1997より引用。

図14-1・7・8・9・10・11：河北省文物研究所1996、2・4：程1985a、3：遼寧省文物考古研究所他2006、5：『周金文存』巻六,十九、6：『三代吉金文存』巻十九,五十より引用。

図15-1：『周金文存』巻六,十九、2：『三代吉金文存』巻十九,五十、3：『三代吉金文存』巻十九,四十二、4：『三代吉金文存』巻二十,二十一より引用。

表1：筆者作成。

表2：筆者作成。

表3：筆者作成。

第2章

図1：河北省文物研究所1996をもとに筆者作成。

図2-1～6：：河北省文物研究所1996より引用。

図3-1～5：河北省文物研究所1996より引用。

図4-1～11：河北省文物研究所1996より引用。

図5-1～7：河北省文物研究所1996より引用。

図6-1～6：河北省文物研究所1996より引用。

図7-1～6：河北省文物研究所1996より引用。

図8-1～18：河北省文物研究所1996より引用。

図9-1～9：河北省文物研究所1996より引用。

図10-1～9：河北省文物研究所1996より引用。

図11-1～3：河北省文物研究所1996より引用。

図12-1～6・8～10・14・15・17：河北省文物研究所1996、7：北京市文物工作隊1962、11～13・16：北京市文物研究所2015、18・21～23：北京市文物研究所2008、19・20：中国社会科学院考古研究所1996より引用。

図13-1～8：北京市文物研究所2015より引用。
表1：河北省文物研究所1996をもとに筆者作成。

第3章
図1：筆者作成。
図2-1・3・5・7・9・12・16・17：河北省文物研究所1996、2・4・6・8・10・11・13～15：河北省文化局文物工作隊1965bより引用。
図3-1a・1b・3a・3b・4a・4b：河北省文物研究所1996、2a・2b・5a・5b：北京市文物工作隊1962、6a・6b：河北省文化局文物工作隊1965c、7a・7b：河北省文化局文物工作隊1965bを引用。
図4-1～4：安1953、5～12・14～17・35～37・39河北省文物研究所1996、13・19～23：北京市文物工作隊1962、18：朝陽地区博物館・喀左県文化館1985、24・38：天津市文化局考古発掘隊1965、25・28・33：廊坊地区文物管理所・三河県文化館1987、26・29・31・34：河北省文化局文物工作隊1965c、27・30・32：河北省文化局文物工作隊1965b、40：張家口市文管所・下花園区文教局1988、41：承徳離宮博物館1961より引用。
図5-1・2：河北省文化局文物工作隊1965b、3・4：河北省文物研究所1996より引用。
図6：河北省文物研究所1996より引用。
図7-1～3：河北省文化局文物工作隊1965c、4・5：北京市文物工作隊1962より引用。
図8：筆者作成。
図9：筆者作成。
図10：筆者作成。
表1：筆者作成。
表2：表に示した文献をもとに筆者作成。
表3：筆者作成。
表4：筆者作成。
表5：筆者作成。

第4章
図1：藤田1938より引用。
図2-1～12：梅原・藤田1947より引用。
図3：河北省文物研究所1996を改変。
図4-1～6：石・石1996より引用。
図5：田村2001より引用。
図6：石・石1996より引用。
図7-1～3：河北省文物研究所1996より引用。
表1：田村2001を引用。

第5章
図1-1～4：河北省文物研究所1996より引用。
図2-1～6：河北省文物研究所1996より引用。
図3-1～4：河北省文物研究所1996より引用。
図4-1～11：河北省文物研究所1996より引用。
図5：筆者作成。
図6：筆者作成。
図7：筆者作成。
図8：筆者作成。
図9：筆者作成。
図10-1：河北省文化局文物工作隊1965b、2：王1964、3：白井編1996、4：柴田・本田・柴田編2008を引用。
表1：筆者作成。
表2：筆者作成。
表3：筆者作成。

第6章
図1：筆者作成。
図2-1～7：河北省文物研究所1995より引用。
図3-1～11：河北省文物研究所1995より引用。
図4-1～11：河北省文物研究所1995より引用。
図5-1～15：河北省文物研究所1987bより引用。
図6：表2データをもとに筆者作成。
図7：筆者作成。
図8-1・2：河北省文物研究所2005より引用。
図9-1～4：河北省文物研究所2005より引用。
表1：筆者作成。
表2：筆者作成。

図表出典

第7章
図1：筆者作成。
図2：遼寧省博物館・朝陽地区博物館 1977 より引用。
図3-1〜31：遼寧省文物考古研究所・葫蘆島市博物館・建昌県文物局 2015 より引用。
図4-1〜15：遼寧省文物考古研究所・葫蘆島市博物館・建昌県文管所 2006 より引用。
図5-1〜12：敖漢旗文化館 1976 より引用。
図6：遼寧省文物考古研究所・朝陽市博物館 2010 より改変。
図7-1〜3：遼寧省文物考古研究所・朝陽市博物館 2010 より引用。
図8-1〜3：遼寧省文物考古研究所・朝陽市博物館 2010 より引用。
図9-1〜4：遼寧省文物考古研究所・朝陽市博物館 2010 より引用。
図10-1・2：遼寧省文物考古研究所・朝陽市博物館 2010 より引用。
図11-1〜3：遼寧省文物考古研究所・朝陽市博物館 2010 より引用。
図12-1〜3：遼寧省文物考古研究所・朝陽市博物館 2010 より引用。
図13-1・2：遼寧省文物考古研究所・朝陽市博物館 2010 より引用。
図14-1・2：遼寧省文物考古研究所・朝陽市博物館 2010 より引用。
図15-1〜4：遼寧省文物考古研究所・朝陽市博物館 2010 より引用。
図16：遼寧省文物考古研究所・朝陽市博物館 2010 より引用。
図17-1・2：遼寧省文物考古研究所・朝陽市博物館 2010 を改変。
図18-1〜4：遼寧省文物考古研究所・朝陽市博物館 2010 を改変。
図19-1〜5：遼寧省文物考古研究所・朝陽市博物館 2010 を改変。
図20：筆者作成。
図21：遼寧省文物考古研究所・吉林大学辺疆考古研究中心・葫蘆島市博物館・建昌県文物管理所 2014a より引用。
図22：遼寧省文物考古研究所・吉林大学辺疆考古研究中心・葫蘆島市博物館・建昌県文物管理所 2014a より引用。
図23：筆者作成。
表1：筆者作成。
表2：筆者作成。
表3：筆者作成。
表4：筆者作成。

第8章
図1：筆者作成。
図2-1〜6：筆者実測。
図3-1〜4：筆者実測。
図4-1〜7：中国社会科学院考古研究所 1996、8・9：河北省文物研究所 1996 より引用。
図5：李 2008 より引用。
図6：瀋陽市文物管理辦公室 1993 より引用。
図7：筆者撮影。
図8-1〜4：瀋陽市文物考古研究所・吉林大学辺疆考古研究中心 2013 より引用。
図9：〔蓮花堡遺跡〕王 1964、〔上堡1号墓〕魏・梁 1998、〔比恵遺跡〕白井編 1996 より引用。
図10：筆者作成。
図11：遼寧日報社 2011 より引用。

終　章
図1：筆者作成。
図2：1 小田・韓編 1991、2 北京市文物研究所 2007、3 遼寧省文物考古研究所 1989 より引用。

あとがき

　本書は、2014年9月に東京大学大学院人文社会系研究科に提出した博士学位請求論文「春秋戦国時代の燕国と遼寧地域に関する考古学的研究」をもとに、それに加筆修正したものである。

　私が燕国の考古学に興味をもったのは東京大学文学部の学部3年生のときであった。考古学専修課程に進学し、当初は東北アジアの青銅器時代を研究しようと考えていた。東北アジアの青銅器文化といえば、琵琶形銅剣とも称される特異な形をした遼寧式銅剣である。ご多分に漏れず私も遼寧式銅剣の起源に興味をいだいたのだった。しかし当時、遼寧式銅剣の起源やその年代についての研究は膠着状態にあった。そのような時、考古学研究室の大貫静夫先生から、最近出版された東北アジアに関連する報告書として『燕下都』（文物出版社、1996年）があることをうかがった。『燕下都』は、上・下冊1000頁以上もあり、量質ともに分厚いものだったが、この本を自らの手もとにおきたいと取り扱い書店にお願いして定価36,000円のところを三ヶ月ごとの分割三回払いで購入したことを今でも覚えている。こうして入手した『燕下都』をもとに春秋戦国時代の燕国の文化を学ぶことになった。そのなかで私の関心は遼寧式銅剣文化の始まりからその終末期、そして東北アジアの鉄器時代の始まりへと移り、学部の卒業論文では、本書の第5章でふれた燕下都遺跡出土の鉄器についてまとめたのだった。

　東京大学大学院の修士課程に進学後、指導教員であった大貫静夫先生の演習で最初に読んだのが、燕国の副葬土器をあつかった宮本一夫先生の「戦国時代燕国副葬陶器考」『愛媛大学人文学会創立十五周年記念論集』（1991年）である。宮本先生のこの論文に学びつつ、『燕下都』などで新たに報告された調査成果をもとにしながら、燕国の副葬土器の編年と特色について修士論文としてまとめた。その修士論文が本書の第3章と第6章につながっている。修士論文では、いわば型式学を横糸に、層位学を縦糸として燕国の副葬土器の編年を編み上げたのだったが、その編年からみえてきたことがあった。それは、燕国の東方への拡大について、これまで言及されることの多かった文献史料をもとにした紀元前300年頃と推定される燕国の将軍、秦開による遼寧地域の攻略よりも早い時期に遼寧省喀喇沁左翼蒙古族自治県大城子眉眼溝1号墓のような燕国の墓が遼寧地域にすでに存在していることである。そして、東北アジアへの鉄器文化の波及時期を考える上での最重要課題である燕国の東方への拡大の実態解明は、考古学的手法によってのみ可能なのではないかという漠然とした方向性をもつに至った。それは、その後一貫して、私の燕国に関する研究における根本的な問題意識となったといえるだろう。

　その後、私の研究にとって大きな転機となったが2003年に発表された国立歴史民俗博物館によるAMS炭素14年代をもとにした弥生時代の新たな実年代についての提起である。それによって考古学界では弥生時代中期の始まりの年代と深く関わってくる燕国の東方への拡大の年代がクロー

ズアップされるようになった。2005 年からは、国立歴史民俗博物館に機関研究員として在籍した
ということもあり、私も弥生時代の実年代問題と関わることとなったが、この間には燕国について
二つの調査研究を進めた。

　一つは、国立歴史民俗博物館における、小林青樹先生との出会いをきっかけに、春成秀爾先生、
宮本一夫先生とともに 2006 年から始まった、中国での燕国や遼寧青銅器文化についての調査であ
る。この調査においては、現地で実物資料の調査や遺跡の踏査をおこない、遼寧省文物考古研究所
の郭大順先生、李新全先生、王成生先生などのご協力のもと、当時は未発表のものを含む多くの資
料に実際にふれることができた。そのなかの資料が、第 7 章と第 8 章で述べた遼西と遼東の遼寧
式銅戈であり、東大杖子遺跡の青銅器である。先生方との調査で得たものは大変に大きく、その成
果が本書の重要な骨子となっているのである（ちなみに、三人の先生方と内蒙古自治区赤峰市にある燕
北内長城を踏査した際の一コマが本書のカバーの表紙の写真である）。

　そしてもう一つは、東京大学文学部考古学研究室に所蔵されている戦前に東亜考古学会が発掘
した遼寧省大連市にある牧羊城遺跡の出土資料の整理調査である。この調査も、国立歴史民俗博物
館による弥生時代の実年代研究に関連する議論のなかでおこなわれたものである。大貫静夫先生が
研究代表者をなさっていた平成 16 ～ 18 年度科研費基盤研究（B）「遼寧を中心とする東北アジアの
古代史の再構成」の一環として実施され、私もそのメンバーに加えていただき、牧羊城遺跡の出土
資料のなかにある戦国時代燕国の土器の整理調査を担当した。実際の発掘資料から遼東への燕国進
出の痕跡を探るというこの調査研究の成果は、燕国の釜の編年については第 2 章に、牧羊城の整
理調査の成果に関しては第 8 章にいきている。

　このような 2005 年以降の燕国についての研究をおこなっていくなかで、それぞれ第 1 章と第 4
章に記した燕国の青銅器と貨幣についても手をつけることになった。そして 2013 年には再入学と
いう形で東京大学大学院人文社会系研究科の博士課程に出戻り、これまでの研究を 2014 年に博士
学位請求論文としてまとめることができた。しかし、春秋戦国時代の燕国に関する考古学的研究は
道半ばであり、本書の出版はその一里塚といえるだろう。

　そして今、一里塚に到着して、こうしてこれまでの燕国研究の旅を振り返り、お世話になった
多くの方々に御礼を申し上げたいと思います。

　学部生時代から大学院生時代にいたるまで指導教員としてご指導いただきました大貫静夫先
生、大学院に再入学してから指導教員になっていただきました設楽博己先生に心より感謝申し上
げます。東京大学文学部考古学研究室の佐藤宏之先生にも様々な場面でご指導をいただきました。
また、大貫静夫先生、設楽博己先生、佐藤宏之先生には、東京大学文学部考古学研究室に助教と
して勤務している現在も大変にお世話になっています。さらに東京大学文学部韓国朝鮮文化研究室の
早乙女雅博先生には、学部生の頃から朝鮮半島の考古学や韓国・朝鮮語の文献講読などでご指導を
賜り、博士論文審査の際には、副査をしていただきました。また、日頃から多々ご教示いただいて
いる東京大学の西秋良宏先生、熊木俊朗先生、國木田大さん、夏木大吾さんに御礼申し上げます。

2005 年からの 3 年間にわたって、国立歴史民俗博物館（歴博）に機関研究員として勤務した際には、春成秀爾先生、西本豊弘先生、藤尾慎一郎先生に当時国立歴史民俗博物館でおこなわれていた学術創成研究「弥生農耕の起源と東アジア」の研究成果について、多々ご教示いただきました。また、共同研究「『三国志』魏書東夷伝の国際環境」でお世話になりました研究代表の東潮先生に感謝いたします。

　2006 年以降の中国への現地調査では宮本一夫先生、小林青樹先生には常に行をともにさせていただき、博士論文の審査の際にも両先生に副査をしていただきました。また、中国調査の際にお世話になりました春成秀爾先生、古瀬清秀先生、野島永先生、新里貴之先生、宮里修さん、中村大介さん、村松洋介さん、金想民さんに御礼申し上げます。

　中国での調査にあたっては遼寧省文物考古研究所の郭大順先生、李新全先生、王成生先生、内蒙古博物院の塔拉先生に資料調査の便宜を多々図っていただき、遼寧省、内蒙古自治区、河北省、北京市、天津市の研究所、博物館の多くの皆様にお世話になりました。通常ではふれることもできないような多くの貴重な資料を実見、調査できたことが、これまでの私の研究に大いに役立ちました。中国の関係機関の皆様のご協力がなかったならば、本書は執筆できなかったといっても過言ではありません。

　本書の出版に際しましては、序文をいただきました宮本一夫先生、仲介の労をとってくださいました設楽博己先生に深く感謝申し上げます。また、編集を担当された雄山閣編集部の桑門智亜紀さん、児玉有平さんに御礼申し上げます。

　最後に、これまで研究をおこなうなかでお世話になった多くの皆様に改めて深く感謝いたしまして、筆を措くことといたします。

　2017 年 5 月 10 日

石 川 岳 彦

［索　引］

あ

東潮　136

匜　21, 83～93, 101, 109～118, 155～162, 176, 180～189, 192, 204, 214

尹家村遺跡　71, 76, 77, 208, 211～213, 219, 221, 226

宇木鶴崎遺跡　227

于道溝遺跡　177～182, 195

烏蘭宝拉格遺跡　180,

AMS炭素14年代測定法　137, 171

易王　2, 27, 41, 46

江村治樹　79, 127

燕王噲　2, 10, 36, 46

燕王喜　1, 10, 27, 39～45, 119, 228

燕王職　32

「燕化」　205, 225

燕下都遺跡　1, 3, 9, 14, 27, 38, 42, 45, 47～78, 84～88, 94～119, 124～132, 135～151, 153, 164, 182, 191, 208～216, 223

　　燕下都九女台墓区第16号墓　49, 82～89, 96, ～107, 114～120, 139, 149, 160, 163, 191

　　燕下都辛荘頭墓区第30号墓　49, 78, 84～90, 105～120, 139, 143, 163, 193

　　燕下都西貫城村9号居住遺跡　73, 76

　　燕下都東沈村5号墓　72, 92, 96～101, 104, 114, 138

　　燕下都東沈村6号居住遺跡　49, 72, 138, 144, 147, 150

　　燕下都東斗城村29号墓　94～100, 101, 104, 116, 160, 203

　　燕下都武陽台村21号工房遺跡　75

　　燕下都郎井村10号工房遺跡　47～79, 94～107, 120, 129～132, 138, 144～149, 165, 191, 193, 195, 210～214

　　燕下都郎井村13号工房遺跡　72, 85

郾侯載　15, 18, 27, 29～46, 108, 174

郾侯脮　41～46

か

燕国青銅器　3, 15～17, 23, 27, 29, 37, 45, 93, 107, 173, 180, 205, 224, 225

燕式鬲　60～62, 67, 77, 85, 94～96, 101, 104, 189, 212 ～215

袁台子遺跡王墳山墓群　171, 183～205, 221, 224

王毓銓　124

甌燕　119

王巍　136

岡内三眞　33

懐柔50号墓　94～99, 101, 104, 105

懐柔城北遺跡　73

階層制　3, 81, 85, 118, 162, 167, 204, 224

解村2号墓　84～89, 92, 96～101, 104, 107, 116～120

賈各荘遺跡　15～18, 82, 87, 174, 212

夏家店上層文化　178

钁（斧）　127, 137, 140～151, 181, 224

郭沫若　30, 32, 36, 37, 174

鼎　17～34, 60, 66, 73, 82～95, 100～120, 138, 155～164, 167, 170, 174～176, 180, 182～193, 203～206, 214

賀勇　83, 86, 119

鑑　8, 34, 83, 89, 109, 116

韓国　8, 20, 79, 157

簋　20, 30, 52～55, 63, 82, 88～90, 101, 105, 109, 115, 203

魏国　8, 20, 32, 78, 154, 157

九女台墓区第16号墓　49, 82～89, 96, ～107, 114～120, 139, 149, 160, 163, 191

邱台遺跡　77, 218

具志頭城北東崖下洞窟遺跡　121

城嶽貝塚　121

軍都山　223

惠王　2, 27, 32, 41

壺　19, 21, 24, 35, 50, 59, 82 ～ 84, 85 ～ 119, 155 ～ 167,
　　176 ～ 195, 203 ～ 206, 214

孝王　2, 41

黄錫全　79, 127

高麗寨遺跡　77, 135

胡家営遺跡　73 ～ 75

小林青樹　9, 43

さ

佐野元　136

三官甸遺跡　32 ～ 34, 108, 174, 180, 182, 205

潮見浩　136, 151

志賀和子　108

史記　1 ～ 11, 27, 30 ～ 35, 41, 45, 119, 132, 213

朱活　131

朱鳳瀚　16, 18 ～ 20, 45

昭王　2, 5, 10, 27, 32, 41 ～ 46, 119, 132, 205, 224

小口壺　83, 88 ～ 92, 101, 156 ～ 159, 162, 167, 186 ～ 192

召公奭　1, 2, 10

襄平　4, 213

秦開　4 ～ 6, 11, 185, 205, 220, 226

秦国　1, 5, 10, 43, 77 ～ 79, 115, 119, 136

辛荘頭墓区第 30 号墓　49, 78, 84 ～ 90, 105 ～ 120,
　　139, 143, 163, 193

水経注　49, 119

水泉遺跡　179, 181

西貫城村 9 号居住遺跡　73, 76

成侯　30, 32, 36, 41, 46, 108

成公　2, 30, 32, 36, 41, 174

齊国　10, 36, 47

「成白」刀　132

石永士　27, 40, 46, 84, 86, 108, 119, 120, 124, 125, 126,
　　127, 129, 132, 191

関野雄　136

双合笵　130, 150, 165

双村 1 号墓　16, 18, 19, 21, 29, 177

尊　24, 59, 75, 82, 88 ～ 97, 100, 104, 107, 112, 114, 117,
　　120, 138, 155 ～ 163, 194, 214

た

大黒汀 1 号墓　16, 18, 19, 21, 23, 26, 29, 177

大城子眉眼溝 1 号墓　104, 116, 205

大唐廻 1 号墓　16, 18, 21, 23, 25, 26, 34, 174, 176

大馬各荘遺跡　87, 117

大葆台漢墓　82, 110

田村晃一　125, 127, 226

単合笵　146, 150, 164

鍛造　136, 140 ～ 143, 151

中山国　3, 47, 84, 107, 132, 153 ～ 167, 200, 223, 232

中山国王響墓　163

中趙甫　16, 18, 21 ～ 29, 34, 38, 107, 175

鋳造　35, 78, 108, 121, 124, 129 ～ 131, 136, 141, 142, 146,
　　149 ～ 151, 164 ～ 166, 171, 216, 218, 226

趙化成　16 ～ 20, 45

趙国　5, 8, 11, 20, 47, 78, 132, 154, 157, 163

鄭仁盛　10, 50, 69, 77

陳光　10, 16, 18, 45, 50, 58, 69, 85, 107, 185

陳璋円壺　19, 25, 35, 107

陳璋方壺　19, 25, 35

陳夢家　30 ～ 32, 36, 41, 46, 108, 174

壺　19, 21, 24, 35, 50, 59, 82 ～ 84, 85 ～ 119, 155 ～ 167,
　　176 ～ 195, 203 ～ 206, 214

鼎　17 ～ 34, 60, 66, 73, 82 ～ 95, 100 ～ 120, 138, 155 ～
　　164, 167, 170, 174 ～ 176, 180, 182 ～ 193, 203 ～
　　206, 214

鄭君雷　84, 185

鉄器　3, 4, 6 ～ 9, 77, 123, 128, 133 ～ 155, 164 ～ 171, 180
　　～ 183, 205, 213 ～ 220, 224 ～ 227, 229, 230, 231,
　　232, 233, 235, 236, 237

鉄鋌銅鏃　139 ～ 150, 182

天円地方尊　82, 88 ～ 90

豆　17, 20, 25 ～ 27, 30, 33, 45, 64 ～ 67, 72, 80, 83, 85,
　　88 ～ 95, 100, 104, 109, 112, 117, 155 ～ 167, 173 ～
　　194, 195, 204 ～ 206, 212, 221, 226

東胡　6, 11, 205

刀子　121, 138 ～ 147, 150, 155, 176 ～ 181

東大杖子遺跡　45, 170, 175, 182, 203

東沈村 5 号墓　72, 92, 96 ～ 101, 104, 114, 138

東沈村6号居住遺跡　49, 72, 138, 144, 147, 150

東斗城村29号墓　94〜100, 101, 104, 116, 160, 203

な

中村大介　137, 151, 164, 226

南正遺跡　71, 73, 76

南洞溝遺跡　174, 180, 182, 205

野島永　137

は

白雲翔　137

八河川鎮　220, 221

林巳奈夫　8, 16, 20, 29, 32, 34, 45, 81, 86, 88, 101, 117

原田淑人　207

春成秀爾　137

盤　9, 21, 25, 82, 87〜93, 101, 109, 112, 115, 117, 155〜162, 167, 176, 179〜193, 200, 204, 214, 221, 227

半両銭　111, 128, 151

比恵遺跡　149, 151, 216

平勢隆郎　32

釜　3, 47, 50, 68〜85, 142, 146, 151, 156, 184, 195, 208〜211, 214, 216

副葬土器　3, 10, 24, 34, 47, 50, 67, 72〜75, 80〜95, 100〜120, 131, 138, 144, 150, 153, 155〜167, 177〜193, 196, 200〜206, 210, 214, 218, 223〜225

藤田亮策　121, 127

武成王　2, 27, 41, 46

「復古形態」土器　81, 84, 90, 109, 112, 115, 117, 167

武陽台村21号工房遺跡　75

文公　2, 6, 32, 119

北京豊台区　16, 19, 21, 23, 25

編鐘　89〜91, 116, 159, 163

方鼎　82, 88〜90, 116, 162

牧羊城遺跡　7, 77, 135, 207, 208〜213, 219, 226

ま

満城漢墓　82, 110, 111, 112,

宮本一夫　9, 10, 16, 17, 27, 32, 33, 39, 40, 41, 43, 44, 46, 51, 69, 75, 77, 83, 84, 86, 87, 107, 120, 157, 174, 177, 205, 211, 218

村上恭通　136, 137

明刀銭　3, 9, 10, 108, 121〜133, 147, 165, 184, 191, 194, 196, 216, 218, 226

や

弥生時代（文化）　4, 6, 8〜10, 137, 149, 151, 171, 177, 220

兪偉超　114, 115, 116, 162

楊寛　136

ら

罍　89, 107

洛陽中州路遺跡　15, 16, 19, 21, 23, 112, 120

楽浪郡　124, 127, 226

灤河戦国墓　88, 94〜96, 103〜105, 109

龍淵洞遺跡　122〜124, 132

龍湾屯　16, 18, 21〜26, 29, 34

遼西　4, 5, 7, 9, 33, 42, 45, 137, 171〜174, 177〜183, 191, 195, 200〜207, 213, 218〜226

遼東　1, 4〜9, 50, 69, 77, 119, 127〜129, 137, 149, 172, 206〜208, 211〜214, 216, 218〜226

遼東郡　4, 213

遼寧式銅戈　42〜45, 176〜179, 195, 202, 206, 219〜221, 224

遼寧式銅剣　4, 33, 173〜178, 180, 182, 202, 205, 212, 218〜220, 224〜228

遼寧地域　1, 4〜9, 81, 84, 119, 135, 138, 149, 169, 171〜173, 205, 213, 218〜228

霊寿城遺跡　132, 153〜155, 159, 162, 164〜167

礼制　81, 83, 87, 114, 155, 158

蓮花堡遺跡　77, 149, 151, 217

蓮花堡類型　77, 127, 216, 218

老虎山遺跡　180, 182

郎井村10号工房遺跡　47〜79, 94〜107, 120, 129〜132, 138, 144〜149, 165, 191, 193, 195, 210〜214

郎井村13号工房遺跡　72, 85

The Study of Yan State
in the Spring and Autumn period
and the Warring States period

ISHIKAWA, Takehiko

SUMMARY

The Yan State is a country based in today's northern part of Hebei Province, Beijing Municipality and Tianjin Municipality in China from the western Zhou dynasty period to the Spring Autumn period and Warring States period. This book conducts an archaeological consideration on the Yan State after the 6th century B.C.

This book presents the significance and framework of the study in the introduction chapter first, and the following Section I (Chapter 1 to 6), based on the results of investigations of remains and excavated relics, conducts comprehensive chronologizations of a variety of relics and clarifies the characteristics of the Yan culture.

The Chapter 1 conducts a chronological study of bronzeware of the Yan State.

The Chapter 2 conducts a chronological study of daily pottery whose number of excavated materials has increased substantially in recent years.

The Chapter 3 conducts a chronological study of burial pottery.

The Chapter 4 reconsiders the era of Mindaoqian Money, the currency of the Yan State.

The Chapter 5 discussed the aspect of emergence and popularization of ironware in the Yan State in the Spring Autumn period and Warring States period.

The Chapter 6, focusing on bronzeware, burial pottery, ironware, and currency buried in graves in the Yan State, clarified the characteristics of the Yan culture and the society of the Yan State while comparing them with the ones of the Zhongshan State, the neighboring country.

The Section II (Chapter 7 to 8), focusing on the era when the Yan State expanded the territory into the Liaoning region and its aspect which have been considered mostly referring to fragmentary descriptions in historical documents on the Yan State, discusses them utilizing the chronologization of a variety of relics that is the result of the Section I.

The Chapter 7 analyzed the aspect where the Yan State expanded the territory to the Liaoxi Area focusing on the graves and excavated relics.

The Chapter 8 analyzed the aspect where the Yan State expanded the territory to the Liaodong Area referring to the result of the investigation of excavated materials from remains conducted by the author.

Finally, the final chapter summarizes the results of previous examinations.

This study showed a comprehensive chronologization of archeological relics concerned with the Yan State in the Spring Autumn period and Warring States period and clarified the characteristics of the Yan culture. Based on a new chronology that is a result of this study, the relationship between the Yan State and the Liaoning region was reconsidered. A new relationship history was constructed between the State of Yan and the Liaoning region different from the traditional image where the Yan State expanded the territory to the east that was developed referring to fragmentary descriptions in historical documents.

春秋战国时代　燕国考古

石 川 岳 彦

提　　要

燕国是从西周时代至春秋战国时代以现在的中国河北省北部、北京市、天津市为领地的国家。本研究公元前 6 世纪之后为中心，以春秋战国时代的燕国和扩大为燕国势力的辽宁地域（中国辽宁省、内蒙古自治区东南部）为对象，进行了考古学的考察。

本研究首先在序章提示出研究的意义和结构，接下来在第 I 部（第 1 章～第 6 章）基于燕国关连遗址以及出土遗物的调查成果，进行了明确各种遗物的相互并行关系的综合性编年，明晰了燕文化的特征。

第 1 章进行了燕国青铜器的编年。中国古代青铜器存有君主名等的铭文的资料很多，恰是了解实际年代的证据性遗物。在此，提出迄今为止编年研究的问题点，关于在青铜器上有铭文的燕国君主之一的"郾侯载"的同类比较研究，在添加新的考察的同时，提示了燕国的青铜礼器及铜戈的四个时期的编年。另外，关于铜戈的各种样式，也将与辽西的关系纳入视野，提示了公元前 6 世纪～公元前 3 世纪为止的年代定位。

第 2 章根据燕下都遗址的调查成果，尝试进行了信息大量增加的日用陶器的编年。关于日用陶器，基于燕下都郎井村 10 号作坊遗址的调查成果予以了编年。特别是关于在燕国领域内多数出土、倍受众多研究者注目的釜，在考虑到地域性的同时，详细进行了公元前 6 世纪～公元前 2 世纪的编年。

第 3 章进行了随葬陶器的编年。随葬陶器以战国时代为中心，在燕国广泛普及，有着独自的展开。关于这种随葬陶器，提出了五个时期的编年。另外，随葬陶器的器种组成的差异，显示出被葬者的阶层差异，关于随葬的器种和数量，清楚地表明燕国对被葬者的阶层存在着独自的严格规定。

第 4 章再次探讨了燕国货币的明刀钱的实际年代观。总结迄今为止的明刀钱研究，关于现在最具有说服力的、成为明刀钱相对编年的石永士等研究者的编年的实际年代观，以燕下都郎井村 10 号作坊遗址的调查成果和根据至前一章为止的各种遗物的编年所得到的实际年代观为基础，尝试进行了再次探讨，提示出了上述研究者所示的明刀钱的各种模式的具体实际年代。这些再次探讨的结果，即是判明了被视为新阶段的形态特征的"折背"明刀钱出现的划时代时期为公元前 4 世纪后半～公元前 3 世纪初叶左右。

第 5 章关于春秋戦国时代的燕国的铁器进行了论述。这一时代的铁器给予社会的影响极其巨大。本章基于燕下都遗址的调查成果，考察了燕国的铁器出现和普及的状况。燕国被认为从公元前 5 世纪起开始使用铁制造非利器为中心的铁镢等，进入公元前 4 世纪后，开始正式利用铁制造其它的农具以及工具、武器等。其后，到了公元前 3 世纪，现已具体地判明了其铁器的器种、出土量都有了大幅度的增加。

第 6 章关于燕国的青铜器以及随葬陶器、其它的铁器以及货币的生产，一边与相邻的中山国作以比较，一边探讨了燕文化和燕国社会的特征。其结果，关于作为随葬品的青铜器以及随葬陶器，尽管燕国及中山国、三晋诸国、东周王室在基本的器种组成方面有着共通性，但在同一器种方面各国的形态以及纹样有所差异，明确可以看出，越是上等阶层者的墓越能显示出燕国的强烈独特性状况。另一方面，关于铁器以及青铜器的制造技术，在进行铸型比较的同时，判明了燕国与其它各国有着非常明显的共通性。

在第 II 部（第 7 章~第 9 章），关于至此为止参考有关燕国动向的断续的文献史料的记载所得知的燕国向辽宁地域扩张的年代及其情形，利用第 I 部的各种遗物的编年成果进行了考察。燕国在春秋战国时代，势力扩张到了至此为止展开独自的青铜器文化的辽宁地域。燕国向东方的扩张不仅终结了辽宁地域的青铜器文化，特别是还促成了铁器流入东部的朝鲜半岛以及日本列岛的契机，引发出这些地域的社会变动因素。

第 7 章关于燕国向辽西扩张的情形，以对应时期的墓葬和出土遗物为中心进行了分析。近年，在辽西有关燕国的遗址和遗物的调查报告不断增加。第 7 章关于燕国向辽西的扩张和燕文化的渗透，基于各地遗址的出土遗物，从宏阔视点予以考察的同时，还就燕国系墓和当地系墓成为一体的辽宁省朝阳市袁台子遗址王坟山墓群进行了微小视点的分析。

第 8 章分析了燕国向辽东扩张的情形。在辽东，燕国墓之外还有燕国的城址。在此运用了笔者实施的牧羊城遗址出土资料整理调查的成果进行了考察。

综合以上的第 7 章和第 8 章的考察等，可以判明燕国向辽宁地域的扩张经历了下述过程。

在辽西，公元前 6 世纪~公元前 5 世纪期间，当地青铜器文化的墓中随葬品有燕国的青铜制礼器以及铜戈等。不过，在这一时期存在有辽宁式铜剑以及辽宁式铜戈（辽西样式）等当地的青铜器，所以不能认为燕国青铜器的流入意味着燕国对这一地域的支配。进入公元前 4 世纪，在辽西，辽宁式铜剑等当地的青铜器变得不再存在，葬有燕国的随葬陶器的墓葬开始出现。根据袁台子遗址王坟山墓群的分析，这一地域的墓葬向燕国墓的变化起始于公元前 4 世纪前半的当地社会上等阶层的墓葬，这意味着这一地域被并入了燕国社会。另一方面，下等阶层的墓葬直至公元前 3 世纪也继续以随葬当地系陶器为主。另外，在公元前 4 世纪后半的辽西社会最上等阶层的墓中随葬有多数燕国中心地域不存在的动物头骨，显示出北方地域的当地要素，这表明在燕国扩张后也仍残存有地域特征。

在另一方面，也存在着辽西对燕国的影响。燕国的铜戈中存在有把上带櫑的铜戈，其上限年代为公元前 4 世纪。这一有櫑铜戈被认为受到了公元前 6 世纪~公元前 5 世纪的辽宁式铜戈（辽西样式）的影响而出现。燕国的有櫑铜戈的出现时期正是在辽西开始出现燕国墓的公元前 4 世纪。这样，就难以认为辽西的"燕化"仅是来自燕国的一方强压。而是可以认为在公元前 6 世纪~公元前 4 世纪，辽西（特别当地首长阶层）与燕国经过相互交涉达到一体化，从而辽西被并入了燕国的领域。

关于燕国向辽东的扩张，几乎就是与辽西一致的时期的公元前 4 世纪，在沈阳辽阳地域出现了燕国墓。另一方面，在辽东半岛最北部于公元前 4 世纪后半的随葬有当地辽宁式铜剑的墓中出土了燕国的陶器等，可见燕文化的流入。在辽东半岛最北部还确认了公元前 3 世纪的牧羊城遗址一样的燕

国城楼的存在。在辽东山区以东的地域，至公元前 3 世纪为止，持续地存有当地的辽宁式铜剑文化的同时，因为燕国系铸造铁器以及明刀钱的存在也能够证明燕文化的流入，燕国建造了城楼作为扩张的据点。

最后，在终章总结了至此为止的考察成果和新出现的课题。

通过本研究，关于春秋战国时代的燕国提示出了考古遗物的综合性编年，使得燕文化的特征有所明确。另外，基于一系列研究所形成的新的年代观，实现了在考古学方面重新审视春秋战国时代的燕国与辽宁地域的关系问题。也就是提示出了与迄今为止参考文献史料的断续记载而形成的燕国向东方扩张领域情况有所不同的、新观点的燕国与辽宁地域的关系史。

■著者紹介

石川岳彦 （いしかわ　たけひこ）

1975 年　山形県生まれ
1998 年　東京大学文学部歴史文化学科卒業
2000 年　東京大学大学院人文社会系研究科修士課程修了
2005 年　同　博士課程単位取得退学
2015 年　同　博士課程修了、博士（文学）

2005 年　国立歴史民俗博物館機関研究員を経て、
現　在、東京大学大学院人文社会系研究科　助教

〈主要著書等〉
2017 年『弥生時代人物造形品の研究』（共著）同成社

2008 年「春秋戦国時代の燕国の青銅器—紀元前 5・6 世紀を中心に—」『新弥生時代のはじ
　　　まり』第 3 巻　雄山閣
2011 年「青銅器と鉄器普及の歴史的背景」『弥生時代の考古学 3　多様化する弥生文化』
　　　同成社
2016 年「東北アジア青銅器時代の年代」『季刊考古学』第 135 号　雄山閣

2017 年 5 月 25 日　初版発行　　　　　　　　　　　　　　　　　　　《検印省略》

春秋戦国時代　燕国の考古学

著　者　石川岳彦
発行者　宮田哲男
発行所　株式会社 雄山閣
　　　　東京都千代田区富士見 2-6-9
　　　　ＴＥＬ　03-3262-3231 ／ ＦＡＸ　03-3262-6938
　　　　ＵＲＬ　http://www.yuzankaku.co.jp
　　　　e-mail　info@yuzankaku.co.jp
　　　　振　替：00130-5-1685
印刷・製本　株式会社ティーケー出版印刷

©ISHIKAWA, Takehiko 2017　　　　　　　　ISBN978-4-639-02485-9 C3022
Printed in Japan　　　　　　　　　　　　　　N.D.C.222　264p　27cm